THE SOCIAL LEAP

社會大躍進

The New Evolutionary Science of Who We Are, Where We Come From, and What Makes Us Happy

William von Hippel

威廉．馮．希伯——著 蕭美惠——譯

獻給我的父親，
我的第一位科學老師，也是最棒的科學老師，
以及我的母親，
在五十餘年的生涯裡啟發了我。

目錄

前言

在我兒子八歲時，某天早上我們決定到摩頓島（Moreton Island）去滑沙。那是一座完全由沙組成的小島，和我們位於布里斯本的家只隔一道海灣。我們下午搭乘渡輪抵達，從碼頭走下海灘後，找到一條穿越森林的小徑，通往小島中心的巨大沙丘。我改造了一塊舊滑雪板，讓兒子可以光腳站在上面。等他抓到平衡感後，就開始享受他人生中最快樂的時光（最主要的原因是我負責拿滑雪板爬上去，他負責溜下來）。爬上巨大的沙丘是很辛苦的，但是在我說服他啟程回家之前，太陽就完全下山了。

我們在星空下從空曠的沙丘往回走時，他非常愉快，一直說個不停，然而踏進樹林的那一瞬間，他的心情就變了。我們幾乎看不到眼前的路，也看不見原本感覺安全無害，現在卻緊緊包圍著我們的這片森林。可以聽出他的聲音在顫抖，而且沒多久就思路中斷了。我踩到一根樹枝，發出很大的響聲，他嚇得魂都要飛了。我試著安撫他，但他堅決認為我們一定會被野生動物獵食。無論我說什麼都無法消除他的恐懼，他堅信隨時會有一群澳洲野犬跳出來把我們給吃了。必須承認我也感到一絲懼怕，即使明知我們唯一的危險是在昏暗的林中小徑扭傷腳踝。

為何他這麼快就從開心轉變為恐懼？為何我明明十分清楚現在只有蚊子會來吸我們的血，卻還和他一樣感到恐懼？令人驚訝的是，也許這些問題的答案就在於我們遙遠祖先的感知能力。人類擁有優異的視力，但聽覺和嗅覺就相當普通，所以動物可以在黑暗中更迅速地察覺到我們。我們的祖先在白天是凶猛的獵捕者，然而一到晚上就成了獵物。過去數百萬年間，如果我們的祖先之中有人蠢到在夜晚外出，就會成為夜行性野獸的大餐了。那些在月光下漫步林間的祖先比較不容易生存下來、繁衍後代，因此這種夜間遊盪的嗜好比較不會傳承下去。演化就是這樣影響我們的心理，最終結果就是不用別人提醒，你也會自然而然地怕黑。

只要去一趟附近的動物園，在猿猴區花一點時間觀察黑猩猩，幾乎可以看出演化進行的過程。牠們長得就像牠們的遠親，而我們和牠們之間的差別是很有道理的。不難發現，我們的腿部因為離開森林從牠們那樣進化成現在這樣；也不難想像，我們的祖先不再爬樹並且用兩隻腳長途跋涉之後，演化是如何緩慢地讓原本的第二雙手轉變為腳掌。

比較不明顯的是演化如何影響我們的心理。我們通常從解剖學方面來思考演化，然而若要生存下去，態度和身體構造是一樣重要的。如果你的偏好不能配合你的能力，就會像四肢結構不能配合生活方式一樣讓人行動不便。我們的身體在過去六、七百萬年間只發生了些微的變化，但是心理卻有很大的改變。事實上，我們從黑猩猩演化而來的顯著特點就是心智與大腦的進步。

我們心理上最重要的變化與社會功能有關，尤其是與人合作的能力。舉個例子，來看看黑猩猩在獵捕猴子時的情況。這是黑猩猩少數的團體活動，當一群黑猩猩從四面八方包圍，猴子會更難逃脫。然而，即使黑猩猩成群狩獵，也不是每一隻都會參與，有些黑猩猩會在混戰中袖手旁觀。獵捕行動結束後，少數幸運的黑猩猩抓捕到獵物，但大部分都是空手而歸。肉類是高熱量的食物，因此沒有獲得獵物的黑猩猩通常會去騷擾那些有捕到獵物的，迫使牠們分一杯羹。這一點都不讓人意外，但值得注意的是，那些坐在一旁只看不動手的黑猩猩，和參與獵捕的黑猩猩一樣有機會分到一些猴肉點心。這些黑猩猩同伴幾乎無法區分偷懶者和協助者。

相比之下，即使是四歲小孩，也能注意到誰有幫忙而誰沒有。如果讓孩子透過團隊合作來獲得貼紙或糖果，他們只會將好東西分享給有幫忙的人。這看起來或許不太友善——甚至是應該糾正的行為，畢竟「分享即關懷」——然而從演化的角度看來，這是至關重要的。無法分辨出合作者與旁觀者的動物，永遠不可能建立並維持有效的團隊。

我們通常會認為群居動物都是團隊合作，然而有許多動物只是群聚在一起，卻極少互動。牛羚或斑馬會為了安全而大量聚集，但是牠們並沒有顯現出團隊合作的跡象。在一個大群體之中，可能會有別人注意到獅子的出現，個體需要負擔的警戒就比較少。與牛羚或斑馬相比，黑猩猩是更相互依存的，即便如此牠們的生活也不太需要真正的團隊合作，因此牠們的合作能力有限，偏好單獨作業。相較之下，一離開樹林，我們的生存就取決於合作能力。比起其他因素，這種需求對我們的心理影響最大。

我們的祖先被驅逐出雨林的庇護後，在未知而危險的大草原中掙扎求存。與草原上大多數的掠食者相比，他們體型較小、速度較慢、力量較弱，要不是偶然發展出社交活動來解決各種問題，他們註定會滅亡。這種解決方法非常有效，它將我們推向一條全新的演化之路。我們的祖先變得越來越聰明，正是因為他們運用新發現的合作能力，找出更好的辦法，保護自己、生存下去。最終，人類變得非常聰明，開始改變環境以配合自己的計畫，最明顯的例子就是農業的發明。農耕讓我們變得冷酷無情（也毀了我們的牙齒），但是它也讓文學、商業、科學得以蓬勃發展。

我們變得更聰明，不代表我們變得更有智慧。無論是好是壞，我們都無法改變自古以來的天性。最明顯的例子就是我們會害怕在求偶競爭中落敗，這仍然深刻地影響著我們的心理，讓我們強烈在意自己和團體中的其他人比起來怎麼樣。這種持續不斷的社會比較行為是破壞人類幸福的最大因素，它也讓我們變得愛管閒事。

演化的影響陰魂不散地纏著我們，但也有助於說明關於人類天性最根本的問題。舉例來說，我們在大草原上演化出來的社會性，如何解釋我們創新的能力和傾向？如何影響我們領導他人或追隨他人的方式？如何解釋我們具有部落主義和歧視的可悲傾向？我們適應大草原生活雖然是很遙遠的歷史了，但能讓我們對這些現代問題獲得新的深入瞭解。

雖然祖先的壞習慣讓我們深受困擾，但他們也進化出動機系統，讓我們在做對事情時獲得獎勵，那就是幸福。如同我們會怕黑，動機系統顯然可以幫助我們生存、壯大。這意味著那些壞情緒有一個很重要的目的，而好情緒也是。我們演化而來的心理，與幸福及追求幸福緊密連結；過上好日子與我們的演化指令（imperative）有很大的關聯。這些指令常常是彼此衝突的，幸福可以讓我們在其中找到方向。瞭解那些過往對我們所施加的壓力，可以為我們在這趟旅途中指點迷津，也可以看清為何在這條道路上有那麼多陷阱。

我們如何得知遙遠的祖先在想什麼、做什麼？

我們的遙遠過往被稱為「史前」是有原因的，那段時期沒有任何文字紀錄。雖然科學家發現來自遠古時代的大量化石以及其他證據，但有時，那些過往的碎片可以有各種不同的解釋。此外，策略和行為不會變成化石，因此很難確切得知我們的祖先是如何解決那些在成為人類的過程中所遭遇的問題。即使如此困難，演化學家還是擁有驚人的成果，能從微小的線索中找到資訊，他們的創意想法和堅毅努力，讓我得以講述這個相當完整的故事。

那麼，我們如何得知現在已知的一切？針對這個問題，可以看看這三種研究我們的演化歷史時所採用的方法：一、頭蝨的DNA顯示出我們何時發明衣服。二、教會紀錄揭露了祖母的重要性。三、古代的牙齒顯示出我們的祖先如何避免近親繁殖。

我們如何得知人類什麼時候發明衣服？

人類有幸成為三種蝨子的宿主：頭蝨、陰蝨、體蝨。我們為這些噁心的小寄生蟲提供住宿和餐飲的故事錯綜複雜，就從我家孩子在托兒所染上的頭蝨說起。約莫兩千五百萬年前，頭蝨的祖先開始寄生在靈長類身上，大約就是猿類與舊世界猴（也就是來自非洲和亞洲的猴子）分道揚鑣的時期。

六、七百萬年前，與我們較為相近的祖先從黑猩猩的祖先分支出來，蝨子可以漫步在我們身體上的任何地方，因為那時我們的祖先全身都是毛。這些古老的體蝨是當時唯一困擾我們的物種，然而數百萬年後，我們染上了另一種蝨子，顯然來自於大猩猩。我不確定我們的祖先是如何得到的，可能只是住在大猩猩附近，也許有時為了取暖而睡同一張床。無論原因是什麼，大約三百萬年前，我們開始被兩種不同的蝨子寄生。

我們在演化之路上持續前進，濃密的體毛逐漸消失（以及與大猩猩結伴的習慣）。體毛消失對於兩種蝨子都帶來麻煩，因為牠們必須在茂密的毛叢中產卵。最終結果就是這兩種蝨子被迫成為專家：陪伴我們最久的蝨子撤退到身體的最北邊，成為頭部專家；從大猩猩那裡跑來的蝨子則是遷移到身體的赤道附近，變成胯下專家。

兩種蝨子之間的和緩關係維持了大約一百萬年，直到七萬年前，第三種蝨子登場了，牠是頭蝨的一個分支。新蝨子進化成可以住在我們身體的其他部位，但是牠和原本的頭蝨一樣，無法在沒有毛髮的皮膚上產卵，因為卵會掉到地上死亡，必須將卵產在衣服上。因此，體蝨的演化提供了很好的證據，顯示出我們至少在七萬年前就開始穿衣服了。

當然，問題在於我們為什麼要穿衣服？為什麼是從那時候開始？當時我們的祖先已經超過一百萬年沒有毛髮了，而且大多數的祖先（但不是全部）仍然生活在非洲溫暖的氣候下。如同後續會提到的，體蝨出現之前，人類已經開始遷移出非洲大陸，也許移往較寒冷的地區，所以發明了衣服。也有可能為了防曬和防寒，在更早之前就發明衣服了。說不定我們的祖先只是想要打扮自己，或是區別彼此。無論理由是什麼，從那時起，我們的祖先中至少有一些人大多數時間都穿著衣服，不然體蝨早就滅亡了。

體蝨的演化故事提供了關於發明衣服的證據，但是我們怎麼知道時間順序的細節？怎麼知道陰蝨是三百萬年前從大猩猩的祖先身上跑來的？關於這些問題，科學家是依靠「分子鐘」，也就是依據DNA突變速率來推算時間的一種方法。兩個物種分歧（diverge）之後，DNA會開始出現隨機的突變。兩者再也不會出現一樣的突變，因此對各物種而言都是獨特的。因為我們知道不同DNA股（Strands of DNA）的平均突變速度，所以可以計算兩個物種共有的DNA股突變，得知這兩個物種什麼時候開始分歧。

舉例來說，如果特定物種的某一股DNA平均每二十個世代就會突變，當我們在兩個有親緣關係的物種的DNA中發現五十個突變，就知道這兩個物種大約在一千個世代前發生了分歧。用這個方法回推，最終可以找出在基因上最接近這兩個後代物種（offspring species）的親本物種（parent species）。

藉由研究體蝨與頭蝨（彼此非常相近，但與陰蝨並不相近）的DNA中的突變數量，我們得到很有力的證據，知道我們的祖先至少在七萬年前就不再裸奔了。使用同樣的方法，也可以證明陰蝨是在大約三百萬年前與大猩猩的蝨子分歧的。

我們如何得知祖母的重要性？

自十八世紀起，路德會（Lutheran Church）保存了芬蘭所有出生、婚姻和死亡的詳盡紀錄。圖爾庫大學的米爾卡．拉哈登貝拉（Mirkka Lahdenperä）與同事利用這極佳的資料來源，繪製出一七〇二至一八二三年間，來自芬蘭五個農業和漁業社區的五百多位女性及其子女和孫子的生命歷程。

仔細梳理這些紀錄，拉哈登貝拉與她的同事發現關於祖父母的幾個重要事實。也許最引人注目的是，每過十年，年齡超過五十歲的祖母就會增加兩位孫子。祖父母與孫子居住在同一個村子的家庭，此現象最為明顯，這可能與以下三個因素有關：

（一）住在同一個村子裡的祖母讓女兒可以較早生小孩（平均年齡是二十五．五歲對比二十八歲）。

（二）祖母也縮短出生的間隔，她們的女兒每隔二十九．五個月就會有小孩。如果祖母已經過世，她們的女兒每三十二個月才會有小孩。

（三）年齡在六十歲以下的祖母（通常比較有活力且樂於幫忙）可讓孫子的存活率提高一二%。這種提升存活率的現象只在孩子斷奶後出現，如果孩子還在哺乳階段，無論祖母在世與否，存活率都差不多。

這個時期的芬蘭（以及世界上其他地方），將近半數的孩子在成年以前就被疾病和受傷奪去性命，因此祖母對生存及繁衍所帶來的正面影響是顯而易見。

我們如何得知祖先做了什麼以避免近親繁殖？

小團體生活的動物，因群居而獲得了莫大的利益，但牠們必須面對如何避免近親繁殖的問題。牠們沒有族譜可參考，誕生於小團體的動物與這個團體中的成員，會有近親交配的風險。近親交配有一些潛在損害，其中最顯著的是與家族成員交配時，危險的基因更有可能一起出現。舉例來說，我有戴薩克斯症（Tay-Sachs disease）的基因，幸好它是隱性的（意思是除非父母都給了你戴薩克斯症的基因，否則是不會患病的）。如果父母都有戴薩克斯症的基因，每一個孩子有二五%的機率會得到兩個戴薩克斯症基因，並罹患這種疾病。大多數的戴薩克斯症患者會在六個月大時出現症狀，開始失去視力與聽力，再來是吞嚥能力，最後是行動能力，接著很快就死亡了。

戴薩克斯症的基因很罕見（每兩百人之中只有不到一人帶有這個基因），所以像我這樣的帶原者不太可能生出戴薩克斯症的小孩，因為帶原者幾乎不可能碰巧相遇並相愛。然而，如果我和家族成員生小孩，例如我的姊妹或表親，那麼我的伴侶就有更高機率帶有和我一樣的戴薩克斯症基因，我們的小孩也就有更高的機率罹患這種可怕的疾病。

針對這個潛在的近親繁殖問題，小團體動物最常見的解決方式是讓其中的雄性或雌性一到青年期就離開。藉由離開原本的團體並加入新團體，動物大幅降低了近親交配的機率。必須記住的重點是，動物不明白自己為什麼離開，然而那些流浪遷移到新團體的動物更可以避免近親繁殖問題。轉換團體的傾向經由繁殖成功而強化，結果就是這種傾向傳遍整個物種。

黑猩猩藉由讓雌性成熟後離開團體來解決近親繁殖問題。相較之下，狩獵採集的人類則有更靈活多樣的解決方法（相關內容詳見第三章）。研究者想知道我們的遠祖在這方面與黑猩猩較為相似，還是與我們較為相似，然而只能取得一些化石碎片，沒有其他能講述那些遠祖如何生活的材料，這種情況下要怎麼收集這類資訊呢？

科學家藉由測量遠祖牙齒中的鍶含量來解開這個謎團。鍶是一種金屬，它被身體吸收的方式與鈣很類似，因此主要是存在於我們的骨頭和牙齒中。鍶有四種形態，這些形態的比例會隨著地質環境而有所不同。有些地方可能其中一種形態最多，另一種形態其次，剩下兩種形態很少；其他地方則可能有不同分布模式。

在成長過程中，鍶會被牙齒吸收，所以可以分析遠祖的牙齒來分析四種鍶形態的比例。

如果牙齒中的鍶形態比例與當地的基岩相同，幾乎可以確定它的主人是在這個區域長大的。反之，如果比例與當地的基岩不同，幾乎可以確定這顆牙齒的主人是長大後才搬到這個區域。

馬克斯普朗克研究院演化人類學中心的珊迪・柯普蘭（Sandi Copeland）與她的同事分析了許多非洲南方古猿（Australopithecus africanus，我們數百萬年前的祖先，詳見第一章和第二章）牙齒中的鍶形態比例，發現較大顆的牙齒符合當地地質，較小的牙齒卻不符合。雄性的體型通常比雌性大，因此牙齒也比較大，根據這些資料可以推測雌性的南方古猿會離開出生的團體以避免近親繁殖，就像黑猩猩一樣。

*

從這三種研究中可以發現，科學家使用各種不同的方法來研究我們的過去。有時候研究資料讓我們可以很有信心地下結論，例如住在同一個村子裡的祖母與降低孩童死亡率有關；有時候只能藉由研究資料做出有憑有據的猜測，例如我們推論較小顆的牙齒是屬於雌性的，因此雌性可能會在成熟後離開原本的團體；有時候資料只在我們推論時提供限制，例如體蝨的出現，讓我們知道最晚從什麼時候開始發明衣服，卻無法確實證明最早是從什麼時候開始——也許在衣服出現後，蝨子照自己的步調慢慢適應這個全新的大好機會。

我們一定要記住，每一項研究都只是一小片拼圖，結合數千份研究才能看見全貌。如果那些研究全都指向同一個方向，我們就能夠很確定地知道到底發生了什麼事情。如果它們彼此牴觸或有多種解釋，我們就必須付出更多努力。不意外地，研究越久以前的歷史，那些證據就會越薄弱、越模稜兩可，而我們就更加必須依靠推測。儘管如此，我在講述這些故事時還是會試著不要一直停下來，說明那些冗長乏味、難以閱讀的學術內容。所以請記得，這本書中是我根據這些不完整、複雜，有時彼此矛盾的資料，去說明我們到底是誰，我們如何走到今天。針對有興趣瞭解更多資訊的讀者，我在書末附上參考書目，依照章節區分。

天性與教養的競爭？

在進入本書的正式內容前，我還有最後一個重點，是關於天性及教養在我們心理發展過程中的角色。有些人反對用演化的角度來說明人類行為，批評演化心理學所具有的含義。這些人通常認為，如果基因會影響我們的心理結構，那麼那些由基因支配的部分就無法被環境或社會所改變，且不受個人控制。我想澄清，這完全是錯誤的。舉個例子，來看看比大腦更簡單的身體構造：肌肉。

基因的差異使我們的肌肉長成不同的大小。有些人遺傳到較大的肌肉（令人想到一流球隊的前鋒），有些人遺傳到較小的肌肉（如果你認識我的話，可能就會想到我）。基因提供藍圖，讓我們的肌肉在反覆操練時會有不同程度的成長——舉例來說，重量訓練、體力勞動或體育活動。

即使如此，我們對肌肉施加多少負擔、提供肌肉多少營養、讓肌肉長大還是縮小，取決於我們的生活方式。結果就是，基因、環境，以及基因和環境的交互作用，影響了我們的肌肉大小。同時，肌肉也與個人選擇有關。如同這個例子所強調的，演化理論認為無論是身體或心靈，都是天性與教養的競爭結果，既不是無可動搖的生物機制所造成，也不會被人類動因（human agency）及選擇排除在外。

即使遺傳效應非常強烈，仍會出現基因和環境的交互作用。舉例來說，近視非常容易遺傳，通常近視的父母就會有近視的孩子，然而關於狩獵採集者的視力研究顯示出，幾乎沒有會近視的狩獵採集者。現代的生活方式有許多可能造成近視的因素，也許都是因為我們的近距離用眼行為，也許是閱讀，或在微弱的光線下看東西，但是無論是什麼原因，導致近視的基因，其實是讓人對於可能造成近視的環境因素更加敏感的基因。帶有近視基因並居住在現代環境的人們通常會有近視，而帶有近視基因但生活在狩獵採集社會的人們幾乎不會近視。所以，即使是基因所造成的現象，也可能同時受到環境的影響。

這個原則在討論心靈時一樣適用。我們的心理結構是基因、環境、個人選擇的結果。我們的基因會將我們推往特定的方向——有時候用逼迫來形容更準確——但是我們人生的軌道取決於我們做出的決定。

有無數個例子可以證明人類的選擇能超越基因的傾向，也許禁欲生活是最明顯的例子。

性欲是基因所帶來的最強烈欲望之一，因為如果沒有性，就代表我們的基因將結束在我們這一代。即使如此，歷史上仍有許多人決定放棄一切的性行為。許多人經過掙扎後無法忠於這個決定，卻也有許多人成功了。有些成功的人為自己的決定無疑付出了很大的努力，但這就是重點。即使我們的基因強烈地將我們推往它期望的方向，也不代表我們一定要照著走。

我們可以輕易地想像出一個心靈完全被基因掌控的世界，有許多動物都是如此。然而當我們走上了朝向更高智商的演化之路，生活方式必須依靠學習而非天生的知識，這時候基因就不得不交出掌控權了。

舉個例子，看看狐獴如何訓練孩子打獵。狐獴捕食昆蟲以獲取大部分的營養，而住在喀拉哈里沙漠的狐獴沒有什麼挑食的餘地。牠們的其中一種獵物是蠍子，這顯然是很棘手的晚餐選擇，因為蠍子有能力殺死狐獴。狐獴並不是生來就知道該如何獵殺蠍子，而父母和兄姊會教導牠們。

牠們有一個教學技巧是這樣的：隨著小狐獴的年齡成長，改變將蠍子大餐帶回家的方式。在小狐獴剛斷奶時，大狐獴會先殺死蠍子之後再拿給小狐獴。等小狐獴長大了一點，大狐獴會先折斷蠍子的螯針，再將活蠍子交給小狐獴，這樣小狐獴就可以練習自己殺死蠍子。最後，等小狐獴準備好獨自出門冒險了，大狐獴就會將活蠍子原封不動地交給小狐獴，讓小狐獴自己攻擊、獵殺蠍子當晚餐。

這個過程讓人感覺深思熟慮，然而狐獴只依靠一種信號來決定如何餵食小狐獴——聲音。

研究人員播放年齡很小的幼仔所發出的叫聲，狐獴就會殺死蠍子再給小狐獴。研究人員播放較大的幼仔所發出的叫聲，狐獴就會把一息尚存的蠍子交給小狐獴。神奇的是，幼仔在不同發育階段發出的叫聲會影響父母或兄姊的判斷，而這與小狐獴實際的年齡無關。儘管父母或兄姊每天都與年幼無助的小狐獴直接互動，如果牠們聽見年紀較大、較有能力的幼仔所發出的叫聲，還是會給小狐獴一隻完整的蠍子。

這樣的研究結果顯示出，狐獴的判斷主要來自於基因和極少的環境資訊。之所以演化出這樣的機制，無疑是因為計算效率高（也就是說，這樣最不耗費腦力），以實際情況來說，這個機制也完美運作——小狐獴絕對不可能發出成年狐獴的叫聲。

人類和狐獴及其他類似的動物有著很大的區別。基因會影響我的們決定，但是會和許多其他因素結合，例如我們的想法，與我們如何看待自己、想成為怎樣的人有關。正因如此，在人們決定自己要表現得隨和還是強硬、樂意合作還是愛好競爭、充滿野心還是好吃懶做時，人類動因是一個很重要的因素。基因是決策過程中的要素，但只不過是單一要素而已。我們從近視的例子可以看出，基因會和環境交互作用造成影響，所以承認基因的力量，並不代表是在駁斥教育、社會地位、文化等方面的重要性。

重點是，演化心理學是一個關於演化如何塑造我們的基因，也造就了我們的心靈的故事，但絕對不是一個基因決定論的故事。環境或文化、價值觀、喜好也會影響我們的想法，並決定我們將成為怎樣的人——以及我們接下來該何去何從。

第一部

我們如何成為自己

第一章
逐出伊甸園

你我都是從類猩猩生物*演化而來。六、七百萬年前，那些類猩猩生物離開雨林，轉移陣地到大草原。乍看之下，我們的祖先離開雨林似乎是個奇怪的決定，畢竟那裡幾乎沒有狩獵者能在森林的遮蔽中成功獵捕到牠們。即使是豹這類擅長爬樹的動物也不會在樹上攻擊猩猩，因為猩猩在自己的地盤裡太迅速、太危險了。然而到了地面，猩猩很容易被捕食。牠們笨拙地用兩隻腳行走，比起同時使用四肢顯得緩慢許多，且牠們的小體型很適合大型貓科動物食用，例如獅子、豹，或是曾經漫步在東非的劍齒虎。

＊ 人類和猩猩是從同一個祖先演化而來，但我們無法明確得知那個祖先長什麼樣子。根據化石紀錄，可以強烈推測我們共通祖先的外觀非常類似現代的猩猩，而並非像我們。基於這個理由，我將我們共通的祖先形容為類猩猩或似猩猩。

所以，牠們為什麼要離開雨林呢？是什麼迫使我們的祖先放棄在雨林的庇護下安全豐饒的生活，選擇緩慢而笨拙地在地面上行動？針對這個問題，科學上有很強烈的爭議，但是普遍接受的理論是「草原假說」（savannah hypothesis）的升級版，這個假說是一九二五年由雷．達特（Ray Dart）發表關於非洲南方古猿，也就是「南非人猿」的發現時提出的。達特提到，熱帶雨林中的生活太過輕鬆，因此人類不太可能是在熱帶雨林中進化出來的，他接著寫道：「在演化出人類的過程當中，一個不一樣的學習環境是必要的，這樣才能使牠們增長智慧，讓牠們更快做出高度智慧的表現——在開放的草原環境，敏捷的動物和潛行的動物之間競爭更加激烈，而關於此物種能否存活，機靈的思考和行動是至關重要的。」

有關我們是在草原上進化的這點，達特是對的，但是一九二五年的達特並不知道是什麼原因迫使我們遷移到草原。現在我們認為東非大裂谷的板塊活動讓我們與類猩猩祖先分隔兩地。整個地球的表面都在板塊上，包含組成五大洲的地塊以及海洋底部。這些板塊在地函上方漂浮移動，地函從火山流出時是黏稠的液體，但在地殼下方承受巨大的壓力，因此它比較像是柔軟的柏油。地核所散發出的熱，導致地函極度緩慢卻強而有力地流動，連帶使板塊移動。有時這些板塊非常緩慢地相撞，例如印度撞到亞洲，就產生了喜馬拉雅山（它每年都會長高幾公分）。有時這些板塊被撕裂並逐漸分離，例如非洲東部正緩慢地被扯開一道縫，北至紅海，南至莫三比克海岸。

板塊活動創造出東非大裂谷，並且緩慢而持續將衣索比亞、肯亞、坦尚尼亞抬高，形成高原。地貌的改變導致當地氣候改變，東非大裂谷以東的雨林逐一乾涸，成了大草原。所以，我們根本就沒有離開雨林，是雨林離開了我們。

我們的類猩猩祖先在雨林裡非常活躍，在地面上卻表現不佳，當雨林變成草原後，牠們必須找到新的生存方式。牠們習慣吃的那些水果、莓果、葉芽都隨著雨林一同消失了，而牠們在地面行動太過緩慢，也不太可能有機會獵捕肉類，更不用說草原上四處都是掠食者。食物消失，還出現新的危險狩獵者，我們的祖先到底是如何應付這樣的雙重打擊？毫無疑問，許多祖先消逝了，但是一部分存活下來，並逐漸繁盛茁壯，成為現在的我們。

犬羚或狒狒的策略

我們的類猩猩祖先並不是唯一曾經居住在雨林，後來必須嘗試在地面生存的動物，所以科學家常常觀察其他物種的行為，來推測猩猩是如何適應草原生活。狒狒是其中一種處於同樣情況的動物。雖然狒狒是猴，並不是猿（因此不如猩猩那麼聰明），但是牠們和猩猩卻有許多相似之處。有少數狒狒住在非洲草原，牠們以大型團體的方式生活，所帶來的優勢是有很多雙眼睛可以盯著狩獵者，有許多尖牙可以防衛。狒狒面對草原生活所採取的解決方案並不糟，證據就是現在還有許多狒狒在草原。然而這種方式會充滿壓力，也伴隨著危險，狒狒經常驟然死於飢餓的豹或獅子口中。

狒狒在抵禦狩獵者時依靠的是強而有力的門牙，雖然牠們的體型比猩猩小，門牙卻比猩猩大上許多。如果我們的類猩猩祖先「決定」採用咬人這種手段來面對草原困境，那麼現在我們的臉就應該長得更像狗，會有突出的下巴和更大的牙齒。我們下巴嬌小、犬齒無力，顯示出我們的祖先並沒有採用狒狒的方法，而是以其他方式在草原生存。達特所發現的南方古猿，下巴和牙齒是介於猩猩和我們之間，在牠們身上可以明顯看出我們的祖先所做的決定。

因為猩猩比狒狒更聰明，所以需要更久的時間才能長大成熟，而成年速度較慢則表示牠們更需要母親的照顧，這導致猩猩初始繁殖的年齡比較晚，繁殖率也比狒狒低。如果我們的祖先被獵食的頻率和狒狒一樣，那麼牠們就必須擔負因為較晚才開始繁殖而可能滅絕的風險。在這種演化的巨大壓力中存活下來的類猩猩祖先，可能是極盡所能地避免引起獅子、劍齒虎及其他狩獵者的注意，而不是正面衝突。

對許多草食動物來說，躲藏確實是最主要的生存策略。看看犬羚，這是一種住在東非草原上的羚羊，體型和家貓一般大。因為犬羚如此嬌小，無法抵禦任何體型大於貴賓狗的狩獵者，所以終其一生都在躲藏。牠們被追逐時可以跑得非常迅速敏捷，但在空曠的草原上被獵捕時卻顯得不夠快，因此犬羚融入周遭環境之中掩護自己，持續留意狩獵者，並且絕對不會離開樹叢太遠。

我們的類猩猩祖先並沒有犬羚那麼迅速，但牠們可以爬樹。牠們很有可能整天都在躲藏，仔細注意狩獵者，並倉促地爬上附近的樹來避難。住在草原的現代猩猩結合了犬羚和狒狒的做法，比起那些在雨林中的猩猩，牠們更加聚集在一起，並小心地避開沒有樹可以即時避難的空曠地方。更有趣的是，草原猩猩還有另外兩種獨特的行為：牠們使用樹枝製成簡易的矛，把躲藏在樹洞裡的猴子叉取出來。比起雨林猩猩，牠們也更願意與同伴分享。這些表現都是在模仿我們的祖先離開森林後所發生的改變（之後會有更多詳細內容）。

這些關於草原猩猩及狒狒的資料顯示出，更高的警覺性讓我們的祖先在大草原得以生存下去，且在森林消失後的數百萬年中對於牠們的生存有很大的重要性。然而與狒狒或犬羚不同的是，我們的祖先並沒有滿足於這麼微小的成功。聰明的猿類的手已經不適合運動了，而大草原給予牠們嶄新的機會。改變並不是一夜形成的，但在接下來的三百萬年，我們的心靈和身體所發生的諸多改變，顯示出我們找到了能在草原上保護自己的全新方式。

朝獅子丟石頭

當你被強壯、凶猛、迅速的動物攻擊，無法逃脫或徒手反擊時，你會怎麼做？如果是我的話，不用多想就能回答。我從小長大的社區，居民不太注重關於牽繩的法律規定，我和朋友們經常被住在同一條街的德國牧羊犬或杜賓犬追逐。即使我當時是個骨瘦如柴的小孩，而且那些狗直到現在仍然讓我十分恐懼，但我在七、八歲時就很擅長丟石頭來保護自己了。尤其如果當下是和兄弟或朋友們在一起，我們只需要俯身撿拾石頭，追逐我們的那些狗就會立即轉身離去。如果我是孤身一人，就會跑向距離最近的圍籬或樹木，因為我丟擲石頭的速度不夠快，沒有效果。然而只要再多一個人，即使只多一個人，我們也能夠挺身對抗。

從這樣的經驗可推測我們的祖先在大草原上可能是如何面對來自狩獵者的威脅——就是丟石頭，尤其是如果牠們可以團結一致，丟擲大量的石頭。我們無法窺探過去，看看牠們是否真的這樣做，但可以觀察我們的身體與牠們之間的差別，看看這樣的策略是否合理。所以，證據所顯示的結果是什麼？

可以確定，化石紀錄中的許多改變支持著丟擲假說。這些改變有一部分可以在我們的祖先阿法南方古猿（Australopithecus afarensis）身上看見（又稱為露西，於三百五十萬年前生活在東非，是達特的非洲南方古猿的前輩）。從露西的腦袋大小來判斷，她並沒有比猩猩聰明多少，然而她在面對狩獵者時除了躲藏起來、祈禱不要被發現以外，應該已經發明了新的方法。與猩猩相比，她的手掌和手腕更加靈活、上臂更容易彎曲、肩膀更平，且臀部與肋骨底部之間有更大的空間。這些改變很有可能是因為雙足步行（她是直立走路）而造成的，是她的祖先在大草原上演化出雙足步行的習慣。這些新的特徵對於丟擲的動作也非常有用。

當你看到人們在海灘上來回拋球，可能會認為丟擲的動作主要是由手臂和肩膀的肌肉在運作。然而如果你想要在丟擲時更有力量及精準度，就必須觀察籃球選手、四分衛或是狩獵採集者。對於有經驗的丟擲者來說，手臂和肩膀只不過占了一小部分。要有強力的丟擲，必須先將對側的腳往前踩（例如慣用手是右手，就將左腳往前踩），臀部轉動、接著軀幹轉動、肩膀轉動，最終手肘及手腕跟著轉動。

這一連串的動作是利用身體拉開手臂及肩膀的韌帶、腱、肌肉，產生向前及旋轉的力量，讓手臂在丟擲動作的最後階段如同橡皮筋彈射一般加速向前。猩猩比我們強壯，但牠們在丟擲時無法產生這樣的彈性能（elastic energy），因為牠們的關節不夠有彈性，且肌肉的排列方式也有影響。臀部、肩膀、手臂、手腕、手掌的改變，讓露西和她的南方古猿同伴更適合丟石頭。而這些改變也很適合用來拿棍棒擊打，在丟石頭起不了作用時這會很有效。

擊退杜賓犬是一回事，但擊退獅子或劍齒虎又是另一種挑戰，更何況如果你的體重只有六十到一百磅（約二十七至四十五公斤）、身高只有三．五到五英尺（約一〇七至一五二公分），像南方古猿那樣*。即使如此，只要反覆練習，丟擲還是非常有效。在我二十幾歲時，和女朋友一起去俄亥俄州園遊會，第一次在這件事情上碰了一鼻子灰。有個攤位上放了一個設有雷達測速槍的投球練習網，我決定利用高超的體育能力讓女朋友驚豔一下。我對於時速五十英里（約八十公里）的成果非常滿意，而她也發出適當的驚嘆，直到一名身材瘦長的十二歲小孩出現。他不到青春期、體重八十五磅（約二十九公斤），卻能毫不費力地投出一顆又一顆時速超過六十英里（約九十七公里）的球。我不想輸掉這場男子氣概對決，竭盡全力地擲出最後一顆球，換來的卻是一顆控球極差、時速五十五英里（約八十九公里）的球，以及手肘和肩

* 比現代的猩猩高一點，但體重輕一點。

膀難以忍受的疼痛。我的女朋友安慰我，丟球更需要練習而不是力氣——我認為就是在這一瞬間，我第一次萌生想和她結婚的念頭——而且當然了，她是對的。

記住「熟能生巧」這句話，我們已經知道丟擲假說是非常合理的，尤其是整個群體一起進行丟擲時。歷史紀錄支持這個可能性，顯示出丟擲非常有效。有許多紀錄描述歐洲探險家遇上原住民並發生衝突，而原住民唯一的武裝就只有石頭。歐洲探險家通常依靠槍和盔甲，卻常常在這些衝突中戰敗，有時還輸得很慘。考量這三種歷史解釋，人類學家芭芭拉・艾薩克（Barbara Isaac）寫下一篇了不起的文章：〈丟擲與人類的演化〉。

「幾乎是每一次，他們都能打得我們落荒而逃，迫使我們跑回掩蔽處，被石頭打得頭破血流，手臂或腿斷掉。因為他們沒有別種武器，這讓我相信他們比基督徒更擅長丟石頭，他們丟擲的石頭簡直就像十字弓所射出的箭。」——讓・德貝當古（Jean de Béthencourt），一四八二年

「那些原始人猛力擲出的石頭一個接著一個地將我們擊倒……如同雨一般的石塊數量太多難以躲避，被這股不尋常的力道擊中，幾乎造成了和子彈相同的效果，且他們擁有優勢，可以非常迅速地接連投擲。」——讓・弗朗索瓦・德加勞普・德拉彼魯茲（Jean-François de Galoup de La Pérouse），一七九九年

「許多時候，我們都還無法瞭解原住民，就已經有武裝士兵被完全沒有武裝的澳洲原住民殺死。士兵向原住民開槍，但原住民閃躲，讓士兵無法瞄準，接著士兵就被雨一般的石塊砸成碎片了。原住民撿起石頭並丟擲的力道和準確度，如果不是親眼見到，便令人難以置信……澳洲原住民如此迅速地不斷丟出石頭，看起來就像是使用了某種機器，且他們將石頭丟出後便會向兩旁跳躍，使這些導彈從不同的方向匯聚至那個倒楣的目標。」——約翰・伍德（John Wood），一八七〇年

這些紀錄不僅強調丟擲石頭可能造成的致命威脅，也強調出一個決定性的重點：面對大型動物，例如獅子或豹時，若要讓這個策略成功，關鍵就在於合作。

集體行動的心理學

比起合作，猩猩較常彼此競爭，因此我們遙遠的類猩猩祖先也較難以團隊合作的方式擊退大型狩獵者。如果阿法南方古猿孤身一人丟擲石頭（可能同一個群體的其他成員都逃跑了），可能只會讓狩獵者輕微瘀傷，然後落得被狩獵者吞食的下場。但如果許多南方古猿一起丟擲石頭，也許就可以擊退鬣狗、劍齒虎，甚至是獅子。因為有需求而必須做出集體行動，才帶來這

個最重要的心理上的改變：團隊合作的能力和渴望，讓我們得以在草原上大量繁衍，而不僅僅是生存下來。

現代的猩猩團體一起攻擊其他猩猩團體時，彼此之間會有薄弱的合作行為，但是牠們面對親朋好友以外的團體成員時，基本態度還是競爭的。因此，我們的類猩猩祖先在草原上遭遇危險時，很有可能在前一百、一千，或甚至是一百萬次都是馬上分散開來跑向最近的一棵樹，然而某一次牠們團結起來、合作防禦，這一次牠們都有較高的機率存活下來。

在一個群體中，學會以這種方式來合作的個體占有非常大的優勢，而且牠們很容易跟團體中秉持著「猩不為己天誅地滅」的猩猩交配。同樣重要的是，演化會優待任何可以為集體對策提升品質的潛在心理改變。我們的祖先之中喜歡合作的、可以被他人依賴的，就獲得很大的回報。

只要南方古猿學會丟擲石頭來抵禦狩獵者，牠們很快就會發現收集石頭並丟擲的這個方法還可以用來狩獵。收集石頭和丟擲不需要非常高度的計畫或合作，因此即使我們遠祖的認知能力有一定的限度，還是可以做到。也許一群南方古猿遇到可能的獵物，牠們就會不斷地用石塊丟擲。這個做法還可以讓南方古猿從其他動物手上搶奪剛殺死的獵物，如果那隻動物孤軍奮戰並嘗試保護牠的晚餐，可能會被亂石砸死，並和牠的獵物一起成為南方古猿的盤中飧。

丟石頭不僅大幅加強合作的優勢，還多了一個實踐它的方式。合作的最大挑戰是搭便車，也就是不想付出努力，卻想分享成果。早期在大草原上，有許多南方古猿會想要搭便車，只要狩獵者一出現就馬上逃跑，而團體中的其他人則合作抵禦狩獵者。無須懷疑，我們的祖先覺得這種搭便車的行為很讓人沮喪，就像工作時有些小組成員不像其他人一樣努力，卻在老闆感謝小組連夜趕工時疲倦地點頭。但現在我們的祖先可以自由使用新武器，來確保合作行為。

牠們的第一樣武器是威脅放逐。猿類在森林裡被逐出一個團體，只會覺得不太高興而已，然而如果是南方古猿在草原上被逐出一個團體，就是面臨死刑了。所以在面對被放逐的威脅時，我們的祖先很快地演化出強烈的情緒反應＊。不在意被逐出團體的南方古猿就不會有後代了，因此被放逐的威脅很快就產生效果，讓搭便車者加入合作。直到現在，要加強合作行為時，放逐和拒絕仍然是很重要的工具，社會排斥（social rejection）使人非常痛苦，願意付出一切努力，讓自己在團體裡受歡迎。

對於那些總是不守規矩又很難放逐的人（可能是因為牠們像帽貝一樣緊緊黏著團體，又或者是牠們非常具有攻擊性，對於放逐做出很不友善的回應），丟擲石頭的處罰可能非常有用。在戰爭的歷史中，能夠從遠方殺死敵人是最重要的發明，因為較弱的人可以聚集起來，從某個相對安全的位置去攻擊較強壯的人。丟石頭可能是我們祖先最早發明的懲罰，用來處罰那些沒

＊這裡的放逐指的是原始（希臘）用法，也就是從原有的團體裡被驅逐出去。心理學家時常使用這個字來代表忽視一個人，表現得好像那個人不存在似的。這種用法代表的是心理層面的驅逐，這一定會讓人感覺不愉快，但是在古代的環境下能否生存下去，這兩種放逐的差異是非常大的。

有盡責付出的同伴，並且讓這個普遍的懲罰方式延續到現代。舉例來說，聖經中以丟石頭作為許多種罪的懲罰，即使在聖經編寫的年代早已有了絞刑、斬首、釘十字架，或其他各種可怕的創意殺人方法。聖經律法的編寫者沒有忽視對罪人丟石頭的安全*及有效性。

雖然丟擲石頭並不困難，但這個初步的集體行為卻激起了演化的過程，讓我們的心智能力在接下來的三百萬年有了驚人進展。朝著狩獵者丟石頭的這個決定看似沒什麼大不了，而且在最初的數百、數千次可能都沒有產生任何效果，然而當它終於發揮作用時，就改變了一切。

集體行為造成認知能力的進化

科學家曾經認為我們變得這麼聰明，是為了善加利用「可相對拇指」（opposable thumb）為我們提供的優勢，讓我們可以操作物品。這種可能性確實是有道理的，畢竟章魚非常聰明，牠們的觸手也提供類似於可相對拇指的能力。而這麼大的頭腦如果是長在斑馬身上就沒有多大用處，因為斑馬無法用牠的蹄來製造或使用任何工具。

不過以心智能力來說，和操作物品相比，與團體中的成員相處是一項更大的挑戰。因此，許多科學家接受「社會腦」（social brain）假說，也就是靈長類為了應付在高度相互依賴的團體中與同儕相處時必須面對的社交挑戰，而演化出較大的腦†。這個假說特別強調人類，並不只是因為我們的團體比其他猿類更大。當我們的祖先開始享受團隊合作所帶來的優勢，就是在為所有的社會創新奠下基礎，大部分的社會創新將在一、兩百萬年後出現（也就是第二章的主題）。這些社會創新需要較大的腦才能協調並達成，這讓我們的祖先有了更大的壓力，必須變得更聰明[‡]。

合作讓我們的祖先更聰明，但也讓心理運作方式產生了許多改變。最重要的是牠們藉由分享資訊而受惠。牠們早期過著競爭的生活時，知識就是力量——當然，現在仍是這樣——不太可能會分享個人的有用資訊。然而當我們的祖先開始合作，若牠們每個人擁有一樣多的知識，就會更有效率了。

要讓每個人所擁有的知識一樣多，第一步就是分享自己注意到的事。如果我是要和團體中的成員競爭，就不能讓他們知道我在想什麼。也就是說，不能讓他們知道我在看什麼地方，無論我是在物色伴侶還是看到好吃的無花果，我都會保密，這樣其他人才不會比我先搶到。但如果我是要和團體中的成員合作，我就會希望他們知道我注意到什麼。如果出現一隻美味的獵物，我先發現牠，我就會希望其他人也注意到，這樣我們才能合作抓捕牠。

---

* 安全是指對於丟擲的人來說。對於被丟的人來說，顯然是很危險的。

† 社交挑戰對於許多物種的認知能力也很重要。舉例來說，大象可以從很遠的距離追蹤團體成員的位置，而澳洲喜鵲如果生活在較大的團體中，長大後也會比較聰明。

‡ 馬修・利伯曼（Matthew Lieberman）在他的著作《社交天性：人類如何成為與生俱來的讀心者？》一書中深入探討這個論點，從根本的角度顯示出人類的大腦就是被設計成社交工具。

我們的表親黑猩猩很擅長推測視線方向，牠們可以從所處的位置推測出其他猩猩能看見什麼。但是黑猩猩演化出咖啡色的鞏膜（包圍著角膜的部分）來隱藏牠們的視線方向，讓同儕更難獲得資訊。如果你盯著黑猩猩的臉看，你幾乎無法分辨牠在看哪裡，除非近距離觀察牠的眼睛。相較之下，人類演化出白色的鞏膜，使得視線方向更加明顯。要找出黑猩猩、大猩猩、紅毛猩猩的視線方向很困難，但要得知人類的視線方向卻很簡單，即使我們的臉和視線朝著不同方向。

我們藉由這種方式讓他人得知我們的視線方向，就證明了比起保守祕密，與他人分享自己的發現可以讓我們獲得更多好處，否則我們的鞏膜就不會進化成現在這樣，和其他的猿類差異這麼大。有些人認為之所以會產生這樣的改變，可能是因為分享資訊為團體帶來好處，也間接地為個體帶來好處（因為也是團體成員之一）。然而如此一來，團體的好處必須非常大，而個體的損失必須非常小，才能在這樣的系統下進化。如果團體可以從分享的資訊中獲得好處，卻讓個體產生損失，那麼大多數的個體還是不會願意分享資訊。什麼樣的基因會被傳到下一代，是取決於個體的成功，即使個體的成功是在團體的損失下達成的。

因此，如果團體的目標和個體的目標有所衝突，通常都是個體的目標勝出。比起我們，黑猩猩更重視自己、不重視團體，這就是黑猩猩難以有效合作的原因。但是當我們到了大草原並發現合作就是成功的關鍵，非常幸運地，我們的團體目標和個人目標在猿類當中首度出現一致。也就是說，被逐出森林後的環境讓那些會合作的猿類有了優勢，而不適合彼此競爭的猿類。團體目標和個人目標的一致讓我們逐漸演化到食物鏈的頂端，即使我們除了較大的腦以外，顯然沒有任何生物上的武器。

也就是說，過去這六百萬年，我們的認知能力的進化可能是不經意地自行努力而來的結果。面對當地氣候改變所帶來的危機，我們採取的是合作的解決方案，創造出在地球上首度出現的「社會認知利基」，在接下來的數百萬年間，我們進化出新的能力，以更有效地利用這個優勢。

社會大躍進，讓我們成為人類

我們的祖先偶然找到了在大草原生活的解決方案，準備好應付一連串最終成為人類起源的事件。從樹上到草原的「躍進」是個比喻（而且與其說是跳躍，還不如說是推擠），但他們向社交邁進，讓我們不再受到大型狩獵者的威脅，並為更複雜的社交策略奠定基礎。

如果祖先在草原上採取了別的生存方式（例如更有效地挖洞、躲藏或逃跑），我就不會寫出這個故事，而你也不會閱讀了。我們的祖先所做的選擇有一部分是隨機的，但還是嚴格受限於牠們所擁有的。

我們失去雨林棲息地，很有可能就此滅亡。如果這個雨林消失的劇本重複上演，我懷疑十次當中有九次我們會表現得像是膽小的狒狒，不斷回頭檢查有沒有獅子，並注意最接近的一棵樹。比起移動到食物鏈的頂端，我們更可能滅絕或只有少數存活。但是我們有一部分的祖先非常幸運，找到一種解決辦法來面對生存危機，在他們的復原力之下，我們是受惠者。

我們從生存在草原，演化到學會使用谷歌搜尋引擎（Google）的過程一定是非常粗暴且沒有效率的，但這就是演化本身的特性。在這個地球上，改變不斷地在發生，生物若不是適應環境就是絕種。事實上，如果六千六百萬年前那顆巨大的小行星沒有擊中地球，人類根本沒有機會演化。那塊宇宙的碎片撞進墨西哥灣，引發全球大火及氣候改變，讓那些在地球上稱霸超過一百萬年的巨大狩獵者消失殆盡。也許我們還是可以丟石頭擊退獅子或劍齒虎，但無論我們的祖先有多少人團結在一起、合作得有多麼棒，仍然會成為暴龍的美味點心。我們的社會大躍進很優秀，且看似很有先見之明，但也是高度仰賴持續發生的一連串事件，碰巧為我們鋪了路。

最重要的是，我們的社會大躍進也轉變為演化的壓力。面對新生活的危機和轉機，在接下來的數百萬年間我們的心理狀態大幅改變，認知能力也擴展了。這就是下一章所要詳談的故事。

第二章
遠離非洲

離開森林後，過了三百萬年，露西開始直立行走，但她的外觀仍然像是猩猩，並非人類。如果她出現在動物園，你可能不會感到驚訝，因為她的外觀幾乎沒有表現出她正在萌芽的人性（見圖2.1）。但是露西知道石頭可以做成有用的工具，一些證據顯示她將石頭的邊緣磨尖，以增加效率。如果這是真的，那麼就是超越猩猩的一大步，因為猩猩也會使用石頭當作工具，卻從來沒想到要修改它。

一百萬年後，直立人（*Homo erectus*）利用骨

圖2.1：阿法南方古猿，也就是露西。
（Copyright @ John Gurche）

圖2.2：直立人。
（Copyright @ John Gurche）

頭、樹枝、獸皮來製作工具，但這些工具早已腐化。我們唯一知道他們遷移到歐洲和亞洲後有使用的工具，並沒有比露西的尖石頭複雜多少。直立人參考他們的祖先巧人（Homo habilis）所製作出的這些早期石器顯然讓他們的生活簡單許多——他們廣泛地使用，且這些石器過了一百萬年都沒有改變——不過它們確實很簡陋。我認為如果有一天你撿到它，你會毫不猶豫地將它丟到湖面打水漂，而不明白它所具有的重大意義（見圖2.3左側）。

所以在超過一百萬年前，直立人到底是如何光靠這些粗劣的工具，就成功殖民非洲、歐洲及南亞？直立人的成功無疑是來自於他們的大腦，大約有我們的三分之二大。與露西相比，直立人（圖2.2）如果出現在動物園裡會讓人感覺非常奇怪，因為他們看起來就像是比較粗野的遊客。

直立人的腦比較大，讓他們有了最重要的工具：更強大的合作能力。被一群直立人合力屠宰的馬和大象（通常是現代大象的兩倍大）的化石出現在歐洲和亞洲的許多不同地點，顯示出直立人並非活在新世界的底層。我們可能會想像直立人是拾荒者，小心地啃咬其他狩獵者剩下的食物殘骸，但是這些證據表明了事實並非如此。直立人的石器在那些化石骨頭上留下許多痕跡，並且是比其他當地狩獵者的齒痕還要更早留下。此外，直立人的石器痕跡通常出現在那些動物的腿骨接近軀幹處，這是其他狩獵者會優先食用的部分。如果直立人是撿拾狩獵者吃剩的，那麼幾乎不會有肉遺留在這個部分，直立人的切割痕跡也就不太可能出現在這裡了。這些發現顯示出直立人找到方法可以使用如此簡陋的器具殺死體型大、行動迅速的動物，一群獵人之間必須有高度的計畫能力與合作能力，才能達到這樣的成就。

有幾個理由，讓我們相信直立人擁有足夠的智力，可以擬定計畫、合作狩獵。首先，直立人發明了更好的石器工具組，而不是只有從他們較為愚笨的祖先巧人那裡繼承而來的奧都萬*石器（圖2.3左側）。直立人所發明的阿舍利†石器是對稱的，且兩面相同，這使它用途更廣泛、使用起來更舒適（圖2.3右側）。

圖2.3：左為奧都萬石器（Rosalia Gallotti），右為阿舍利石器（Fernando Diez-Martin），皆來自一百七十萬年前。

* 路易斯及瑪麗・李奇（Louis and Mary Leakey）夫婦和他們的團隊在坦尚尼亞的奧杜韋峽谷（Olduvai Gorge）首度發現，故取名「奧都萬」（Oldowan）。

† 此名稱來自法國聖阿舍利鎮，阿舍利（Acheulian）石器在此首度出土，是在李奇夫婦挖掘坦尚尼亞的一百年前出土的。

與巧人的石器相比，如果你撿到一塊阿舍利石器，我認為你會帶回家炫耀給朋友們看。

要瞭解製作這些古代器具時必須具備什麼條件，其中一個研究方法就是親自製作。許多人類學家都學會打製石器的技術——小心翼翼地拿兩塊石頭互相擊打，將它塑造成工具，就像我們的祖先那樣。在其中一項研究中，一個現代的石器打製者在功能性磁振造影儀（fMRI）中接受檢測，它類似於醫院所使用的核磁共振成像儀（MRI），但除了大腦結構之外，它還可以偵測大腦活動。石器打製者看著只完成一部分的奧都萬石器及阿舍利石器，並被要求做出決定，看下一步應該分別做什麼來將它們完成。在他們做出決定時測量大腦活動，就可以得知在製作這些工具時需要哪些心理活動。結果顯示出比起奧都萬石器，製作阿舍利石器需要更多的大腦額葉（與計畫及協調有關的區域）處理工作。如果直接觀察圖2.3中這兩種工具，就會發現很直觀：顯然奧都萬石器只需要簡單地將它弄尖，阿舍利石器卻需要更多事前規劃。

直立人不只發明了更好的工具，證據顯示他們還是第一個會為了未來的需求做規劃的物種。這看似很奇怪，但猿猴無法為了當下不認為會有需求的事做出未來規劃。舉例來說，有一個研究室飼養著捲尾猴，一天只餵食一次。對捲尾猴來說，只要這一餐的分量夠多，一天只吃一餐是可以輕易生存下去，但牠們演化成會經常覓食的習性，所以牠們其實不太喜歡一天只吃一餐。然而這些猴子永遠不會學著把沒吃完的食物留下來，等之後餓了再吃，只要牠們一吃飽，就會拿剩下的食物朝彼此丟擲，或丟到籠子外面，而不會保留起來當作宵夜。

黑猩猩比猴子聰明許多，但牠們仍然不會為了未來的需求做規劃。以黑猩猩在白蟻丘覓食時的表現為例，牠們會先找到一個合適的樹叢，扯下一根樹枝並將葉子都拔掉，然後帶著這根樹枝到白蟻丘，將它插進附近的地洞，並舔食爬到樹枝上的白蟻。這顯示出牠們可以做出一系列的舉動來達成目標，但是牠們是否非常深思熟慮？其實還好。只要牠們一吃飽，就會丟棄這根白蟻釣竿，就像以後永遠不會再吃白蟻一樣。

在研究室進行的實驗也顯示出一樣的結果，黑猩猩在各方面都無法為未來做規劃，無論事前規劃會帶來多大的好處。南方古猿和巧人在這方面可能都不比黑猩猩更優秀，沒有證據顯示他們會為了未來的需求而製作工具。準確地說，是指奧都萬石器沒有被帶離採集和製造的地方*。

相較之下，直立人的阿舍利石器出現的地點，與他們採集和製造的地方距離很遠。因此很明顯地，直立人在屠宰完動物後，知道未來會再度用到這個阿舍利石器。這是認知能力的一大進步，但如果考量到製作阿舍利石器時所需要的努力和智慧，就會覺得這很合理。心理能力的進步讓直立人可以做出更多複雜的工具，也讓他們可以預測未來會發生同樣的需求。在地球上曾經生存過的所有物種之中這是首見的，我們看見直立人祖先可以對未來做出複雜的規劃，想像出超越當前需求的情況†。

最後，關於直立人的智力，最有力的證據就是他們發明了勞動分配。直立人可以成功狩

---

* 當然，南方古猿和巧人不穿衣服，沒有口袋，所以他們可能覺得與其把舊工具帶在身上，製作一個新的還比較不麻煩。

獵大型動物（例如大象）或行動迅速的動物（例如馬），這些跡象顯示出他們可能進行勞動分配。而觀察直立人製作工具的遺址，則有明顯的證據顯示出他們會分工，以便更有效率地完成。舉例來說，在印度有一處一百二十萬年前的遺址，製作阿舍利石器的工作被分配至不同小組，就像一座工廠一般，製造過程中的不同步驟分散在不同位置。製造這些石器的第一個步驟是將較大的石塊敲擊成較小的石片，接著這些石片會被製作成不同的工具。在這個印度的遺址，較小的石塊是在一個地方被敲開，在另一個地方被修整為完成品。如果一個人要從頭到尾負責所有步驟，那麼就不需要將不同的製作步驟分散在不同位置了。為什麼要把一塊大石頭搬到十公尺遠的地方，只為了繼續製作？我們的祖先應該會坐下來，把小石片敲下來，將小石片製作成有用的工具，完全不需要移動位置。

然而不同工作需要不同能力，所以將工作分配給不同的人是非常有道理的。將小石片從大石塊上敲下來需要很大的力氣，因為必須猛力敲擊大石頭，且只能敲在正確的位置，才能分離出一塊合適的石片。這樣的工作非常適合團體中體型壯碩的男人，可以揮舞作為槌子功能的大石頭，且不在乎石頭的碎片飛得到處都是。相較之下，修整石片的步驟需要較為精細的擊打動作，必須要靈巧且有協調性（就像是刺繡），女人和體型較小的男人很適合這項工作。

還有許多其他證據顯示我們的直立人祖先會依靠團隊合作來達成目標，但我最喜歡的一個是來自約旦河的一處大象屠宰遺址，就在加利利海北邊。在這座遺址中，大象的遺骸旁出現了九把手斧，而獵人們似乎利用樹枝藉由槓桿原理將大象的頭骨上下翻轉，才能吃到大象的腦

（非常好的脂肪來源）。要讓頭骨從脊椎上分離開來，並將它翻轉，需要好幾位直立人共同合作才能控制重量很重、形狀不規則的大象頭部。如果樹枝真的是用來當作槓桿，那麼就證實了有幾位直立人負責推動槓桿，另外幾位負責保持平衡並翻轉大象頭部。

要能夠順利進行這項工程，幾乎不可能缺少溝通和協調。在這個遺址的其他部分，可以看見有鑿開堅果的地方、擊打石頭的地方、處理貝類的地方。如果這些是現代的廢墟，我們可能會認為這裡是賣食物的攤位，因為各種工作區分得非常仔細，分布在不同位置。

要進行勞力分工，必須要有計畫未來的能力，所以這兩種能力很自然地會同時出現。這兩種能力結合起來，讓我們的祖先達成許多成就。南方古猿開始合作抵禦外敵，將我們推向社會認知的道路，而這些能力又讓我們在這條路上前進不少。

直立行走

我在第一章簡略地提到南方古猿因為雙足步行，也就是直立行走，而連帶地發展成適合丟

---

† 有些讀者可能會反駁這句話，馬上指出松鼠、叢鴉，和許多其他物種也會儲藏食物或為了未來做準備。然而，沒有證據顯示這些動物瞭解牠們的未來需求。儲藏食物是牠們出於本能的行為，是演化的結果，而不是具有前瞻未來的能力，他們並不瞭解自己為何要做出這些行為（就像母黑猩猩離開原生團體以避免近親交配，也是演化的結果）。湯瑪斯・薩頓多夫（Thomas Suddendorf）的著作《鴻溝》（*The Gap*）對這些議題有更詳細的討論。

擲的體型，但我沒有說明為何露西一開始會選擇直立行走。剛才我們已經說明了南方古猿和直立人在認知能力方面的差異，所以現在可以討論這個問題了。這是我們演化的過程中最重要的事件之一，如果我們沒有變成雙足步行，就幾乎不可能丟石頭丟得這麼好，也意味著讓我們成為人類的這場社會認知革命就不會發生。但是我們為什麼要直立行走呢？我們的祖先不再將手指作為前腳使用，獲得了什麼好處？

這個問題有兩個答案。第一，我們不知道[*]。第二，我們有諸多猜測[†]。其中有一些猜測和心理學毫無關聯，舉例來說，在長距離行走時，比起猿類使用四隻腳，我們使用兩隻腳似乎會更有效率，在森林消失後我們的能力就獲得了優勢，可以行走較長的距離。我們的祖先開始直立行走的其中一個理由可能只是因為從一個點移動到另一個點不需要耗費這麼多熱量。

但是有一些猜測是屬於心理學方面的，與他們決定要用雙手來做什麼有關。也許我們的祖先雙足步行是為了要用雙手來攜帶食物、工具或武器。很久以前就有人提出這個論點，而且這一定會讓我們的祖先擁有更多優勢，可以攜帶更多的食物、工具、武器來運用。

就像剛才說過的，這個假說的漏洞是在於，即使比直立人更早以前的祖先已經雙足步行數百萬年，卻沒有證據顯示出他們會把石器攜帶到很遠的地方。尚未成為人屬的祖先也不太可能把食物攜帶到很遠的地方，這是基於同樣的理由：牠們無法預測當下感受不到的需求。如果牠們當下很餓，就會把食物吃掉，而不會攜帶著食物。如果牠們當下不餓，就會把食物留在那裡，或送給別人，而不會攜帶著食物（牠們不知道自己之後又會肚子餓）。如此一來，我們的南方古猿祖先不就沒有理由把東西帶在身上嗎？如果一種動物無法事先規劃當下感受不到的需求，怎麼會選擇在炎熱的大草原上拖著東西走？

要回答這個問題，我們只需要想想露西和她的祖先每次穿越大草原時可能是怎樣的情緒。如果你必須徒步穿越大草原，你會感受到什麼？我想答案應該是恐懼。每次露西和她的祖先穿越開闊的原野，都能敏銳地感受到他們有多麼軟弱無助，害怕遭受大型貓科或犬科動物攻擊。這樣的恐懼會讓他們想要攜帶任何可以用來防衛的武器——很可能是一根樹枝，用來當作棍棒或矛。

如果你在行走時能夠空出雙手，就可以更輕易地攜帶棍棒或矛了，這可能就是促使露西和她的祖先直立行走的原因。即使露西無法規劃未來的需求，她還是可以為當下的需求做規劃，而她每次穿越草原時都會感受到自己需要一把武器。當然，我們不能確定每一次都需要武器的這種需求是否真的影響到他們，使他們轉變為直立行走。不過，這符合我們當時的認知能力，且為我們的祖先帶來優勢，就像雙足步行提升效率一樣。

＊我承認，這不能算是一個答案。

†這非常合理，因為如此重要的大事件，很有可能不是單一原因所造成的。

從直立人到智人

勞力分工為我們的祖先創造了全新的黃金時代，讓他們的合作活動成果可以超過所有個人努力的總和。有了勞力分工，這些團體有了新的優勢，比以往任何群體都更有效率、更具致命性。在我們的祖先離開雨林後過了四百多萬年，直立人創造了比待在樹上保持安全更重要的東西，將我們推回了爬向食物鏈頂端的道路。有了勞力分工，曾經獵捕我們的動物，如今成了我們的獵物。

勞力分工似乎還不足夠，直立人接著完成了人類歷史中最重要的革新：使用火。火可以保護他們不受惡劣天氣或狩獵者的侵害，還可以讓生食中不容易攝取的營養及卡路里釋放出來*。想一想生肉和煎好的牛排在香氣及味道上的差異，或是生馬鈴薯和熟馬鈴薯容易入口的程度。這兩個例子都不需要比較，前者幾乎令人無法下嚥，後者則非常好吃。學會用火之後，我們的祖先完全改變了他們的生活——一天的結束不再是回到寒冷、潮濕的洞穴；再也不會一到夜晚就看不見了；睡覺時不需要擔心夜行性狩獵者；再也不用吃和路殺動物屍體沒什麼兩樣的食物了。

理查．藍翰（Richard Wrangham）在他的著作《著火》（*Catching Fire*）一書中提出，直立人和之後的智人能夠演化出如此大的腦袋，烹飪占了很重要的角色。雖然猿類的內臟比我們大，卻無法從牠們所食用的生食中攝取足夠的卡路里及營養，來維持和我們一樣大的腦。我們的腦和內臟的比例不僅比其他猿類大得多，燃燒卡路里的速度也比牠們快。烹煮食物讓我們進化出更快的新陳代謝，來維持如此大的腦。

烹飪也讓我們進化出較多的脂肪儲存，因為大腦會消耗許多新陳代謝，而在食物來源短缺的時期若沒有備用的脂肪，將會造成很大的風險。最後，烹飪讓我們的祖先不再需要連續不斷地咀嚼生食。典型的黑猩猩一天大約有八小時花在咀嚼上，要讓食物變得更柔軟，才能有效地消化。我們很難想像一天有連續八小時都在咀嚼會是怎麼樣，尤其是像我們這麼仰賴言語溝通的物種。如果必須不斷地咀嚼，語言的發展一定會更慢，因為滿嘴都是食物時很難說話。†

知道如何用火，是我們的祖先創造出認知利基的其中一種方式，也顯示出文化和創新如何影響後續的進化。我們學會烤肉，就不再需要那麼大的牙齒和下巴肌肉來咀嚼食物。這樣的改變讓我們從下巴及牙齒縮小的基因突變中獲得好處。這些突變如果發生在更早以前，就會損失慘重，因為若有人下巴比較小、比較無力，就很難在吃生肉的環境中生存下去。然而只要我們學會用火，就從下巴大、腦袋小的祖先，前進到下巴小、腦袋大的現代人了。因此這項創新對

---

* 火也啟發了大部分的現代發明，從熔煉金屬到蒸汽引擎的出現，還有汽車及火箭的燃料。當然了，這些發明是很久以後才出現的。

† 其實也不一定。病患的嘴裡塞滿器具和棉花時，牙醫還是可以持續與病患對話，而著名的古代演說家狄摩西尼（Demosthenes）則以含著滿嘴的鵝卵石來練習演說而聞名。所以也許我們在說話時一邊咀嚼，可以進化成說話非常清晰。

於我們的頭部形狀有很重大的影響，且促使我們的大腦比肌肉更發達。

我們從直立人進化成智人時，大腦持續變大，而我們進行規劃與瞭解彼此的能力也在增長。超過二十萬年前，智人出現在非洲後，你我都是演化過程的結果。我們利用如此大的腦所發展出的複雜文明，讓我們在任何環境都能成功生存，而且很久以前就遍布全非洲，並開始向外探索。我們在阿拉伯發現十二．五萬年前智人的探索痕跡，而八萬年前智人開始認真努力地出發。六．五萬年前，我們到達澳洲；四．五萬年前，我們向北到達北極；兩萬年前，我們到達美洲。太平洋上的島嶼是我們最晚殖民的地方，紐西蘭是最後一個，才不過七百年前。

我們差不多開始在整個地球進行殖民時，有許多文化、藝術，及其他有關象徵性思想（symbolic thought）的證據爆發性地出現。雖然我們這個物種存在超過二十萬年，但通常與智人有關的文化豐富性卻是在十萬年前才出現。這不代表十萬年前沒有象徵性思想，而是我們的文化產物幾乎不可能原封不動地保存這麼久。現在我們將畫作展示在環境精心控管的美術館中，但我們的祖先只能畫在岩壁上。他們不會考慮到後代，所以我們能發現這麼久以前的藝術作品或工藝品，這件事本身就讓人非常驚訝。

無論複雜的文化是隨著我們這個物種一起出現（或甚至更早），還是花費十萬年才累積起來，最終對我們的社會所造成的影響就是知識與創新的非凡成長。隨著智人的擴展，新的工具、武器以及藝術大量出現，而造成這種大爆發的關鍵改變就是心理學。在人類發明書寫以前（大約五千年前），人類的文化是依靠口說故事的傳統才得以累積下來。

說故事可能是學會用火之後的另一個副產物，因為狩獵採集者白天的對話與晚上在火邊訴說的故事有明顯的差異。白天人們大部分的時間都在談論目前正在發生的社交問題和經濟需求。然而到了晚上，營火燃起，人們聚集在一起，對話間夾雜著故事，這些故事通常是重要的課程，教導人們如何過生活、遵守文化規則。

火讓我們可以將社交時間延續到晚上，不需要面對被獵捕的風險，讓我們有獨一無二的機會來社交、反省，因為這時候無法再做白天的工作了。狩獵採集者利用這段時光將重要的文化資訊傳遞下去，所以火很有可能是促成我們建立知識庫的一大功臣。說故事讓每個世代都能獲得祖先所收集到的資訊，文化中累積了關於如何在當地環境下生存的大量知識。

在我們生活中的任何一個層面都可以看見累積文化的重要性，但最清楚的一個例子就是早期歐洲探險家到了北極、美洲、非洲、澳洲、亞洲後發生的悲慘故事。堅忍不拔、準備萬全的探險家經常失去生命或瀕臨死亡，然而缺乏現代技術的原住民卻可以豐衣足食、遮風避雨。這是由於我們具有從過去的經驗中學習的能力，讓智人在當地可以擁有很大的優勢，根據過去的發現，創新並想出新的策略。因此，每個世代不需要重新發明輪子，而孩子們可以輕鬆學習到幾個世代以前只有天資聰穎的人才會明白的世界知識。我們現在可以看到這個現象，孩子們在學校學習哥白尼、達爾文、伽利略所發現到的知識，無須懷疑，這種較為緩慢的文化累積過程已持續超過十萬年。沒有任何一種動物能做到這件事。

複雜的社會關係需要更大的腦

你可能會認為，我們的祖先要在地球上的各種氣候下生存，需要擁有龐大的知識，相較之下社交的挑戰只不過是一件小事。因紐特人（Inuit）必須學習在變幻莫測的大海中獵捕龐大的生物，在空無一物的土地上長途跋涉時，必須利用冰塊蓋起臨時住所才能生存。撒哈拉以南的非洲人必須學著使用箭頭沾有毒液的箭來獵殺猴子，例如從康毗箭毒樹的種子萃取出的毒液。澳洲原住民必須學習在地球上最熱、最乾燥的地方尋找食物和水源，同時躲避致命的毒蛇和蜘蛛。

人類首次來到這些環境時，這些事情確實是非常困難的挑戰，但是在現代交通工具出現以前，人類的遷移是非常緩慢的。即使是遊牧民族的祖先，一輩子大多數的時光都是在熟悉的環境下度過。有一套不會改變的規則，讓他們可以在目前居住的環境下生存，當他們坐在營火旁，便可輕易地將這些規則傳遞給下一代。因此，逐漸累積的文化和社會學習，讓他們不需要高度的認知能力，即可輕易面對物質世界的問題，例如狩獵者、獵物、居住處等。

與物質世界不同，社交的世界充滿互動性，我的社交策略會影響其他人，讓其他人做出不同的回應。別人也有別人的想法，當我打獵回來，看到大夥圍繞著火堆，一邊竊竊私語、一邊咯咯笑，我必須搞清楚發生了什麼事。是我的牙齒卡了長毛象的毛嗎？還是我出去冰原打獵時被戴綠帽了？他們正在笑的事情真的與我有關嗎？因為有這些複雜性，你無法簡單地遵照一套在自然界永遠通用的不變法則來學習如何與他人相處，像是「躲避那些背上有紅色線條的蜘蛛」或「在很深的溝壑中可以找到水源」。社交世界不斷在發生改變，因為人們可能會一時興起就改變自己的行為，尤其是當他們認為自己被別人利用時。

這些事情看起來只不過是我們祖先之間的智力競賽，但我們必須記得，在政府、法律、警察，以及現代各種保障安全的機構出現以前，人類的生活是什麼樣子。史蒂芬・平克（Steven Pinker）在他的著作《人性中的良善天使》（*The Better Angels of Our Nature*）中提到，狩獵採集者的生活是很危險的，謀殺率通常比現代最危險的城市還要高。狩獵採集的生活看似質樸悠閒、無憂無慮，但其實是比居住在現代最危險的城鎮、最嚇人的地區更加危險。

南方古猿、直立人，最終到了智人，在他們的世界中，只要能夠得逞，即使是朋友和鄰居也是什麼事都做得出來。與他們的生活方式最接近的現代人是犯罪集團，例如黑手黨或販毒集團，他們主要是彼此箝制。每天早上當我們的祖先從岩洞中的地板醒來，史前版的《黑道家族》（*The Sopranos*）即將上演。如果想要存活到傍晚，就必須想辦法在充滿競爭行為、複雜多變的小團體、愛嫉妒的競爭對手，同儕之間可能爆發出的潛在危險當中生存下去。

就算你是最強壯的，也不代表你是安全的。所有人晚上都要睡覺，如果團體中有人認為你引起的麻煩比你所創造的價值更多，那麼每一個晚上都有可能是你生命的句點。因為沒有法律，每個人都必須依靠智慧才能生存，越不聰明的人越難在這個複雜的社交世界中安全存活下來，也更難找到交配對象。在如此強大的社交壓力下，我們演化出一系列的全新社交認知能力，其中最重要的就是心智理論。

心智理論

為了安然度過一整天，避免被打死，我們的祖先努力建立並維持與盟友的合作，在這個過程中他們學到如何預測他人的行為。要預測他人行為，最好的方式就是瞭解他們的理由和目標，因此我們演化出心智理論（Theory of Mind）：能夠明白，其他人的想法通常是和自己不一樣。幼小的孩童不具有這種能力，這就是為什麼他們突然間說出的話、編造的故事會這麼難以理解——他們不明白傾聽者的想法通常和他們不一樣。但是當孩子們的喜好或知識出現差異時，就很容易明白了。當他們發現這世界上有許多事可以為彼此都帶來好處後，人生突然變得更豐富、更簡單了：我喜歡紅色的雷根糖，但你喜歡黑色的；我玩捉迷藏時，你在玩鬼抓人。*

當我們的祖先發現其他人和自己有著不同的想法與感情，就會開始猜測其他人的想法和感情可能是怎麼樣的。其他人的行為舉止提供了最清楚的線索，但只有在你能分辨行為背後的意圖時，才會是一個有用的線索。她是碰巧做出這件事、故意做出這件事，還是別無選擇才這麼做的？要理解競爭性的結盟，這種很基礎的讀心術非常重要，尤其是在結盟的成員或目標發生改變時。

如果有人不小心絆倒並踩到我們的腳，這很明顯是個意外；如果有人走過來然後用力踩踏我們的腳，那就很明顯是故意的。你之所以能夠分辨，純粹是因為你的社交資訊處理器運作得很好。如果你有養寵物，當你不小心傷害或嚇到牠們時，仔細注意一下。如果我不小心踩到我的狗，牠們會表現出相同的服從、懺悔態度，就像牠們被我責罵的時候。牠們無法區分刻意和非刻意的舉動，因此幾乎無法瞭解我，預測我未來的行為。

有了這些基礎的社會知覺能力，再加上我們過著高度依賴彼此的生活，促使我們演化出新的社會情緒，例如驕傲、愧疚、羞恥。這些情緒通常被稱為自我意識情緒，因為要發展出這些情緒，必須能夠意識到其他人會如何評價我們，且這些情緒和其他的社會情緒（例如憤怒、愛等）是不一樣的，那些社會情緒注重的是自己的內心。演化出這些自我意識情緒，是為了幫助我們瞭解其他人對我們的感受。這讓我們迅速、強烈地感受到什麼樣的行為會讓我們在團體中更有價值，什麼樣的行為會降低我們在團體中的價值。

當我們做了某些能讓自己在團體中提升價值的事，我們就會感到驕傲，而這種與驕傲有關的正面感受讓我們會想繼續尋找這樣的機會。當我們傷害了團體中的某個人，就會覺得愧疚，

---

* 其他猿類有發展出一部分的心智理論，但牠們很少會應用心智理論，且主要表現在競爭環境當中。舉例來說，黑猩猩群體中的雄性領袖如果發現其他公猩猩有打算結盟的跡象，就會攻擊並拆散牠們，因為這樣一來牠們可能會對雄性領袖的地位造成威脅。然而，沒有證據顯示黑猩猩會利用初步的心智理論來合作，達成對彼此都有好處的結果。

這種負面的自我導向情緒幫助我們從經驗中學習，避免再做出一樣的事（在朋友排擠我們之前）。當我們做了某些事，降低了自己在團體中的價值，我們就會感到羞恥，而這樣的負面自我導向情緒讓我們不再做出這種丟臉的行為，不會更加失去地位。驕傲、愧疚和羞恥是身為人類很重要的一部分，它讓我們在高度合作、相互依賴的團體中能完美融入，而這樣的團體是從直立人開始形成，並讓我們至今仍然如此成功。

想一想那些無法感受到這些情緒的人們過著怎樣的生活，就可以很明確地看出這幾種情緒的重要性了。例如反社會人格，你剛認識他們的時候，通常會覺得他們很迷人、很有趣，但他們永遠都很難和別人順利相處，因為他們時常會冷酷地利用別人。如果我從來不曾覺得愧疚或羞恥，就不會有內在的力量阻止我從別人身上獲得好處。

短期看來，比起分享或請求，奪取似乎是更加成功的策略。然而記憶是長期的，被利用或被虐待的人們通常會向別人講述這些經驗。八卦會助長這些社交資訊的傳播，即使是最有魅力的反社會人格者，也很快會發現自己在社群之中已經不受歡迎了。在我們祖先的狩獵採集團體中，反社會人格者很難找到願意接納他們的社群。我們在第三章會看到，城市的出現改變了一切（而社群媒體又將它改了回來）。

教學及學習中的心智理論

心智理論讓我們在社交世界中可以順利存活下去，但它還帶來其他優點。也許最明顯的是，它大幅增加我們教學及學習的能力。如果我無法得知你在想什麼、不知道你所擁有的知識與我有什麼不同，我就很難教你了。我要從哪裡開始？有哪些是你已經知道的？哪些是你必須知道的？我要如何示範給你看才是最有效的？但如果我能推測出這些問題的答案，就能以你的知識基礎作為起始點，分享新的資訊給你。因此，人類是非常有效率的老師。

我最喜歡講述黑猩猩學習用石頭砸開堅果的例子，來說明人類是多麼有效率的老師。黑猩猩會使用簡單的工具，非洲有許多地方的黑猩猩都發展出利用石頭作為鐵鎚和鐵砧來敲開堅果的這種策略。在堅果盛產的季節，母猩猩會將一些堅果放在一塊大石頭上，再用一些小石頭砸開堅果。這時候牠們的孩子通常會坐在旁邊，而母猩猩會默默接受孩子拿走一部分牠費力剝開的水果（在這個例子中就是堅果）。我們想知道的關鍵問題就是，這些孩子要花多久的時間才能學會這種將堅果砸開的技能。

當我第一次聽說這個關於砸堅果的研究，我猜小猩猩可能要花上一年的時間才能學會這個技能。畢竟要操作一塊形狀不規則的石頭以及堅硬又小顆的堅果，並不是一件容易的事，而且如果不小心敲到手指，可能會讓學生意志消沉。另外，黑猩猩沒有太多練習的機會，因為砸開堅果對牠們來說是很少遇到的事情，所以牠們不可能馬上學會。你可以想像當我得知野外的黑猩猩大約需要十年才能學會砸開牠們要吃的各種堅果時，我有多麼訝異。

動物訓練師只需要不到十分之一的時間，就能教會小猩猩敲開各種堅果，這是因為動物訓練師具有心智理論的能力，而母猩猩沒有。母猩猩不知道牠的孩子有哪裡不懂，就很難教導牠們（母猩猩有意識到自己有義務要教導牠們）。當母猩猩看到小猩猩做錯了，牠看似有能力糾正（例如小猩猩拿石頭的方法不對，或將堅果放置在不正確的位置），但因為不理解錯誤的來源，導致牠只能偶爾針對某些非常特定的錯誤進行糾正。相同的理由，小孩子也很不擅長教導別人。即使他們本身非常擅長一項技能，卻無法理解別人不懂的地方，也就很難將他們的知識和技能傳授給別人。

心智理論對學習者也有助益。如果我發現另一個人擁有我不懂的知識，我就會知道他也許能將這種知識傳授給我。這樣的理解促使我仔細注意可能成為老師的對象，並模仿他們的動作，即使我不明白動作的目的是什麼。舉例來說，如果你在教我投擲棒球，你投球前先將前腳的膝蓋抬高到胸口的位置，我可能也會嘗試做出一樣的動作。這樣的動作看起來既不雅觀又沒意義，但你懂得比我多。

這種不理解內涵的模仿跟心智理論有很明顯的關聯，因此無須驚訝，這只有在人類身上才會出現。聖安德魯斯大學的維多莉亞・霍納（Victoria Horner）及安德魯・懷頓（Andrew Whiten）在他們的經典實驗中證明了這件事。他們對小孩子和黑猩猩展示一個複雜的寶箱，裡面放著點心。霍納和懷頓向他們示範如何打開寶箱，但刻意加入一些不相干的動作，對於打開寶箱並沒有實際作用。舉例來說，他們先將一根棍子戳進寶箱頂端的一個小洞，但唯一的開關在寶箱側面。當寶箱的表面是不透明的，觀測者無法發現頂端的小洞不具功能時，小孩和黑猩猩都會做出與示範者一模一樣的動作，並打開寶箱。然而當寶箱是透明的，很明顯可以得知哪些動作跟開寶箱有關、哪些無關，這時候黑猩猩就只會做出必要的動作，忽略那些看起來無關的動作，但小孩仍然會完全照抄那些明顯沒有必要的動作。

這種傾向被稱為過度模仿，這似乎是一項人類獨有的特徵。無論是在高度教育、工業化社會中的孩子，還是喀拉哈里沙漠的小型社區中、澳洲的偏遠地區中未能獲得正式教育的孩子身上都會出現。過度模仿是人類的一項重要習性，讓我們即使不能完全理解，也可以學會做某件事。我們推測老師懂得最多，因此會竭盡所能地完全模仿，以增進效率。

過度模仿對於生存有很大的意義，因為有助於傳遞複雜的技術。通常在前置準備或將食物中的毒素去除時必須用到這些複雜的技術，舉例來說，看看巴布亞紐幾內亞低窪地區的人們如何食用蘇鐵這種怎麼看都不能吃的植物。這種植物的樹幹部分含有高濃度的澱粉，透過一系列繁瑣的步驟即可取出。把樹砍下來，剝下外層的樹皮，將內層部分搗成碎屑。接下來將這些不可食用的碎屑重複用水清洗，新幾內亞的熱帶溫水會破壞澱粉分子，讓它們從木屑中釋放出來，並穿過用來過濾的布料。

接下來將澱粉水收集至大型容器，放置一個晚上，澱粉就會沉澱在底部。將上層的水倒掉，就會留下一層厚厚的澱粉漿。這些粉漿一定要塗抹開來並在陽光下曬乾成粉末，才不會發酵，一旦發酵就會產生毒性＊。接下來用蘇鐵的葉子製作成筒狀，儲存這些粉末，可以保存數個月，且有許多種食用的方式。在發展出這樣的步驟之前，一定進行了許多嘗試、發生了許多錯誤，但是過度模仿的好處就是人們不需要知道為何必須遵守這些步驟才能獲得粉末，而是觀察其他人的行為並照著做。

心智理論和社會操弄

心智理論出現後，很快地，第一個謊言也誕生了。我必須要說清楚，在謊言出現以前，欺騙行為早已存在。植物和動物時常做出欺騙行為，假裝自己是另一種東西，例如長得像樹枝的昆蟲，或是可以改變顏色融入背景的變色龍。牠們不需要理解其他人的心理狀態，也可以做到這種欺騙。

即使是複雜的動物欺騙行為，也不需要理解其他人的心理。舉例來說，捲尾猴偶爾會在沒有狩獵者出現時發出警戒的叫聲，如此一來其他猴子驚慌逃竄到樹上時，牠就可以趁機吃光食物。食物集中存放在附近時，牠們更可能使用這種策略，這樣就可以趁其他人逃走時更快吃完。然而即使是這種相對複雜的策略，只要經過一段時間就可以學會，不需要去瞭解其他猴子在想什麼。

相較於這些欺騙，謊言是人類獨有的社會操弄行為，需要高度的認知成熟度。要說謊，刻意使對方相信一個虛假的敘述，這必須要注意到每個人的心理都是不同的。只要我知道你擁有哪些資訊，我就可以刻意操縱你的理解，植入對我有好處的謊言。這就是謊言的誕生。

研究者發現只要讓小孩學習心智理論，他們很輕易地就能學會說謊。浙江師範大學的丁曉攀與她的同事首度進行嘗試時，將一群不知何謂心智理論的三歲小孩帶進實驗室，分為兩組，分別教導心智理論及不相關的事物。進行心智理論訓練的那組，丁曉攀和同事向孩子們展示一個裝著東西的物品，例如鉛筆盒，然後打開來，裡面裝著令人出乎意料的東西。接著他們問孩子，其他人可能會猜測裡面裝著什麼。重複幾次之後，孩子們開始發覺其他人的猜測可能會和他們原本想的一樣。如此訓練六天，目的是為了讓孩子們明白，其他人不一定會知道他們所知道的資訊。

兩組都完成訓練後，孩子們與研究人員玩找東西的遊戲。在這個遊戲中，研究人員會矇住自己的眼睛，而小孩要在兩個杯子中選擇一個，將糖果藏進去。研究人員張開眼睛後，她會問：「你把糖果藏在哪裡？」接著打開小孩所指的那個杯子。如果小孩說實話，研究人員找到糖果，就會把它據為己有。如果小孩說謊，指出錯的那個杯子，研究人員發現杯子裡是空的，就會說自己輸了，糖果屬於小孩。

這個實驗中最關鍵的問題是，在找東西的遊戲中小孩為了得到糖果而說謊的頻率有多高。

＊蘇鐵這類食物很清楚地顯示出為何歐洲探險家在這樣的環境下會死亡，當地人卻能豐衣足食。

在學習心智理論之前，孩子們從未說謊。在進行心智理論訓練後，十次遊戲中他們平均說謊六次。知識就是力量，這個實驗展示出心智理論給予我們知識操弄的力量。

如果身邊有小孩，你就可以實時觀察說謊技巧的發展，因為他們剛開始說謊時非常容易拆穿。小孩通常會在遇到麻煩時開始說謊，例如我兒弟三歲時，媽媽問他為什麼把浴室潑得到處都是水，他卻責怪我們家的貓咪。這種簡陋版的謊言無須心智理論*，但它顯示出心智理論正在開始發展。從這時候開始，過不了多久孩子就會開始說謊，以獲得那些無法透過誠實所獲得的好處†。

我還記得有一天下午在公園，一個小男孩跑來和我即將滿四歲的兒子玩。他們在攀爬架上玩了幾分鐘後，那個小男孩突然說他有一個蜘蛛人便當盒。我兒子不知道什麼是蜘蛛人，而且對於這個顯然很受歡迎的物品感到很困惑。然而，輸人不輸陣，他馬上回答說他有「樹葉人」和「草人」便當盒。當那男孩看向我，想確認我兒子是否真的贏過他，不僅擁有便當盒，還比他懂得更多超級英雄的知識時，我非常努力不要因為笑場而洩漏真相。雖然大家通常都會要求孩子不要說謊，但我很高興看見我兒子藉由說謊來維持他在公園裡的地位，這是即將開始發展社交能力的徵兆。人類擁有如此獨特的能力，是我們社交天性的產物，也是我們在小團體中取得社會成就的關鍵。

說謊也許很方便，但這對於人際關係以及整個社群的社會組織都是一種威脅，因為我們擁有高超的溝通能力，而它所帶來的優勢主要出現在我們說實話的時候。人們因說謊而得到好處時會很高興，然而一旦抓到別人說謊，又會感到很憤怒。在不同的文化中，道德規則大不相同，但有些內容是全球共通的，其中一項最主要的規定就是不要說謊。如果你在別人剪了個難看髮型時說謊給予稱讚，沒有人會覺得這樣不妥，但全世界都不贊同自私的、有害的謊言。在道德規則方面有這樣的全球共通性，我們就可以看出這是為了對抗人類想要這麼做的傾向，並在人類的需求中有很重要的作用。在不同文化中對說謊都是抱持著譴責態度，這是個很明顯的證據：所有人類都會想要說謊，且無論在什麼地方，說謊都會威脅到團體的合作及協調。反過來說，這也證明了人類之間合作和互相依賴的重要性。

*

如果你透過本書的前兩個章節，追蹤我們過去六百萬年來大腦的擴張，可以發現我們的歷史是非常特別的。黑猩猩的大腦重量大約是三百八十公克。我們在大草原上謀求生路，經過三百萬年，身體發生了許多重要的改變，但是阿法南方古猿的大腦是四百五十公克，只比黑猩猩重了一點。快轉一百五十萬年，來到直立人，大腦重九百六十公克，是南方古猿的兩倍大（雖

* 這讓人想起大猩猩 Koko 用手語說出更不可信的話——是她的貓咪把水槽從牆上扯下來的。

† 通常小孩在四歲時就會非常熟知心智理論。你要小心了。

然南方古猿也有變大一點點，但相較之下沒有那麼顯著）。又過了一百五十萬年，智人的平均大腦重量是一千三百五十公克。我們的大腦比直立人整整多出一個黑猩猩的大腦重量。為何前三百萬年在大草原上的進化只讓我們增加七十公克的腦力，後三百萬年卻增長了將近一公斤？

這個問題的答案就隱藏在我們逐漸擴展的社交能力中，它讓我們進化出更高度的認知能力，以利用新的社交機會。如果沒有這麼大的大腦，直立人永遠無法學會用火，如此一來，直立人就不可能進化出更大的大腦。更重要的是，如果直立人的生活型態沒有這樣的社交複雜度，就根本沒有理由要將新陳代謝的能量用來支持這麼大的大腦了。

過去六百萬年，我們的腦力不斷增加，這是我們祖先的社交型態改變的原因，同時也是結果。我們在大草原上學習合作防禦時，創造出社會認知利基，而接下來的數百萬年，我們不斷發明新方法來利用持續擴展的社會認知能力*。從我們離開樹上，直到非常近代，我們維持狩獵採集生活長達六百萬年，但我們在這個世界所處的地位卻有了劇烈的轉變。合作及勞力分工讓我們的能力更加擴展，使我們從獵物轉變為最頂端的狩獵者。

第三章

作物、城市與國王

——農業如何為我們的心理學添上畫龍點睛的一筆

大約在一萬兩千年前，中東出現了農業，而中國、美洲緊接著跟進；過了數千年，許多地方都有了農業。在農業出現前的一萬至一萬兩千年前，歐洲、中東、中國的人們都是收集野生的穀物，並將它們磨成粉末。我們的祖先開始越來越依賴植物以及相關的農具，於是狩獵採集者逐漸改變遊牧的生活型態。這樣的轉變讓他們的生活方式產生了許多變化——住在房子裡，而不是帳篷；不使用葫蘆瓢，改使用陶鍋或是杵和臼之類的石器，這些器具用來磨製小麥非常方便，但對遊牧民族來說卻很麻煩。

＊在寫作這本書的期間，有兩份論文發布了，內容是強調NOTCH2NL基因在人類大腦的擴展中可能扮演的角色。這些基因在三、四百萬年前出現，正好是我們祖先的大腦開始迅速成長的期間。在我們的社會認知利基出現前，這些基因帶來的好處不如它們所消耗的，因此不會大幅擴散。然而在我們開始合作之後，更加高度的智力提升了社交效率，很輕易地彌補這些使大腦擴展的基因所需要消耗的新陳代謝能量。

我們的祖先開始農耕時，並沒有馬上拋下手中的矛和弓，狩獵與農耕是並行的，就像以前狩獵與採集並行一般（現在有許多農業社會仍然是這樣）。從我們現在較為先進的觀點來看，農業的發明是一個分水嶺，但是當我們的曾曾曾……曾祖母決定要將她收集到的幾顆種子拿來種植時，她可能不覺得這是什麼了不起的事。相反地，她或許認為可以知道喜歡的植物下一季會生長在哪裡，不但很方便，也值得嘗試。事實上，我懷疑她不知道自己種下的是什麼種子。

農耕讓我們的祖先獲得更穩定、更可預測的食物來源，然而從遊牧的狩獵採集生活轉變為定居的農耕生活時，確實出現了許多損失。就從我覺得最困擾的一個要素說起：沒有適當的汙水系統。一萬兩千年前，人們是在戶外排便的，狩獵採集者可以在此一行為造成的後果出現之前，盡快搬離原來的地點。但是農耕者無法離開，所以經過一段時間，他們的飲用水就會遭受自己的糞便汙染，嚴重危害了他們的健康。

現代也有類似的情況，在印度的某些地區仍然有很高的戶外排便率，這是造成腸胃疾病以及孩童營養不良的主要原因。早期農耕者面對的情況同樣悲慘，定居生活讓他們暴露在這種全新的疾病媒介之中。事實上有些科學家認為，是農業讓我們演化出對酒精的耐受性，因為酒精可以殺死農耕者無意間從飲用水中感染到的細菌，喝啤酒比喝水還安全。除了農耕者自己的糞便汙染所引發的疾病，他們飼養的動物也會帶來諸多疾病，人類的傳染病經常起源於馴養的動物（例如豬流感或禽流感）。

說完廁所和疾病問題，農耕者必須面對的下一個大麻煩是農業生活的飲食品質問題。現代大部分的工業化社會，一年四季都可以取得許多不同種類的食物，然而這是史無前例的。狩獵採集的祖先們通常可以均衡飲食，但必須要耗費一段很長的時間。在野莓、水果或堅果盛產的季節，他們大吃特吃，把當地的資源都採集完畢後就搬離此地。相較之下，早期的農耕者能獲得的食物種類有限，缺少季節性的食物，而且會從他們所種植的穀物中攝取到較多澱粉。因此，農耕讓我們的祖先無法均衡飲食。

在這樣的過程中，農耕也劇烈地改變了我們口腔中多種細菌的平衡，造成一個不幸的結果——更加骯髒的細菌在我們充滿糖分的口中大肆繁殖。狩獵採集者即使沒有牙刷或牙線，也幾乎不會蛀牙或得到牙齦疾病。相較之下，早期農耕者的牙齒通常都有一半是壞的，而到了中世紀則是徹底腐壞了。充滿澱粉、種類不均衡的飲食，不只損害他們的口腔健康，也讓他們比狩獵採集者身高更矮、壽命更短。事實上，直到最近這幾個世代，我們才終於超越狩獵採集者的身高，這是因為現代醫學的進步讓我們活得更久（暴力死亡除外）。

最後，農耕在工時方面造成了季節性的大災難。狩獵採集者生活在「立即回饋社會」（immediate-return societies），今天獲得什麼食物就吃什麼食物，一天通常花上六小時來狩獵、採集、準備食物、修補工具，剩下的時間則用來社交、休息，直到天黑。當時，圍在火邊說故事或跳舞是常見的活動。傳統農耕者在淡季通常一天只工作一、兩個小時，然而在忙著播種和收成的季節，他們白天所有時間都在努力工作，天黑以後才能休息。水源、可種植季節，及其他各種因素會有所變動，所以傳統農耕者一天的工時可能不會超過狩獵採集者，但長期看來他們的工作還是更辛苦。

若是衡量成本與收益，可以看出農耕讓我們的祖先較能對抗饑荒，但必須承受各種新疾病、身高及壽命減少、遭受口臭困擾、一天的工時超長等壞處。最終結果就是，早期農耕者辛勤工作，卻只換來更糟的生活。＊

也許對於農耕者個人來說，農業是個大災難，但從人口方面而言卻是成功的，它讓許多人可以同時住在一塊原本只能容納一小群狩獵採集者的土地，同時也提升生育率，而生育率及人口密度增加，讓農耕者集團超越並逐漸取代狩獵採集者集團。過去這一萬年，大量的農耕者從歐洲及亞洲遷回非洲，就證明了農業社會比狩獵採集社會更有優勢，即使每一位狩獵採集者都比農耕者要來得更健康。

農業的擴張並非一夜造成的，氣候、乾旱，以及其他疾病通常會讓狩獵採集者更有優勢，如果環境變得不適合居住，只要馬上搬離就好。因此有至少兩千年的時間，農耕者和狩獵採集者同時生活在歐洲，通常都是緊鄰在一起。

農耕者的心理

農耕需要這些認知能力：勞力分工、努力準備工具、計畫未來。這些認知能力最初是出現在直立人身上，然而從狩獵採集者轉變為農耕者，心理上的改變不僅僅需要這幾種數千年前就具備的能力。農耕還需要改變態度和價值觀，以因應全新的需求和機會。試想一名熱帶地區的狩獵採集者與農耕者的生活型態：

熱帶地區的狩獵採集者通常生活在立即回饋社會。因為在熱帶幾乎不可能保存肉類，而且即使是最厲害的獵人也經常空手而歸，所以立即回饋的狩獵採集者會將他們取得的所有食材分享給團體中的其他人。這種統一分享的做法創造出一種保險策略，讓每個人都能滿足，消除任何的不均，否則可能造成艱苦時期或是饑荒。

熱帶地區的狩獵採集者是追隨著獵物和採集的植物（例如即將成熟的莓果和水果），所以他們擁有的財產就只有能夠帶著走的。由於遊牧的生活型態，狩獵採集者的社會是由緊密的小團體組成，如果有人想要解散現在的陣營並試著去其他地方生活，這些小團體隨時可以分離開來，再重新和其他小團體組合。如果你討厭團體中的某個人，那麼很簡單，如果他決定和他的

* 你可以自己想一想，數位時代的開啟是否也為我們帶來類似的煩躁結果。從前的電話都是連接著座機，如果你想要寫信給別人也必須要寄實體信，這些事都是直到最近才有了改變。在那個時代，我一天可能會接到朋友們的幾通電話（沒人會想要在別人可能待在戶外的時候打電話給他們），也會收到一、兩封信。手機、網路、電子郵件讓我們隨時都可以彼此聯絡，然而這樣的方便性也帶來壞處。能夠如此輕易地聯絡我的家人、朋友、同事、學生，我覺得這很棒，但隨時都可以聯繫全世界，也就代表我的手機或筆電一天會跳出幾百則關於工作的通知。就像最初的農耕者一樣，我三十年前註冊電子郵件帳號時也不知道未來會發生什麼。當時我很確信這一定會讓我的生活變得更方便，雖然現在我有點懷疑，但也已經很難捨棄了。

家人往東邊去，你可以往西邊去。組成新的陣營後，每個人都會和整個陣營之中的人互動，因此他們的一生都是和自己很熟悉的人度過，但陣營之中的小團體是有流動性的。

相較於狩獵採集者活在當下，農耕者則是注重未來。他們的勞動主要是為了收成而做準備，這很重要，也需要付出很多努力。農耕者通常擁有許多農具，因為農耕時需要使用許多工具來耕地、收成，將作物轉變為可食用的產品（例如早在農業出現以前就存在的石磨）。農耕者定居是為了一個很明顯的理由：你無法把土地帶著走，一旦你擁有工具、清理好土地、種下你的植物，這時離開它就會造成很大的損失。如果你討厭社區裡的某個人，你們也幾乎不可能離開這裡。

雖然全世界的農耕者在分享勞動成果時有不同的規則，但通常都只把作物分給家人和有幫忙收成的人。馬克思認為人們應該根據自己的能力來進行生產，根據需求來進行分配，這樣的敘述放在狩獵採集者身上是完全正確的，然而共產主義的歷史顯示出農耕者無法和家庭以外的人分享。

馬克思主義的烏托邦存在著一個問題：人們可以不經付出就享受到他人的努力成果。如果有規定你一定要和我分享，那我就會想要少付出一些努力，因為我知道光靠你的努力就能餵飽我了。你看到我在偷懶，你不想當個笨蛋，於是也開始偷懶，不需要多久時間，大家就都不願意工作了。這種搭便車心態是一種惡性循環，如果沒有任何方法可以監督所有人的貢獻，很快就能摧毀一個有生產力的社區。

回想一下我們的祖先第一次遇到搭便車問題，也就是南方古猿在狩獵者來臨時逃走，不跟同伴一起收集石頭。這種搭便車行為很容易被發現，且可以透過威脅流放或是處罰來讓那些偷懶者守規矩。直立人和智人的狩獵採集者也可以相對輕鬆地解決搭便車問題，因為每天獲得的食物就是當天的晚餐，而且很容易找出誰有貢獻而誰沒有。無法養家餬口的獵人如果沒辦法做出其他貢獻，最終就會自成一個團體。然而農耕是長期的，無法立即明顯看出每個人有多麼努力工作。如果收穫季結束後我只獲得一點點作物，有可能是我偷懶、沒資格獲得你的慷慨，但也有可能是我的土地比較貧瘠或遭受害蟲侵擾。

農耕無可避免地讓社區規模擴大，因此要找出偷懶農夫的難度就更高了。狩獵採集者可以在幾小時內搬家，且一年會遷移許多次，人們終其一生都在一個充滿親戚朋友（或至少不是敵人）的小團體中度過。如果團體變得太大、人們開始爭吵，狩獵採集者就會分裂成小團體，各走各的路。

有些土地類型比其他地方更適合農耕，因此農耕社區會在土地特別肥沃的地方發展。不用幾個世代，農業社區的規模就會擴張到比他們的祖先狩獵採集者的社區更大。這意味者雖然以現在的標準會認為早期的農耕社區是小型的，而且是由相互依賴的人際網路連結在一起，然而人們並不認識社區裡的每一個人。在這麼大的團體裡，很難區分誰很努力、誰在偷懶，所以人們乾脆就不再分享了。

傳統的分享不只是分享生產的最終成果，還會共享生產的工具，而這也放大了農耕者之間的這些問題。狩獵採集者不只分享肉類，還會分享武器和工具。如果他們擁有超過一把刀、一隻弓或一個葫蘆瓢，通常親朋好友會請他們分享多餘的。這種做法並不適合農耕者，因為農耕需要最低限度的家畜、土地和器具。

今日，正從狩獵採集逐漸轉往市場經濟的社區中，也可以看見這樣的不協調。舉例來說，昆桑（!Kung San）人的狩獵採集社區中，有些人開始和附近的農業社區進行交易，幫他們放牧或做勞動，而收到的酬勞通常是家畜。對這些人來說，合理的長期策略是讓這些家畜繁殖，再利用牠們來生產牛奶或蛋，然而他們馬上就必須面對親朋好友要求他們分享剛才取得的財富。如果他們拒絕這些要求，就會被認定是小氣鬼，是社交上的災難。如果答應了，他們辛苦工作獲得的成果馬上化為烏有。擁有家畜常常讓他們的生活變得更糟，而不是更好，因為私有財產並不符合他們的社區文化。

最終，農耕的這些需求讓我們的心理從共同分享轉變為私有財產。這種轉變也許不需要心理學上的適應，但確實需要經歷文化上的劇變。當我在澳洲北部與一個偏遠的原住民社區合作時，親眼見證了這種轉變的難處。其中一個環境監控及清潔團隊的負責人認為團隊很有效率、很努力，於是在第一次合約到期時提出要給團隊加薪。他感到很困惑，為何他提出加薪，團隊成員卻表現得很冷漠，有些人甚至直接拒絕。

他調查背後的原因，發現團隊成員週末回到家，每個家族成員都會要求他們交出薪水。對他們來說，加薪毫無益處，反而還更挫折，因為必須看著自己賺來的更多錢又消失了。負責人解決這個問題的辦法是當場提供高級料理，而不是加薪，團隊成員們很開心可以享受自己辛勤努力換來的好處，也不需要被家族和社區的人們當成小氣鬼。

私有財產

私有財產有很多益處，但是在這個世界上每個人會有不同的成就，能力、努力和機會都有著與生俱來的差異，這就會造成不平等。有些人很聰明、有天賦、努力、幸運，或選對了父母，他們可以擁有很多；有些人則沒有辦法。在現今社會，這個事實非常明顯，但狩獵採集者的心理要適應這逐漸浮現的事實，還是需要經歷非常劇烈的轉變。

狩獵採集者祖先轉變為農業生活時所遭遇的挑戰中，最艱難的就是適應不平等，但這是必要的。農業帶來「所有權」及「儲存」的需求和機會，而這無可避免地造成不平等。在現今社會，從立即回饋，且通常沒有最高統治者的狩獵採集者，轉變為擁有自己的農園（也稱為狩獵園藝者），且通常會有世襲制領導人的狩獵採集者時，不平等的最初徵兆就出現了。在古代，狩獵採集者開始轉變至農業時，一樣可以看出不平等的根源。即使是在我們的祖先開始農耕之前，也有人的房子比較大，有人的房子比較小；有些人死後埋葬時有精美的華服與珠寶相伴，有些人則是一絲不掛地被放到土裡。

不平等只在某些地方出現，這讓科學家們想要弄清楚不平等的原因及過程，結果發現生態學及生物學的資料，尤其是有關動物地域性的研究，非常有助於解決這個疑問。領土就是動物版本的不平等。雄性的地域性動物一定要擁有領土才能吸引雌性動物，他們的領土越優良，就越有機會找到交配對象。然而，只有一部分的動物會擁有領土。有些動物有自己的領地，並且會激烈抵禦同一物種的其他成員（有時候還會抵禦其他物種，就像迪士尼電影《獅子王》（*The Lion King*）之中，獅子和鬣狗的紛爭持續不斷），而有些動物則不會。

生物學家發現，要分辨動物是否會守衛領土，關鍵就在於資源的密度和可靠度。只有密度高、可預期的資源才值得去守衛。草很常見，沒什麼價值，到處都是，所以草食動物通常不需要花費力氣去守護屬於自己的一小塊草地，趕走其他草食動物*。相較之下，草食動物本身就代表著高密度的食物來源，因此獅子會守護自己在草原上的領地，趕走其他獅子。

看著這些有毛皮、有羽毛、有鱗片的動物們做出的合理決定，不難想像人類在考慮要不要累積並守衛資源時，會參考其他動物所做的選擇。立即回饋社會的狩獵採集者幾乎不會守衛領土，因為資源通常是不可預期的，密度也不高。如果有一個條件比其他地方更好的狩獵場，狩獵採集者集團確實會發生爭執，搶奪這個地點，但即使是在這種情況下，一個人或甚至是一個家族都不可能守衛這麼大型、低密度的資源，防止其他家族搶奪。因此，狩獵場的差異讓集團之間產生不平等，而非在集團內部。

相較於熱帶地區，有些狩獵採集者的生活環境是可以儲存食物，且擁有高密度、可預期的資源。舉例來說，在太平洋西北地區捕抓鮭魚的美洲原住民，在鮭魚洄游的季節可以捕捉到的量遠遠超過他們能吃完的，所以他們會將鮭魚曬乾，在之後的冬季慢慢享用。這樣的環境促進了不平等的發生，因為有些家族會嘗試在鮭魚洄游的季節霸占並守衛最佳捕魚地點。這些家族會和其他人合作，提供一些鮭魚當作薪資，換取幫忙收成、抵禦、準備及儲存鮭魚。像這樣的協議出現得很緩慢，但最終導致社會習俗從嚴格的平等主義轉變為制度化的不平等。

只要資源變得可以預測、足夠密集時，就會出現類似的協議。舉例來說，如果有人闖入當地的森林，狩獵園藝者通常不會守衛他們平常採集的那些野生植物，但是他們一定會守衛那些種植在自家農園的作物。全面進入農業社會時，就會開始發展與私有財產及財產權相關的規範了。這些規範是如此的重要，即使是在現代，如果法律不恰當、人們無法依賴國家幫忙保障自己的財產權，社會就無法正常運作。在這樣的情況下，人們不願意做出必要的投資去維護及提升自己的財產，因為不確定長期下來這些努力是否會有回報。相對地，如果人們生活在財產私有權獲得保障的社會，提升自己的設備、土地和房子就很明顯有好處了。

以早期的農民祖先來說，農業社會之前的一萬到兩萬年那種相對定居的生活是很重要的，這也許為他們能接受私有財產及不平等的心理轉變奠定了基礎。從幾乎不能擁有財產，必須共同分享的遊牧民族，轉變為擁有生產資源的定居農民，在這樣的過程中，對於不平等所產生的

＊當然，這條法則也有許多例外。舉例來說，一年之中的某些時期，公牛羚會守護自己所擁有的那塊草地，抵禦其他公牛羚（但不會抵禦其他草食動物，如斑馬或高角羚），並利用自己的領地來吸引母牛羚。

不滿、與財產權有關的衝突，以及其他社會規範也都隨著世代而逐漸改變了。

私有財產與性別不平等

隨著私有財產的出現，家庭的供給也劇烈地轉變了。狩獵採集需要結合父親與母親的努力，才能餵飽小孩。父親通常負責狩獵較大的獵物，以及高熱量卻難以獲得的蛋白質和脂肪；母親通常負責收集低熱量但容易獲得的植物。因為是整個社區一起分享狩獵採集的成果，通常所有人的需求都能獲得滿足。最強獵人的妻小並不會過得比最差獵人的妻小好很多，因為他們知道無論待在哪一個團體，裡面總會有一位很強的獵人。

一旦人們開始累積私有財產，擁有較多財產的人就擁有照顧家庭的優勢。要分辨出別人擁有多少財富是很容易的，而這些資產很快就成為擇偶時的吸引力。也許這並不令人訝異，相較於女人，財富對於男人能否成功繁衍的影響是更明確的。在允許一夫多妻制的社區尤其明顯，但是在男人擁有地下情人的社區（例如世界上的每個角落）皆是如此，比起貧窮的男人，富有的男人可以擁有更多孩子。必須立即回饋社會的狩獵採集者無法扶養超過一個家庭的孩子，但私有財產讓富有的男人可以扶養為數眾多的孩子。

歷史上有許多王子和國王擁有數百個小孩，貪心的成吉思汗可能是世界紀錄保持人（全亞洲大約有八％的人可能是他的後代）＊。相反地，女人能吸引多少伴侶，並不會影響她的繁衍能力。一個男人擁有二十個老婆，就能有兩百個小孩，但一個女人即使有二十個丈夫也無法生那麼多小孩。財富對女人來說很重要，因為可以幫助小孩存活，然而一旦超越了存活所需要的中等財富，額外的資源也不能讓女人擁有更多孩子（然而財富能讓女人獲得更多孫子，因為這讓她的兒子有能力吸引更多伴侶）。

對於女人來說，財富對繁衍的影響比男人少，所以通常男性會更有動力去追求財富。其他條件都相同時，父母通常比較想把財富傳給兒子而不是女兒，這也是因為財富會讓兒子獲得繁衍上的好處。因為這些性別上的差異，性別不平等隨著私有財產一起擴散到全世界。

在立即回饋的狩獵採集社會中，男人通常擁有較多權力，但是與其他種類的採集或農業社會相比，女人和男人還是比較平等。農業也破壞性別平等，這是因為整地和收成等活動。以犁地為主的農業尤其需要更多的肌肉組織來整地，因此勞動分工就以性別來區分，男人在田裡工作，女人負責在家準備食物。

因為這種做法所造成的文化「黏著度」，比起其他形式的農業社會（例如以鋤地為主的農業，女人和男人一樣可以在田地裡很有效率地工作）或非農業社會（例如男人狩獵女人採

＊成吉思汗在征服亞洲的過程中不斷強行播種，且他和他的後代都是妻妾成群，這樣的做法表示他的基因應該大量出現在蒙古和附近區域。遺傳學家最終發現，有一種在Y染色體上的特殊基因，在蒙古征服地區很常見，但在其他地區卻非常稀少，這可以追溯到大約一千年前。對照歷史紀錄，這些資料顯示出這個基因是由成吉思汗本人擴散出去的（他生活在八百年前）。

集），以犁地為主的農業社會中，越來越少有女性離開家庭、參與工作。就這樣，農業破壞了立即回饋的狩獵採集社會中，不完美但普遍存在的性別平等。

農業造就政府，卻也造就階級制度、剝削及奴役

一旦我們認同私有財產和不平等的存在，就意味著從斜坡頂端直線滑向各種悲劇的發生。如果我可以擁有比你更多的財產，那就表示即使你正在挨餓，我也可以存活，甚至是過得很富足。畢竟，如果我今天因為物資很充裕就分享給你，說不定我明天就會遭遇困境，只因昨天的我太過慷慨，沒有留下足夠的物資給自己。狩獵採集者的心理並不支持這樣的邏輯，因為今天就是最重要的，明天的事就留給明天去想。但這樣的邏輯非常符合農業的心理，因為農業強調所有權及長期計畫。然而，過去六百萬年來我們的合作與互相依賴性增加，帶來諸多心理方面的改變，這讓我們無法接受自己在較為舒適的環境下看著同伴受苦，因此必須產生新的思考模式，才能緩和這種不平等所引起的內心衝突。

這些心理上的改變，最初且最重要的就是認為有些人比較優越，比其他人值得擁有更多。雖然狩獵採集者會有特質上的差異，例如力量或熟練程度，但他們通常極度主張平等，且強烈憎恨表現得較為優秀的人。最成功的獵人通常會自我貶低，這樣其他人就不會嫉妒他的優秀，或以為他想掌控其他人。克里斯托福・伯姆（Christopher Boehm）在他的著作《森林中的階級

制度》（*Hierarchy in the Forest*）中描述，這樣的心理造成非常有趣的溝通模式——獵人抓到越大的獵物，就會越誇張地輕描淡寫。看看以下對話：

喜德：你今天成果如何？

理查：不怎麼幸運，不過我可能需要你幫我一點忙，把這個小小的動物屍體拖回家。

喜德：**嗯……看來他抓到了某種很大的動物……**要不要我去叫其他人來幫忙？還是你和我兩個人一起搬就好？

理查：我不想讓你去麻煩別人，牠真的很小又很不怎麼樣，搞不好我們應該直接把牠留在原地。

喜德：**我的天啊，他殺了一隻長頸鹿！我該去把整個營地的人叫來了……**

我們的祖先脫離狩獵採集生活後，透過天賦和努力可以獲得更好的房子和物資。從這時候開始，人們自然而然地認為財產是要靠自己爭取的，越優秀的人就能擁有越多。時間的流逝以及世代繼承會破壞這兩者的關聯度，懶惰又愚蠢的人也會因為父母的慷慨大方而受惠，但是這個問題在心理學上已被解決，我們開始認為有些血統就是比其他人優越（從我們對於古代王族感到崇拜這點就可以明顯看出這種概念）。

因此，在心理學上脫離狩獵採集生活的第一步，就是認同有些人確實比其他人優越，也接受這件事所帶來的不平等。一旦你接受這個「自然的法則」，為什麼要停滯於富貴與貧窮呢？為什麼不進展到國王與農民，或是主人與奴隸？當然，事情確實進展到這裡了。全世界都把平等主義踢到一邊去，對於與生俱來的優越所產生的全新信仰，導致了人類所有的苦痛。我們並不清楚這個過程是如何開始的，但歐洲帝國的紀錄讓我們可以透過議會辯論、報紙及其他形式的公共討論，來追蹤不平等擴散到新的人們和地區時，背後隱藏的心理學。

這些紀錄顯示出歐洲人做出剝削及奴役行為後，立刻就有人提出「我們」和「他們」有優劣之分，甚至是人性上的差異這種藉口，將這種行為正當化。魯德亞德・吉卜林（Rudyard Kipling）的「白種人的負擔」（White Man's Burden）以及美國殖民者的昭昭天命（Manifest Destiny）都是很好的例子，顯示出殖民者如何將他們對於原住民的剝削或屠殺，扭曲成正面，甚至是教化的行為。當然，不是每個人都接受這樣的論調，這種說法通常會引發激烈的爭議。然而歷史顯示出支持剝削和屠殺的論調幾乎永遠占上風，至少如果我們不採用他們的說詞，而是從行為來評斷殖民勢力的話就會發現是如此。

同樣地，對於非洲及美洲人的剝削及利用，顯示出歐洲人將不平等強行施加在當地人身上。若當地已經是農業社會，並且心理上已經習慣了不平等，就會比較容易讓他們妥協；如果是狩獵採集者，就會對不平等抱持強烈的反感。歐洲人嘗試征服農業社會時，通常他們很快就會接受這個新主人。這些農民原本就被當地的貴族課重稅、粗暴對待，換人掌權又有什麼差別呢？相反地，狩獵採集社會通常會反抗殖民者，有時候反抗長達數個世代，直到被規模較大、武器較強的歐洲人征服。

在戴倫・艾塞默魯（Daron Acemoglu）與詹姆斯・羅賓森（James A. Robinson）充滿啟發性的著作《國家為什麼會失敗》（*Why Nations Fail*）之中，提到許多歷史上的例子，來證明這個效應。舉例來說，當西班牙人開始征服南美洲，其中一個最早的殖民地位於今日的布宜諾斯艾利斯。這個殖民地非常失敗，很快就被遺棄了，因為當地的狩獵採集者即使受到強力的脅迫也拒絕為西班牙人工作。當西班牙人向內陸前進，遇到了巴拉圭的農業社會，他們很輕易地就征服並取代原有的貴族，讓當地人屈服，並維持原有的強迫勞動制度。

農業與不平等需要複雜的社會組織，能夠儲存食物的人們必須學習團結在一起，抵禦外來侵略者及社區內的小偷，建立關於所有權及貿易的規定。這類規定是可以公平執行的，但早期的政府通常忙於黨派間的權力鬥爭，造成剝削人民的領地分割。在美國革命前，只有少數政府會為民服務，顯然主要是依靠啟蒙並重新找回個人權力（一種狩獵採集者非常重視的概念）才促進了政府的改善，然而只要觀察大多數民主國家的缺陷，就能發現菁英人士想利用自己的地位來獲取個人利益。

第七章會更詳盡地討論這個主題，但現在的重點是讓一個國家從寡頭政治轉變為代議民主制，這背後的心理學是非常複雜的。也許最重要的單一因素是利益的差異性。當菁英人士全都因為同一套規定而受惠（例如為了防止外國來競爭，就訂定很高的進口關稅），很有可能會產生菁英人士的利益優先於大眾利益的風險。然而，如果這個社會有高度的差異性，菁英人士彼此之間有利益衝突（當有些人是農民，有些人是工人，有些人是商人，有些人是服務業時就會發生），最有可能的折衷辦法就是一套基本上是公平的規則。

我們可以從孩童開始偏好公平的時候看出相同的心理。在孩子還很小的時候，會偏好自己獲得的比別人多。當他們長大一點，就會發現今天獲得好處，很有可能明天就會損失了。因為其他人的人數比自己多，孩子很快就會發現不公平通常是會讓別人獲得好處，而不是讓自己獲得好處，所以他們開始比較傾向讓他人和自己獲得較為平均的結果。最保險的想法就是平等分配，因為長期看來這樣是讓自己最有保障的。

直到現在，我的兩個小孩都認為比起年紀小的兒童，年紀大的兒童更在乎公平，但事實上，我兒子只是比我女兒更早發現這個機率。我們玩糖果樂園（Candy Land）或大富翁時，如果我女兒要求多抽一張牌，這時候我兒子已經夠大了，他知道這個做法不是個好主意，還會很強烈地抗議。值得注意的是，如果我們要更改規則使他更有利，他也會堅定地拒絕。我實在太天真了，對於他強烈的正義感引以為傲，事實上他只是從過去的經驗中學習到，長期看來公平才是對自己有好處。

如果人們發現自己無法主宰這個團體，並保障自己能獲得長期利益，就會出現同樣的心理，並偏好公平地執行規定。我們可能不會注意到，喜好公平其實是來自於利己主義，然而阿克頓勛爵（Lord Acton）的著名格言：「權力使人腐化，絕對的權力絕對會使人腐化」可以證明，我們心裡都非常明白沒有人是可以信任的。

從鄉村到城市

直立人發明了勞力分工，並從中獲益良多，然而它的真正好處只有在人們終其一生追求某種特定的興趣或才華，成為專家時才會顯現出來。像這樣的專業化，只有在足夠多人擠在一個足夠小的地區才能達成，這樣人們才可以專注在自己的興趣上，不需要擔心沒人去收成作物或衣服沒有洗完。城市可以達成這個條件。如果你住在一座小村莊，也許沒人有興趣成為一名鐵匠，或是村子裡唯一的一位鐵匠可能和另一個村子來的女孩相愛後離開了，所以你最好有辦法自行給你的馬釘蹄鐵。但如果你住在城市，光看人數就可以保證一定會有人提供那些你需要但無法自行做好的商品或服務。

在小村莊，不可能出現米開朗基羅、牛頓、莎士比亞。雖然我最喜歡的咖啡師不認為自己是個藝術家（我是不認同這個想法啦），但如果是在小村莊，也不可能喝得到她所製作的極美味的瑪奇朵咖啡。簡單來說，如果不是在城市，人們沒辦法將所有的精力都投入單一技能，而排除其他技能，所以幾乎沒有人可以發展出如此專業的能力，創造出新潮、美好的事物＊。

城市以及真正的專業出現後，終於可以擺脫一直以來低產量，甚至是零和賽局†的世界，在這世界中必須有一部分的人遭受損失，另一部分的人才能獲得收益。專業化讓大餅可以超越原本的大小，因為人們可以創造新事物來造福其他人。位於伊拉克東部的烏魯克（Uruk）恰好就是這樣一個地方，六千年前這塊大餅開始擴展。羅馬不是一天造成的，烏魯克也不是，但是在五千年前，那裡的居民有數萬人，而古代烏魯克的文學創作、陶器及貿易貨物開始在中東流通。烏魯克出現後，所有其他城市都跟進，這個世界開始變得更富有、更美好。

改變通常都伴隨著損失，轉變為城市的過程也一樣。我們的祖先有史以來第一次面對生活中有這麼多熟人和陌生人。如果你住在大城市，每天都會看見陌生人，也許覺得這沒什麼大不了，但對於不習慣的人來說，這感覺非常奇怪。我還記得大約二十年前去上海時，也親自體會到這種混亂的感覺。那是一個很有名的市場，我想去看一看，當我到達時，發現那裡幾乎就是人肉沙丁魚罐頭，那麼多的人擠在那麼小的一個地方，每個人在推擠著彼此。我覺得看起來就像是金屬樂團演唱會的衝撞區，是一個我必須嘗試一次的體驗，所以我把手臂貼在身體兩側，艱難地擠了進去。過了幾分鐘，我發現自己快要精神崩潰了，陌生人的臉、腋下，各種身體部位從四面八方擠壓著我，無論我做什麼都無法躲避。我盡力蠕動著離開那裡，而我對上海的記憶永遠無法徹底從這次的經驗中復原。對於狩獵採集者和早期的農民來說，第一次在城市裡遭遇充滿陌生人的擁擠人群，一定也是同樣難受。

在小村莊裡，大家彼此認識，至少聽說過別人的名聲。人們知道誰是可以信任的、誰是不可信任的；誰脾氣不好、誰很隨和；誰很能幹、誰很無能。城市裡充滿著陌生人，所以城市的居民在商店或酒吧內遇到彼此，都無法預期會發生什麼。這時候我們以兩項重要的心理改變來應付這種情況。

首先，遇到陌生人時最安全的策略就是禮貌，事實上，有高度暴力傾向的文化通常也會有高度的禮貌。舉例來說，美國南部是以禮貌及友善而聞名，但南方人也更傾向於做出暴力的回應，尤其是對方不尊重自己的時候。乍看之下，高度的禮貌和高度的暴力傾向是有衝突的，然而事實上它們是一體兩面。如果這個地方的人們都是一旦被冒犯就會做出暴力回應的人，最合理的策略就是對所有人都很有禮貌，尤其是你不認識的人。

轉變為城市後，我們也開始習慣一律用禮貌態度對待陌生人。狩獵採集者沒有這樣的習慣，因為人們彼此回應是為了保持關係。然而在城市中面對陌生人，我們期待對方給予一定程度的禮貌和尊重，我們自己也會用同樣的態度回報。如果我們滑倒了，會希望陌生人繞過我們而不是踩過我們，也不要嘲笑我們的愚笨。如果東西掉到地上，會希望陌生人幫我們撿起來，或至少不要偷走並跑開。

城市也導致我們更加重視外表。狩獵採集者絕對不會說出「不要以貌取人」這句格言，因

---

* 我必須特別註明，有些社會不需要有城市，甚至不需要有農業，也可以發展出高度專業的勞力分工，讓人們成為專家。雖然這樣的文化習俗可以誕生出真正的專家，卻沒有許多專業領域可供選擇。在這樣的社會中，你無法因為自己的興趣而選擇要成為藝術家或石匠，一份職業要有存在的必要，而且文化規則會指示你適合哪種職業。此外，要讓人們在自由選擇的領域當中成為專家，必須要有城市的發展，但人們不一定要住在城市裡才能發展專業。只要有了現代交通技術，住在任何地方的人都有機會追求自己的興趣。

† 零和賽局是指有固定獎勵的比賽或談判，其中一方的獲利永遠等於另一方的損失。分享一個派就是零和賽局，我拿走的那塊越大，你拿到的就越小。

為他們根本沒有理由這樣做。每一個跟你有互動的人都是你認識的*，既然你瞭解這個人的內在，為何還要用外表來評斷他？相反地，我們不知道在城市裡遇到的人們擁有什麼樣的能力或個性，所以我們更依靠以外表來判斷。

舉例來說，陌生人的誇大吹噓會讓人欽佩，因為他的故事可能是真的，如果是親近的人，你就會知道他是在吹牛了。同樣地，陌生人的過度自信通常被解釋為有能力的象徵，即使我們可能會在朋友或鄰居自我評價過高時大翻白眼。我們會在第七章更詳盡地討論，城市生活造成我們過度依賴外表，這可能會引發問題，因為我們無法根據一個人的行為來判斷他所說的話。

然而這並不代表我們不擅長用外表來判斷別人。相反地，我們非常擅長。但是「非常擅長」也只不過是指我們比較容易猜對誰是友善的、誰是有能力的、誰是有惡意的。有許多不友善的人在第一次見面時看起來很友善，有許多無能的人會營造出很能幹的氣息，有許多反社會人格者會以欺騙的方式贏得我們的心和錢財（甚至獲得很高的職位）直到我們發現他們的狐狸尾巴。

幸運的是，我們還可以利用許多看似瑣碎、不重要的資訊來準確評斷他人。舉例來說，偷看到人們的音樂播放清單、大學宿舍或公寓，可以獲得與他們的個性相關的可靠資訊。外觀也同樣充滿了資訊：你的衣服、髮型以及其他與打扮相關的要素，都會顯示出你的人格與個性。

以我個人來說，第一次與我太太約會以前（也就是被那個還沒進入青春期的小混蛋在俄亥俄州園遊會上打敗，並接受她的安慰之前），我早已覺得和她是天生一對，而對那時候常常偶然遇見的其他女性，我就沒有產生這樣的想法，我認為我未來的太太應該是具有某些要素，例如外表或說話方式，可以讓我確信我們從根本上就是合得來的。研究顯示，雖然不太瞭解這個過程是如何運作的，但是極度細微的動作就能透露出許多訊息，而且即使看似不相關的要素（例如氣味）也可能至關重要。

網際網路如何讓我們回到原點

轉變到城市的過程中，最重大的損失也許是讓我們更能看見在人性中占據很大一部分的黑暗面。小型社會裡沒有陌生人，很難說謊、詐欺、偷竊或以其他方式利用別人。當我們的狩獵採集祖先做了壞事，就真的無法逃避責任，八卦一定會損毀他們的名聲。相反地，在大城市裡可以很輕易地利用友善、老實的人，並在謊言被揭穿之前離開。現代的住宅與職業流動性讓反社會人格者能夠逃離八卦一輩子。

現在因為有了社群媒體，我們又必須面臨這樣的困境，讓我們回到了祖先那種關係緊密、難以分割的生活。許多網站是特別設計用來公布飯店名聲的。TripAdvisor不僅能告訴我一家飯店是否有努力維持清潔，也讓我在造訪一家飯店後，有了抱怨或稱讚的管道。像這樣的網站，

＊當他們偶然遇到不熟悉的團體時，確實會見到陌生人，但這樣的情況充滿危險，並不會有現代陌生人相遇時那種輕鬆的互動。

讓不具權力的顧客擁有更多武器可以對抗大公司。

有些網站讓人們可以私下瞭解陌生人的名聲。搜尋某人的犯罪紀錄是一個很明確的例子，然而像Uber、Airbnb、eBay這些商業模式都必須仰賴人們互相評價。如果我不認識你，我可能不敢開車載你或讓你住在我家，但是如果有許多人都開車載過你、讓你住在他們家，並給予你評價，我就可以推測出你大概是怎樣的人。

藉由互相評價，這些網站可以將不公平利用的風險降到最低，因為每一次互動都會由雙方互相評價，買家和賣家都會想要公平誠實地交易。我可能會想要把你的車或房子當作垃圾桶來蹂躪，但我知道假如這樣做，下一次我想要叫車或度假訂房時就會遭遇很大的困難。就像我們的祖先，他們會想要公平誠實地交易，因為如果不這麼做，需要付出的社會成本實在太大了。這些平台上的使用者如果彼此欺騙，一樣必須付出很大的社會成本（也會帶來財務成本）。

除了這些分享名聲的正式手段，像臉書（Facebook）之類的平台也讓一般市民在被剝削時可以通知全世界。以澳洲詐騙犯布萊特．約瑟夫（Brett Joseph）為例，他不停地勾引女人，最終騙取她們的財產。雖然他成功詐騙不少人，但其中一名最初的受害者決定不再讓其他女性遭受同樣待遇，於是她建立一個網頁，公開他的照片、姓名及作案手法。即使他不停改變做法嘗試詐騙，只要他預計下手的女性理智地選擇谷歌搜尋，他就必須面臨一次又一次的失敗。他甚至為了逃避壞名聲而搬到美國，然而在申請結婚時不得不向未婚妻坦承他使用的是假名，最後被抓個正著。他承認使用假名，讓這名未婚妻感到奇怪，沒過多久就發現他的真實身分。就像我們的狩獵採集者祖先一樣，無論約瑟夫走到哪裡，壞名聲都會緊緊跟隨。

這樣看來，社群媒體及所有我們能利用的名聲評價是很重要的武器，可以對抗反社會人格者、懶鬼、詐欺犯、搭便車者，或用其他方法從善良的陌生人身上獲取好處的人。然而一切事物都是這樣，利益總是伴隨著損失。最明顯的損失就是，人們會透過社群媒體無情地攻擊那些他們並不認識的犯罪者，不會因同理心而做出較為溫和的回應。人們對於不好的行為做出過度的反應，這類情況不斷發生，讓那些犯下較小錯誤的人生活被打擾。人們在推特上和朋友分享愚蠢或沒禮貌的玩笑，或發表自己認為很私密的想法，過了幾個小時就會發現自己被解雇了。

以沃爾特．帕莫（Walter Palmer）為例，這名來自美國明尼蘇達州明尼亞波利斯市的牙醫，在辛巴威射殺獅子西賽爾（Cecil）。帕莫不知道住在萬基國家公園的西賽爾是一隻人人喜愛的獅子，並且是牛津大學野生動物保護研究單位的觀察對象。帕莫支付五萬四千美金讓職業獵人帶領他狩獵獅子，當他看到這麼壯觀的動物從國家公園走到他正在打獵的農場時一定很興奮。他射出弓箭，卻沒有讓西賽爾死亡，十一個小時後他和職業獵人追蹤到受傷的西賽爾並殺死牠。之後他們在西賽爾的脖子發現追蹤器。

這場悲劇帶來一些好結果：許多國家禁止進口戰利品狩獵的獅子；超過四十家航空公司宣布不運送戰利品狩獵的獅子；某些非洲國家將關於獅子保育的規定調整得更嚴格；人們對於野生動物保護組織的捐款增加了。相對地，人們對於帕莫的反應很激烈。許多人對戰利品狩獵感到憤怒，但帕莫並沒有違反法律，並不是刻意殺死一隻受到觀察的獅子。他的行為與其他合法獵殺動物的獵人並無不同。他受到美國人民的譴責，牙科診所受到抗議，物品被破壞，回到家後收到來自動物保護主義者的威脅，於是他和妻子躲藏起來並雇用個人保全。一年後，仍然有媒體抨擊他，有些媒體公布他的照片和下落。

雖然很多人可能會認為帕莫是罪有應得，也許這些人是對的，然而如果他們私底下認識帕莫，那些憤怒和厭惡可能就會因為其他個人資訊而減弱。透過網路，我們重新獲得祖先們藉由宣傳名聲而獲得的好處，但我們也付出許多成本，只知道犯罪者所犯下的單一犯罪行為，不瞭解他的其他特質，而對陌生人做出過度反應。社群媒體讓我們從自己所屬的小社群中獲得一些好處，然而這也許可以證明，古代人生活方式的優缺點我們必須照單全收，對陌生人做出的過度反應超越了現代宣傳名聲的方式所帶來的好處。

＊

我們從七百萬年前在東非的雨林轉變為現代都市，這是一趟獨一無二的旅程，我們在極有可能被滅絕的環境下存活了無數次，並繁榮發展。在這段時間裡，我們的個性和能力也有了進化，逐漸從像猩猩的生物轉變為現在的人類。然而存活和繁榮發展並非故事的全貌，因為演化主要依靠繁殖。接下來我們要進入史前時代的最後一個段落：祖先的交配習慣對於我們現在的心理造成哪些影響。

第四章
性選擇與社會比較

想像一下有這樣一個世界：人們想要儲蓄退休金時必須尋找一位異性夥伴，願意合作開設一個共同帳戶。雙方退休後都能從這個可獲得利息的帳戶中領出相同的金額，然而有個規定，男人往帳戶中存入一元，女人就必須存入一百萬元。最後，可以與幾位異性開設共同帳戶並沒有限制，只要找得到願意合作的人就好。這真是一套蠻橫無理的規定，但是如果你處在這樣的世界，會怎麼做呢？

你的答案也許取決於你是男是女。如果你是男人，可能只要是活的女性都好，你願意與任何人一起開設退休金帳戶。你的一點點投資能夠得到這麼多的回報，有什麼好損失的呢？無論她有多麼討人厭，這都是一場對你很有利的交易。相反地，如果你是女人，就處於窘境之中。一方面，你必須開設共同帳戶，這樣你退休後才能獲得一些積蓄；另一方面，這套規則實在對你太不利了，在挑選共同帳戶持有人時，你可能會變得非常挑剔。他有時候會生氣？算了吧，還有那麼多好人可以選擇，沒必要理會這麼難相處的共同帳戶持有人。他唱歌會走音？不值得忍受這種痛苦，唱歌更好聽或更安靜的人一定跟你比較配。而這份條件清單還會持續增加。

這個例子證明了，在選擇夥伴時，往共同帳戶中投資更多資源的人握有決定權。貢獻較少的那個性別會彼此競爭，以獲取另一個性別的投資成果，結果就是投資較多的那個性別會更加挑剔。羅伯特．崔弗斯（Robert Trivers）在他的著名論文〈親代投資〉（Parental Investment）中提出這個想法，解釋了動物界中，不同性別之間在交配策略與交配競爭方面的差異。

以生物學來說，雌性負責製造較大的配子（也就是生殖細胞，在這裡是指卵子），雄性負責製造較小的配子（在這裡是指精子），對許多動物來說，親代投資就只有製造配子而已。母蛙產卵後，公蛙會將精子噴灑在上面，接著公蛙和母蛙就離開了，將牠們的成千上百顆受精卵留在原地自行孵化，它們可能會孵化成蝌蚪，長成又大又壯的青蛙，也可能會被路過的魚吃掉。這些物種除了製造、生下精子和卵子之外，不需要盡什麼父母的職責，然而僅僅是這種程度，對牠們來說也是一項重大的投資。

因為製造卵子所需的生物材料比精子多很多，崔弗斯的理論認為，公蛙會彼此競爭，讓母蛙來進行挑選。事實就是這樣沒錯，舉例來說，有許多種青蛙都是這樣，一群公蛙會圍繞著池塘或一個適當的地點，盡可能地叫得最久、最大聲。母蛙會前後跳來跳去，比較那些叫聲的音量、音準和長度，最後選出叫得最好的那隻公蛙。

青蛙必須辛苦地捕食足夠的蒼蠅才能製造出精子和卵子，但是說到親代投資，青蛙遠遠比不上人類。我們在感情與社交方面對孩子所投注的精力難以量化，但是我們可以計算生物方面的投資。因為我們是哺乳類，女性的親代投資可不只是製造較大的配子而已，製造出卵子之後，女人必須懷胎九個月，且胎兒需要的所有營養都來自母體。

孩子出生之後，我們的祖先通常會餵母奶長達兩年，嬰兒需要的所有熱量都來自母親。如果不費吹灰之力便可獲得下一餐，那麼這聽起來確實沒什麼——像我太太就很慶幸兒子在嬰兒時期活像一台人型抽脂機——但我們的祖先很難獲得生產及養育孩子時所需要的足夠熱量，要記得，他們的每一餐都要靠出外打獵或挖掘採集才能得到。

因為生物學讓親代投資產生了如此大的差異，製造小孩時男人投入一分的能量，女人就必須投入超過一百萬倍的能量*。這就是共同退休金帳戶這個比喻所要表達的：女人的投資比較多，造成的結果就是男人通常會彼此競爭、追求女人，而女人通常會比男人更加挑剔。

男人之間一個很重要的競爭方式就是展現自己有能力提供食物、住處，且有能力保護女人及後代。女人最主要的考量就是生產、養育小孩時所耗費的熱量，於是男人演化出這種方式來回應女人的考量，也就是展示自己有提供這些的能力。我們的祖先藉由打獵來展現這種能力，現代的男人則是讀好大學、找到好工作，或是炫富。我在第十章會提到，人類會和一起養育小

---

* 我沒有實際做過數學計算，去比較生產一份精子所需要的代謝能量和九個月的懷孕、兩年的哺乳有多少倍的差距，我只是選一個較大的數值。我懷疑實際上的差異更懸殊。

孩的伴侶形成長期、獨特的連結，所以人類在擇偶時其實是相互的選擇。因此，除了這些性別差異，不只男人之間必須競爭，女人也必須競爭，才能找到理想的伴侶。

性選擇

繁衍是演化的推手，如果每一種動物能存活下來的後代數量都是相同的，就永遠不會發生演化了。生存很重要，但必須活得夠久，能將你的基因傳給下一代才有意義。成功養育許多後代，或促進親族成功繁衍的生物，會將自己的特徵傳給下一代；而無法做到這些的生物則代表牠的基因已走到終點，牠們的特徵將會從基因池中徹底消失。因此，能促使繁衍成功的特徵與行為會變得更常見。

這樣的選擇過程，導致我們喜歡那些可以促使繁衍成功的行為，並讓我們討厭無法促使繁衍成功的行為。舉例來說，幾乎所有的成年人類都喜歡性行為，且幾乎所有人類都覺得糞便很噁心。性行為讓我們更有機會把基因傳給下一代，這並不令人訝異；食糞會降低繁衍成功的機率，這也不令人訝異。然而我必須強調，就繁衍成功而言，性行為和食糞並不是毫無關聯的行為。性行為與生存的關聯並不大，但與創造後代直接相關。相對地，食糞會降低我們的生存機率，因此也會降低我們的繁衍成功率*。

直接影響到生存的要素和直接影響到繁衍的要素，這兩者之間的差異對於進化論之父查爾斯・達爾文來說相當關鍵。如果我可以活一千年，但我不進行繁衍，那麼我超長的壽命就和演化完全無關；如果我活得夠久，能看見我的孩子長大成人，那麼我的存活就促進了繁衍的成功。更直接的影響是我能否吸引異性、成功繁衍，因此吸引異性、找到交配對象的能力在進化論中是最重要的。達爾文使用「性選擇」（sexual selection）一詞來指稱讓我們對異性變得更有吸引力的演化過程。

性選擇對演化有著強大的影響力。如果有一種特徵是被異性所討厭的，即使那種特徵有利於生存，還是會逐漸在群體中消失，因為擁有那種特徵的動物很難找到伴侶。舉例來說，一個超級膽小的男人，在危險發生時會立刻躲藏起來，可以想像這對於生存一定非常有利，然而大多數的女人都不喜歡這個特徵，因為這樣的伴侶可能無法保護她和孩子。因此，超級膽小的男人並不多，或者至少大部分的男人在周遭有女人時都不會表現出超級膽小的樣子。同樣地，如果有一種特徵是異性覺得很有吸引力的，即使那種特徵會降低存活率，也會逐漸在群體中變得更常見，因為擁有那種特徵的動物有更多的交配機會。

這個結論會讓我們產生一個疑問：為什麼異性會特別喜歡那種容易降低生存機率的特徵？要回答這個問題，可以觀察孔雀這種地球上最特別的鳥，牠們雄性和雌性之間的差別。母孔雀很樸素，幾乎全身都是灰茶色的羽毛，只有尾巴稍微長一點。如果你是一隻飢餓的老虎，路

* 食糞可能也會降低我們求偶成功的機率。

過一隻正在孵蛋的母孔雀，可能不會注意到牠的存在，因為牠非常完美地融入周遭環境。相反地，公孔雀非常花俏，擁有動物界之中最誇張的尾羽，就連一隻近視的老虎都會注意到孔雀的明亮色彩，而且那笨重的尾羽可能會讓牠更容易被抓到。

明亮且笨重的尾羽確實可能成為公孔雀的生存障礙，這讓達爾文在給哈佛大學植物學家亞薩・格雷（Asa Gray）的信中寫出了著名的這句話：「每當看見公孔雀的尾羽，我就覺得噁心！」達爾文是歷史上最重要的科學家之一，不僅因為他提出非常了不起的見解，也因為他非常努力地解決自己理論中的弱點。以孔雀的例子來說，他最終發現明亮顏色與巨大尾羽在生存方面的缺點，會被繁衍的優勢抵銷。要知道為什麼公孔雀的尾羽可以促使繁衍成功，必須思考為什麼某些特定的特徵可以吸引異性。

性感的定義是什麼？

無論必須使用何種手段，所有生物都想表現出最好的一面，因此欺瞞的行為在所有生物之間都非常盛行。如果欺瞞可以幫助一種動物躲避狩獵者或求偶成功，你就可以確定牠一定會這樣做。我最喜歡的欺瞞交配策略是某些雄性鳥類或魚類會假裝成雌性。那些體型不夠大，無法與其他雄性競爭的，會演化出一種假裝成雌性的策略，讓牠們得以與雌性待在一起，而不必受到體型更大的雄性動物挑戰。接下來，這些體型較小的雄性動物就會捉住機會交配，即使牠們永遠不可能打得過那些體型更大的雄性，依然可以將牠們的基因傳下去。

有關這種策略，最特別的例子可能就是麥考瑞大學的庫倫·布朗（Culum Brown）與他的同事所觀察的烏賊。烏賊可以自由改變身體的顏色，有時候牠們會為了偽裝自己而融入背景，除此之外的時間，通常雌性會顯現一種顏色，雄性則會顯現另一種顏色。有一天，布朗在觀察水槽中的烏賊，他注意到有一隻雄性烏賊，身體面對雌性烏賊的那一半是雄性色，身體面對其他雄性烏賊的那一半則是雌性色。這種偽裝讓牠可以同時追求雌性烏賊，同時保護自己免於其他雄性烏賊的攻擊。

這類欺瞞行為顯示出，動物為了達成目的會有多麼不老實。不需要感到意外，演化過程是不講道德的，只要是有效的策略，動物都會採取。然而生命是共同演化的競爭，每一種生物都會演化出應對策略，來面對競爭者的策略。如此一來，演化便是一場永無止境的軍備競賽，動物不停地發展出新方法來面對牠們的獵物、狩獵者、寄生蟲所擁有的嶄新能力。如果天平的一端過於傾向其中一方，就有可能發生絕種的情況。當獵物演化出一種偽裝，狩獵者就會演化出更強的偵察能力。如果雄性演化出即使自身條件很差也能欺騙雌性選擇牠們的方法，雌性就會演化出看穿這一切的方法。如果一隻雌性動物很容易被條件差的雄性欺騙，牠們生出的後代獲得成功的機率就比較低，因此雌性的喜好其實是受到演化的影響，會讓那些可以實際證明自己條件真的很好的雄性獲得優勢。

所謂實際證明的條件，就是指完全不可能，或至少是非常難以偽裝的事實。舉例來說，我可以向你吹噓我的私人遊艇和滑雪假期，除非你親眼看見我的資產負債表，否則無法判斷我是真的有錢還是騙人的。光說不練沒有意義，但如果我親自帶你去聖莫里茲，開著瑪莎拉蒂跑車帶你兜風，這就比較能證明我很有錢（而且還很慷慨）。我可以不經意地說出我是哈佛大學法學院第一名畢業的，但我有可能在說謊，只是為了讓你感到佩服，所以你很有可能質疑我所說的話。相對來說，如果你親眼見到我輕鬆解開魔術方塊，這會更有說服力，因為你已經看到我在運用腦力了。如果我可以只看一次就閉眼解完魔術方塊，就更讓人欽佩了，因為我證明了自己即使讓步都能贏。

條件的實際證明如此重要，所以人類有很強大的能力可以察覺細微的徵兆，來判斷對方的條件。我記得某個春天的早晨，我坐在校園裡等朋友一起來吃早餐。我手邊正好有一份《紐約時報》和一枝原子筆，便決定一邊等待一邊嘗試版面上的填字遊戲（雖然我玩填字遊戲玩得非常爛）。當我坐在那裡盯著第一條提示，困惑於「可能會淚流滿面」是什麼意思時，一位年老的校友帶著他的家人經過我身邊。他看到我在玩填字遊戲，就坐下來和我一起看。我原本可以借助他的幫忙，但在他還沒開口前，他的妻子就阻止他：「親愛的，他用原子筆來解填字遊戲，他根本就不需要你幫忙。」我接著反駁，卻被她當作是在客氣，然後他們就離開了，走到不遠處去欣賞樹上盛開的花朵。

過了幾分鐘後，我那聰明的朋友卡特琳出現了，我還在疑惑是誰淚流滿面，而且為什麼是「可能會」的時候，她就在我旁邊坐下了。她解開了前幾道提示，速度快到我來不及寫下答案。這樣我豈不成了抄寫員？我阻止她說下去，並試著自己解看看。在這個完美的時機，那位校友和他的家人又經過了，當他再度打算坐下來的時候，他太太又勸告：「親愛的，他幾乎解完一半的題目了，才花不到五分鐘。他不需要你幫忙。」使用原子筆來解填字遊戲不算是條件的實際證明，但是解開填字遊戲就能算是*，這就是為什麼我們會注意到這些細節。

回到孔雀的話題，牠明亮的色彩和特殊的尾羽就是條件的實際證明。這是一項非常不利的條件，所以母孔雀會認為明亮的色彩和巨大的尾羽很有吸引力。尾羽這麼大、色彩這麼鮮豔，有點像是用原子筆來解填字遊戲，再笨的人都可以做這件事，但是能力優異的人才能成功做完。母孔雀受到這個原因的影響，牠們偏好那些費力地拖著長達五呎、顏色鮮豔的巨大尾羽，卻還能成功生存下來的公孔雀。

公孔雀的成鳥可能是動物界之中最誠實的，但是有許多種鳥類都採取類似的策略，只不過是較為低調的版本。許多種鳥類都擁有較長的尾羽，生物學家發現，如果刻意將牠們的尾羽剪短或加長，母鳥就會受到影響，一窩蜂地選擇尾羽較長的公鳥，並避開那些尾羽被剪掉的公鳥。就像孔雀一樣，許多鳥類不只覺得長尾羽很性感，顏色也非常重要。明亮的顏色就像是在向狩獵者強調自己的存在，所以母鳥可以根據公鳥的色彩明亮程度來推斷牠的條件。色彩明亮的公鳥一定非常健壯、生存能力強，而顏色樸素的公鳥可能行動緩慢、笨拙，較不適合作為交

* 在這個例子中，是可以證明卡特琳擁有貨真價實的智慧。

配對象。

要記得，母鳥並不是經過思考才這麼做的。母鳥如果偏好色彩明亮的公鳥，就可以成功繁衍出更多後代，因此這種偏好就被傳了下去。人們的偏好也一樣——我們不需要理解為什麼人類會覺得女性沙漏型的身材很有吸引力，或男性倒三角形的身材很有吸引力，單純只是因為演化讓大多數人擁有這種偏好。

所以，鳥類是因為演化才會偏好明亮的色彩，然而並非每一種顏色都是平等的。動物的免疫系統需要依靠植物色素「類胡蘿蔔素」（例如胡蘿蔔素）才能正常運作，但是動物無法自行製造類胡蘿蔔素，它必須依靠植物的光合作用。忙著對抗感染的動物必須將體內所有的胡蘿蔔素都貢獻給免疫系統，然而健康的動物體內會有多餘的類胡蘿蔔素。鳥類羽毛中常見的紅、橘、黃等顏色就是由類胡蘿蔔素構成的。只有在免疫系統很強健的情況下，鳥類的羽毛才會出現這些顏色，因此明亮的顏色（尤其是亮紅色、橘、黃）是身體健康的實際證明，呈現在外表。

明亮的紅色是條件的實際證明，因為製造這種顏色需要耗費代謝能量，然而有些條件的實際證明無論是誰都能輕易製造出來。舉例來說，有些鳥類演化出一塊黑色或咖啡色的斑點，長在胸口或喉嚨，這塊斑點的大小可以顯示出牠的階級地位。長出黑色羽毛和白色羽毛需要花費的能量是差不多的，但是在這些鳥類之中，越大的深色斑點代表牠的階級地位越高。人們最早發現這件事時感到非常困惑，因為就連最虛弱的公鳥都可以輕鬆長出大塊斑點*，母鳥應該很有可能受騙上當才對。

然而後續研究顯示出公鳥非常認真看待這塊斑點，牠們非常討厭階級較低的公鳥擁有大塊斑點，假裝成高等階級，若斑點大小不符合自己的地位，會冒犯到鳥群中的所有公鳥。生物學家嘗試將階級較低的公鳥身上的斑點畫得更大塊，這就等於是在那隻鳥的胸口上畫了一個箭靶，鳥群中的所有公鳥都非常激烈地攻擊這樣的僭越者，告訴牠這麼做只不過是在虛張聲勢，最好趕快讓那塊斑點縮小。在這個例子當中，不需要花費任何生物成本就能讓斑點擴大，但斑點的大小仍然可以作為條件的實際證明，因為擁有不符合自己地位的斑點會造成嚴重的後果†。

說到人類，有什麼是男人條件的實際證明？體型確實是個不錯的指標，如果你營養不良、不健康，就無法長到六英呎（約一八三公分）高。基於同樣的理由，肌肉也是個好指標，可以證明運動能力。然而除了身體之外，人類當然也很在意大腦，心地善良的象徵也算是條件的實際證明。這就是為什麼女人通常喜歡男人具有幽默感。不只是因為和一個有趣的人待在一起會比較愉快，也因為具有幽默感的人必須擁有敏捷的思考，快速聯想到其他人也會覺得好笑的事情。

---

* 如果我們說一隻鳥可以「決定」要長出大塊還是小塊的斑點，聽起來似乎很奇怪，但是階級地位會影響荷爾蒙改變，也就造成了身體上的改變。許多動物身上都會出現這種現象，例如慈鯛會改變身體顏色的鮮豔程度，來顯示牠現在擁有自己的地盤了。

† 斑點大小超出自己的地位，就像戴著紅襪隊的球帽，在洋基隊的球賽時走進位於紐約布朗克斯的史丹運動酒吧（Stan's Sports Bar）——成本很低廉，後果很嚴重。

臉部對稱也是條件的實際證明，因為人類演化成對稱的身體，但疾病或遭遇意外可能會破壞對稱。對稱是身體健康和基因強健的實際證明（起碼證明過著很幸福的生活），因此女人通常會認為這樣很有吸引力。如果你搜尋「布萊德．彼特」，看看他的臉，你會很驚訝它有多麼對稱。如果你搜尋「萊爾．拉維特」（Lyle Lovett），你會驚訝這張臉代表人生過得有多麼艱辛。

對稱性、力量、身高、幽默感，在女人身上也是條件的實際證明，但這些並不是主要吸引男人的條件。在受孕能力方面，女人比男人更需要良好的生物條件，因此男人更在意女人受孕能力的實際證明。最明顯的是男人喜歡年輕和沙漏型的身材——兩者都是女人受孕能力的實際證明。如果人們的繁衍習性和猩猩一樣，女人年紀越大，越能勝任母親一職，那麼毋庸置疑，男人會強烈迷戀年長女性。女人演化出更年期，改變了這個情況（在第十章會有更多說明），讓男人比較喜歡十幾歲到三十五歲之間的女人，這是最容易受孕的時期*。

社交相對論

性選擇和求偶競爭是相對力量背後的動力，也就是我們和他人之間相對地位的重要性。舉例來說，女人演化成偏好善良、慷慨、有趣、可愛、聰明的男人，但即使我完全不符合上述條件，只要我不是最糟糕的選擇，女人們還是會選擇我。我實際上到底有多麼聰明、多麼有吸引力，這並不是最重要的，只要我在可供選擇的男人之中，比其他人更聰明、更有吸引力就好了。同樣地，如果我的團體中所有人都比我帥、比我聰明，那麼即使我長得像亨利．卡維爾（Henry Cavill，飾演超人的男演員）一樣帥、腦袋像愛因斯坦一樣聰明，也不會讓我得到任何好處。雖然這樣的機率非常小，但重點是條件的絕對優劣並不是非常重要，最重要的是我們跟團體中其他成員比起來怎麼樣。因此人們無時無刻都在進行社會比較。

我們做出社會比較的舉動，一開始是為了瞭解自己、知道自己的社會地位。我是強壯還是虛弱？迅速還是緩慢？富有還是貧窮？雖然我們可能會認為這些問題沒有絕對的答案。這全都取決於我們跟團體中其他成員比起來怎麼樣，如果和我身邊的人相比，我做仰臥推舉時可以舉起更重的槓鈴，那麼我就是強壯的；如果不行，那我就是虛弱的。和我們最親近的人同時也是我們最關鍵的競爭對手，所以我們常常會拿自己和最親近的人來比較，以便獲得這些問題的答案。

時常與身邊的人比較，這種習慣的問題是在於可能會造成一種非常扭曲的世界觀。我還記得高中的最後一年，我和朋友們聊到很晚，回想著過去這四年來我們的成就與失敗。其中一位朋友說她最大的後悔是在運動方面取得的成就不夠好。她在至少兩種運動當中獲得州冠軍，也

＊雖然關於LGBTQ族群的伴侶偏好及性態度研究非常少，但是曾經做過的研究都顯示出類似的結果。舉例來說，我和我的同事發現無論是異性戀、雙性戀或同性戀的男人，都會更加後悔錯過了一次性交機會，而比較不後悔曾經有過很糟的性交體驗。相反地，無論是異性戀、雙性戀或同性戀的女人，都會更加後悔有過很糟的性交體驗，而比較不後悔錯過性交機會。

參加了其他幾種運動的校隊，她校隊外套上掛的勛章連俄羅斯將領看了都會自慚形穢。我問她為什麼會這樣想？因為她是我所認識的運動員當中最優秀的一個。她說，因為她沒有實現加入奧運隊伍的夢想。也許這樣的夢想聽起來很荒唐，但是她的兩位兄弟姊妹都參加過奧運，所以那是她對於「成就」的標準。

我們可以在許多不同的地方看見這種相對性的現象，而且有時候擔心其他人的表現是理所當然的。舉例來說，想像一下我發明了一種藥丸，可以將你的智商提升五〇%，我給你一顆。一吃下這顆藥，你馬上覺得自己變得聰明許多——所有以前你覺得很複雜的問題，現在都像是小孩子的遊戲一般；你等待理髮時可以看一些有趣的量子力學和微積分問題來消磨時間。然而，現在我給其他人兩顆藥丸。你坐在那裡等待理髮時，周遭的所有人都在討論你無法理解的話題。你原本覺得自己像個天才，只不過一瞬間，你就感覺自己像個笨蛋。

在這個例子裡，如果你周遭的人永遠都比你多吃一顆，那麼無論你吃了幾顆藥丸都沒有意義。如果其他人比你更聰明，即使你能在腦中解出微分方程，也只能找到最無趣的工作，你的朋友會覺得你反應很慢，而且通常你都會輸給別人。在這些情況下，相對性是很重要的。因為性選擇的影響力，即使有時候別人根本沒那麼重要，我們仍然會因為相對性而受到損害。

例如普林斯頓大學的伊莉亞娜．庫西姆克（Ilyana Kuziemko）和她的同事針對「厭惡墊底」（last-place aversion）的研究。她們發現，最強烈反對提高基本工資的，其實是那些薪水比基本工資略高一點的人。即使基本工資提高後，未來有可能會為他們帶來好處，但他們擔心自己這種相對的地位會受到影響，而無暇顧及未來可能獲得的好處。像這樣的反應，看似是因為一時的惱怒跟自己過不去，但是性選擇就是這背後的邏輯。

我們的靈長類親戚也會表現出對於相對地位的擔憂，最有名的是埃默里大學的莎拉・布魯斯南（Sarah Brosnan）和佛蘭斯・德瓦爾（Frans de Waal）針對捲尾猴的研究。在實驗中，他們訓練捲尾猴把實驗人員放在籠子裡的鵝卵石拿起來，還給實驗人員，就可以獲得一片小黃瓜作為獎賞。捲尾猴認為這樣的獎勵很合理，因為平常都是用這些小黃瓜來訓練牠們學習並維持良好的表現。

這個實驗的關鍵步驟是，讓捲尾猴看見另一隻捲尾猴完成一模一樣的工作，卻拿到葡萄作為獎勵（牠們比較喜歡葡萄）。如果獎勵的合理性是絕對的，那麼另一隻猴子拿到什麼獎勵並不重要。如果之前可以接受黃瓜片作為獎勵，現在也應該可以接受才對。相反地，如果獎勵的合理性是相對的，那麼另一隻猴子獲得什麼獎勵就非常重要了。

因為相對性的邏輯，拿到黃瓜的猴子看到另一隻猴子拿到葡萄後，通常就不願意繼續參與了。德瓦爾在TED演講〈動物的道德行為〉（Moral Behavior）中給大家看了一段影片，我非常推薦大家去看看，因為可以看到一隻猴子發現隔壁的猴子拿到葡萄後非常憤怒地將黃瓜片丟向實驗人員。除了那隻小小的捲尾猴以外，我從來沒看過靈長類對於不公平的報酬發那麼大的脾氣。

像這樣的實驗提供了非常明顯的證據，顯示出只要生存需求能得到滿足，其他方面的條件都是相對的。就像第三章說過的，在城市出現以前，生活就是零和賽局。我的幸運通常只會造成你的不幸。遺憾的是，性選擇的邏輯會讓生活保持零和賽局的情況，即使沒有這個必要。如果我朋友獲得加薪或中了樂透，我一定會因為他的幸運而吃虧，因為現在我會更難找到伴侶。在他達成這樣的成就或幸運中獎之前，我鎖定的女人可能會選擇我，現在她很可能不會選我了，因為我朋友變得更有吸引力了。

性選擇將這樣的邏輯深深地刻劃在我們心裡，讓我們很難擺脫它的束縛，不去對他人的成功感到嫉妒——尤其是親近的人成功時。山姆．史密斯（Sam Smith）或阿姆（Eminem）獲得葛萊美獎並不會讓我覺得嫉妒，因為我不認識他們，我跟他們不是一夥的，並且我（很有自知之明地）不會嘗試和他們競爭。李奧納多．狄卡皮歐（Leonardo DiCaprio）獲得奧斯卡獎時也一樣，反正他的女朋友永遠都不可能跟我出去約會。然而當我的好朋友表現超越我時，會讓人非常難過，尤其是在我很重視的領域。

關於這種現象，我最喜歡的是喬治亞大學的亞伯拉罕．泰瑟（Abraham Tesser）與同事所做的一系列實驗。在實驗中，泰瑟讓男大學生來實驗室玩一個字彙遊戲。這是一種同義字遊戲，一個人給出提示，由另一個人猜出單字。泰瑟讓一位受試者先玩一次，並刻意動手腳，讓這位受試者成績很差。實驗的關鍵在於這位刻意被設計導致玩得很爛的受試者，在下一輪遊戲中會給予夥伴什麼提示。他所能給出的提示之中，有些非常有幫助，有些則非常沒意義。

這個實驗具體來說是這樣的，想像一下你參加這個遊戲，你要讓夥伴猜出「聰明」這個單字。如果你想要幫他，你就會給他「足智多謀」或「伶牙俐齒」這類提示。然而如果你希望他失敗，你就會給他「穎悟絕倫」這個提示（誰知道那是什麼）。如果之後他向你抱怨，你可以跟他說如果他懂的字彙夠多，就可以猜對了。

泰瑟發現比起陌生人，如果夥伴是朋友，人們更願意給予有幫助的提示，但是只有在他們向受試者說明這個遊戲不重要時才會出現這樣的結果。如果他們向受試者形容這個遊戲是一種關於詞彙能力的重要指標，受試者自己得到很爛的成績之後，就會更願意向陌生人提供有幫助的提示，而不是朋友。這項數據顯示出朋友在某方面表現得很好，會比陌生人帶來更大的威脅。這是人性醜陋而真實的一面，但是這就代表如果朋友在某個重要領域可能會表現得比我們更好，我們就會想要暗中破壞，是性選擇讓我們變成這樣的。

第二部

經由過去瞭解自己

第五章
社交人

數十年前，我在海上學府（Semester at Sea）教書，這是一種搭乘遠洋郵輪環遊世界的海外留學計畫。某個沒有月亮的夜晚，在印度洋上，船長關閉外面的照明設備，好讓我們更容易看見星星。我很想在沒有光害的情況下看看銀河，所以就在睡前散步到最上層的甲板。夜空中灑滿了星星，我欣賞大約五分鐘後，有一顆非常明亮的流星劃過天空，然後在我眼前燃燒殆盡。

這是我一生中看過最美妙的景色之一，但我接下來的反應連自己都感到很驚訝。我並不是細細品味這個瞬間，或是想想自己有多麼幸運，而是馬上看向四周，尋找甲板上還有沒有別人。無論對方是誰，我只想轉頭對他說：「哇，你有看到嗎？」即使是陌生人也好，我也想聽到對方回答：「有啊，真的很漂亮！」小時候，我總是很嫉妒《小熊維尼》（*Winnie the Pooh*）裡面的跳跳虎，因為他是唯一的一隻，但是這次的經驗讓我明白我誤解了自己。我可能是地球上唯一一個看見這幅美景的人類，但我並沒有因此覺得自己更特別，反而因為無法跟別人分享，而覺得流星的真實感降低了，看見流星的這個體驗好像也沒那麼有意義了。

演化讓我們產生的偏好之中，我認為「想和他人分享自己的想法」這種渴望是最重要的功臣，讓我們走向食物鏈的頂端*。以心智的力量而言，我們是地球上最凶猛的狩獵者，但如果是孤身一人，那麼人類的心智力量也沒什麼特別的。如果你把一個手無寸鐵的人類丟在野外，那麼你就只是為當地森林裡的動物帶來一頓大餐，但如果你把一百個手無寸鐵的人類丟在野外，就是為這片不幸的森林帶來一群全新的頂端狩獵者。

第一章和第二章說明了社交在我們演化成功的歷史中有多麼重要。對我們來說，社會連結就是最重要的，因為對我們祖先的生存和繁衍來說，沒有什麼是更重要的了。因此，我們演化出許多方式來與團體保持連結，其中最主要的就是去瞭解別人在想什麼。瞭解他人的想法讓我們可以更融入，並預測團體成員接下來會做出什麼舉動。我們也希望團體成員瞭解我們的想法與感受，因為如果能讓別人接受我們的想法，就比較容易讓團體往我們想要的方向發展。別人接受我們的想法與感受，也會讓我們在團體中獲得一席之地，讓我們對未來產生安全感。這兩種與生俱來的利己目標正好也是成功與他人合作的關鍵——若我們瞭解別人的想法，就更能順利地進行社會協調或分工了。

因為上述理由，演化讓我們不斷地想要分享自己的想法，即使當下這麼做也不會得到任何好處。這種分享自己經驗的渴望，也就是那天晚上我在甲板上強烈感受到的那種感覺，在年紀還很小的時候就會出現了。小孩會不斷地描述這個世界，指著人們和物品，只是為了引起別人的注意而已。沒有任何一種動物會在發展期做出這種舉動。

我們會想要分享自己的理解或體驗，這不限於知識，我們還會想和他人分享自己的情緒反應。人類的團體要能夠有效抵禦威脅或把握機會，就必須對事情有一樣的看法，因此我們演化成會向他人尋求情緒方面的共識。人生中最讓人挫折的事情通常都是跟某人分享了一個讓你產生某種情緒的故事，但那個人的反應卻與你完全不同，或甚至相反。如果我的同事做了某件讓我很生氣的事，但我的太太卻認為這件事沒什麼大不了，或甚至認為這很有趣，或認為對方才是對的，那麼我就會更生氣了。

這種分享情緒體驗的需求甚至會造成誇大效果。如果我擔心你可能不會讚嘆我捕到很多魚，那麼我描述時就會將魚的數量形容得更多；如果我擔心你不會覺得我同事的舉動很讓人生氣，那麼我敘述時就會將同事形容得更糟。這種需求也是導致都市傳說產生的原因，都市傳說就是這種極度誇大的流行版。

史丹佛大學的奇普．希思（Chip Heath）與他的同事針對都市傳說進行研究，證明了這個現象。他們發現，都市傳說越噁心、越誇張，人們就越想把它說給其他人聽。舉例來說，他們向受試者展示了不同版本的都市傳說，內容是一家人去度假，回家後發現相機裡有一張照片，

＊我們想要與他人分享自己想法的這種渴望，是湯瑪斯．薩頓多夫（Thomas Suddendorf）在《鴻溝》（*The Gap*）一書中認為人類獨有的兩種特色之一。第六章會有更多詳細內容。

是飯店的男服務人員一邊惡搞他們的牙刷一邊自拍的。一個版本是照片中男服務人員用那家人的牙刷來清潔指甲縫，另一個版本是他把那家人的牙刷夾在腋下，而最糟的一個版本是他把那家人的牙刷「放進屁股裡」。幾乎不用考慮就能決定你要講哪一個版本給朋友聽，如果你想保證聽眾和你有一樣的情緒反應，那麼你一定會選擇那家人的牙刷在他屁股裡的版本。

我們把都市傳說誇大或講給別人聽時，扭曲了聽眾對現實的理解，這可以當作是我們分享情緒的需求所帶來的一種副作用，但不能因此貶損這種需求的價值，它能帶來成功的社交互動。回想一下你最後一次和朋友說話，在這次對話中，分別傳遞了多少新訊息、多少情緒內容？有意義的對話通常只含有很少的資訊，但一定不會缺乏感情。假如是著重內容的對話，例如討論當前事件的對話，通常也會充滿情緒。假如是完全不帶有情緒內容的對話，通常是和陌生人之間發生的對話，而且會被認為是瑣碎且無聊。

社會智力

人們一生會遭遇到的挑戰中，最重要的就是理解並掌控他人。如果我知道別人的目標是什麼，就可以想辦法從他們可能做出的舉動中獲得好處。更好的是，我還可以掌控別人接下來要做的事，好讓別人接受我的目標，這樣一來我的人生一定會很成功。相反地，如果我無法理解別人，我就會不斷被別人看似隨興的計畫玩弄於股掌之間。如果我能理解別人，卻無法控制別人，那麼我只能眼看著不利的事情發生，卻沒有能力去改善自己目前的處境。如果我是成吉思汗，可以用蠻力去強迫別人做我想做的事，那麼掌控別人的技巧就沒那麼重要了，但是對於我們大多數人來說，成功的關鍵就是說服別人。

關於如何在社交方面獲得成功，我們可以從科學中獲得哪些提示？很遺憾地，並不多。測量社會智力時會遇到很多困難，所以已經證實了很難找到這樣的答案，從一九二〇年代中期首度進行測驗以來，至今都沒有什麼很大的改變。那次測驗其中一個題目是這樣的：一位熟人的親戚去世時，受試者會說些什麼？受試者可以選擇要稱讚那位去世的親戚，或是一般人普遍關心的近期新聞。只要花點時間想一想就會知道，其中一個可能會是正確答案，但也有可能兩者都不是*。

事實上，這個問題的「正確」答案取決於你和那位熟人以及那位去世的親戚有多熟、他們之間的關係是什麼，以及無數個其他因素。因此，對某人來說很失禮的話語，也許對另一個人來說是很寬慰，或有鼓勵作用。雖然我們一般都會認為不應該在葬禮上對那位受人敬愛的逝者開玩笑，但我想應該有許多人用這種開玩笑的方式成功地安慰了他們的朋友或家人。同時我也

---

* 那次測驗的作者表示談論近期新聞才是正確答案。於是我就去搜尋「在葬禮上應該說什麼才好」，而前四個答案之中，有三個都是要稱讚那位去世的親戚（第四個是為他們祈禱），也許過去九十年內人們的行為準則改變了，但我認為在大部分的社交場合中，永遠不會有全球共通的正確答案。

認為，一定有許多人因為一模一樣的玩笑而讓朋友或家人感到不愉快。同樣一句話可能會是令人寬慰，也可能是讓人憤怒，這取決於誰說這句話、對誰說、何時說、說話者的語氣等等。

越去思考這個問題就越能注意到，在任何情況下都很少有一種絕對正確的社交行為。情緒反應以及社交行為的適當性都取決於情境，因此我們很難測量社交能力。舉例來說，有一個很常見的題目，廣泛使用在測量社會智力或情緒智力的測驗中，內容是：有一個人比同事更努力、工作成果更優良，但不擅長辦公室政治，因此沒有獲得某個獎項，而是由一個不夠資格的同事獲得那個獎項。受試者必須回答：以下哪一個做法會讓那個失去獎項的人感覺好過一點？是列出那個不夠格的同事有哪些優點和缺點，還是告訴其他人那個不夠格的同事工作做得有多差、收集證據證明自己的論點？事實上，我們沒辦法確定這種問題的正確答案。有些人採取其中一種策略會成功，有些人則要採取另一種，而他們會獲得什麼效果也取決於許多其他因素和條件。第二種策略有可能發展成大災難，但也有可能會成功。

這份測驗的作者提供的「正確」答案，是推測大多數人會採取的做法，再針對情緒研究專家做調查後得來的。然而這兩種方法都不夠充分，因為他們是基於一種錯誤的推論，認為一定可以找到一個獨一無二的正確答案。就算真的有這樣一個答案，他們推測大多數人的做法就是最好的做法，這種方式會讓社會智力的頂端被限制在普通回答的範圍（或者更糟的是被限制在學術心理學家的直覺和偏好之中）。我認為社交能力非常好的人應該是採取獨特的做法來達成這個目標。如果大多數人都用某種方式來回答，這個回答就會變得太常見、很容易預測，因此失去它的效力。社交能力很好的人會注意到這個問題，可以說出與其他人不太一樣的答案，就能更有效地溝通。

我認為這個問題是無法解決的，所以我想到另一種不同的做法。我和同事決定不去探尋社會智力之中會因為環境而發生改變的這一面，而是反過來利用社交的這種關鍵特色。有許多特性能讓人們在社交方面取得成功，但是在某種情況下有用的做法在另一種情況下可能會失去效力，這就表示能夠彈性地改變自己的行為，可能就是擅長社交的人最重要的特性。有許多因素讓人們可以彈性地改變自己的行為（稍後會有更多相關內容），但其中最重要的一項，就是我們的自我控制能力。

自制力的演化

學術心理學家之間流傳著一個笑話：我們踏進這個領域是為了試著理解自己的錯誤。也就是說，我們是在進行「自我研究」，而非研究別人。面對這項指控，我和隔壁辦公室的教授一樣是有罪的。我開始對社會智力產生興趣，不是因為一個迫切的智力問題，而是因為我高中時曾經做出令人尷尬的失禮舉動，不小心把心中想講的話直接說出來。

不加思索就脫口而出，這讓我在很多場合都惹了麻煩，但菜市場是我的阿基里斯腱，尤其是有些肉品看起來跟牠活著的時候一樣。「我吃的晚餐曾經在地球上走動」這種吃肉的罪惡感再加上一點點的神經質，讓我不喜歡那些看起來跟牠活著的時候一樣的食物。看到西班牙酒館把豬腿掛在屋樑，或是中國餐館把烤鴨掛成一排，或是肉店把整隻動物掛起來，都會讓我感到害怕。我甚至討厭魚盯著我看。我不只一次在店主面前表現出噁心的樣子，而我的自制力非常薄弱，根本就來不及阻止我自己。我的朋友和家人都不喜歡我這樣的行為，所以我想證明這不是我的錯，是我的大腦結構有缺陷，我應該得到同情而不是譴責。

要說明自制力，不妨想像你的大腦是一輛雙輪馬車。馬匹就是你的衝動，它們主要待在腦皮質下方的一個區域，靠近大腦底部，例如伏隔核和杏仁核附近。馬匹會將你拉向欲望：食物、性、攻擊，任何事物都有可能。有些人的馬匹非常狂野，他們很難抗拒大吃大喝、搞外遇、揍那個討厭的人一拳的誘惑。其他人的馬是農場裡溫和的小馬，相對地比較容易控制衝動。

雙輪馬車的駕駛者位於額葉，稱為外側前額葉皮質（LPFC），會在時間、地點，或目標本身就不恰當的時候拉住韁繩，或是改變馬的方向。有一名副駕駛坐在馬匹上，在前扣帶迴皮質（ACC）附近，它的工作就是在馬匹即將前往錯誤的方向時對駕駛員發出警告。如果你的副駕駛不稱職，或你的駕駛者太虛弱，馬匹就會隨心所欲地拉著你，人們就會說你是狂野的人或無法克制衝動的渾蛋（取決於他們是否能體諒你的行動）。

以我來說，我認為我的ＡＣＣ副駕駛永遠都在放假。也許我的ＡＣＣ太小了，或長期缺氧，或它只是說話太小聲了，駕駛者聽不見。只要我的ＬＰＦＣ有拉住韁繩，我就能完美地控制自己，但我常常沒注意到現在應該要控制自己，導致已經來不及了。我認為是ACC的錯，但其他人當然認為是我的錯，所以我針對社會智力所進行的第一個實驗就是為了替自己辯解，證實我的假說：不小心把心中想的話直接說出來不是因為缺乏道德，而是額葉有缺陷。

在這個實驗中，我們打算重現我面對特殊食物時常常犯下的尷尬錯誤，也就是我們必須想一個藉口，在實驗室裡向人們展示一些和動物還活著的時候看起來很像的食物＊。我和我的博士生凱倫．貢薩克瑞（Karen Gonsalkorale）討論過後，決定善用她的中國血統和廚藝。我們請一些白人受試者來到實驗室，凱倫會解釋（騙受試者）說她是在測試不同食物的化學成分對記憶產生的作用。

凱倫詢問受試者的姓名後，假裝看一看板夾，然後對每位受試者都說：「你很幸運！你可以吃我最喜歡的料理，這在中國是代表性的國民美食！」（我們欺騙受試者說要測試食物化學成分與記憶的關聯，這讓我們可以在實驗室中讓受試者吃特別的料理，也不會顯得很奇怪）。凱倫強調她個人對這種料理的喜好以及這種料理在文化上的重要性，是為了傳達一個簡單的訊息：無論你等一下看到什麼，都應該要假裝你喜歡它。

在隱藏攝影機的拍攝之下，凱倫在受試者面前打開保鮮盒，裡面是用淺咖啡色醬汁煮過的完整雞爪。並不是每個人看到雞爪都會做出禮貌的反應。我最喜歡的一位受試者脫口而出：

＊我們又回到了我的工作中自我研究的這個部分。

「這真是讓人想吐！」說完之後是一陣尷尬的沉默，然後他碎碎念地說了些道歉的話，羞愧地拿起一隻雞爪，試著擠出一點勇氣來小小口地嘗了其中一根爪子。相反地，有些人始終保持冷靜。他們不一定有吃雞爪（有些人突然想起自己是素食者，或指出雞爪不符合猶太教規），但他們即使拒絕吃雞爪，也表現得很有禮貌。

實驗的下一個階段，是要看能不能用史楚普（Stroop）實驗來區分那些表現得很禮貌的人和無法表現禮貌的人。史楚普實驗利用了自動閱讀的這種特性，也就是我們一旦看見一個字就無法不去讀它。舉例來說，試著看看下面這個詞，但不要去讀它：「你好」。

我可以大膽地猜測你一定失敗了。只要你看見它，你就會把它讀出來。在史楚普實驗中，人們會被要求快速念出詞彙的字體顏色，但是詞彙本身就是另一種顏色的名字。舉例來說，詞彙本身是「紅色」，但字體顏色是綠色，這讓人們必須克制讀出「紅色」的衝動，並回答出綠色。

受試者在功能性磁振造影儀*中進行史楚普實驗，我們可以看見ＡＣＣ副駕駛在字體顏色和詞彙本身不相同時會變得活躍，正確答案和錯誤答案會在受試者心中競爭，當受試者說出錯誤回答時，ＡＣＣ會更加活躍。這時候，ＡＣＣ會警告雙輪馬車的駕駛者，讓它抑制念出詞彙本身的衝動，讓受試者可以回答出字體的顏色。

因為史楚普實驗與ＡＣＣ的活動有關，我們認為這可以用來預測人們看見雞爪時會有什麼反應。ＡＣＣ活躍的人應該很擅長隱藏自己最初的反應（噁心），並用更加恰當的回答來代替（有趣）。結果不出所料，在史楚普實驗中表現很好的人比較能保持冷靜。這樣的結果顯示出自制力較好的人在社交技巧方面也比較有彈性，他們可以抑制在目前的社會規範下人們認為不恰當的原始反應。

後續研究顯示出我們的實驗室中那些脫口而出的話只不過是冰山一角。兩年後，明尼蘇達大學的克里斯多福・派翠克（Christopher Patrick）與他的同事表示，不活躍的ＡＣＣ不只會導致人們說出不該說的話，還無法阻止人們做出錯誤的舉動。在研究當中，他們挑選了曾經做出反社會舉動的人以及沒有做過類似行為的人，然後讓他們參與和史楚普實驗非常類似的一個測試，同時戴著一個布滿電極的頭套。神經元會產生微小的電流，研究人員可以利用這些電極來觀測受試者回答錯誤、按下錯誤的鍵時，ＡＣＣ的反應如何。

雖然在實驗室中進行的這項測試非常溫和，但派翠克和同事還是可以在受試者回答錯誤時根據他的ＡＣＣ反應來判斷他是否曾經做過反社會的行為。回答錯誤時，奉公守法的人ＡＣＣ反應會比反社會的人強烈三〇％。要記得，ＡＣＣ副駕駛的工作是注意到衝突的可能性，並在錯誤即將發生時向駕駛者發出警告。不盡責的副駕駛對於錯誤的可能性沒什麼反應，就像我們在實驗中看到的一樣。我們可以推測，反社會的人要做出重大決定之前（例如要不要揍那個討厭的人一拳，或要不要丟石頭砸某個人的窗戶），他們的ＡＣＣ都很不活躍，無法警

＊一種儀器，可以監測受試者腦中不同區域的活動。

告他們接下來要做的事情和他們應該做的事情有所衝突。這些資料顯示出，不活躍的ＡＣＣ副駕駛會導致社交失敗。

我很高興這些實驗證明了我的無辜，顯示出我所犯的錯是因為大腦結構缺陷，而不是人格缺陷。現在回想起來，我被自私的意圖蒙蔽雙眼，導致我沒有發現這些研究傳達出更重要的訊息。這些研究顯示出自制力對社交來說非常重要，但我過了很久才領悟到，我們一開始為什麼會演化出自制力，也許就是為了社交需求。

即使沒有ＡＣＣ副駕駛的警告，你也知道不能從一隻熊的嘴裡搶走鮭魚，就算是再怎麼不專心的馬車駕駛者也會注意到這點。然而，在你即將把手伸向最後一片蛋糕、跟那個強壯男人的女朋友調情，或告訴老闆你對他的真實想法時，就需要ＡＣＣ發出警告。社交互動充滿了互相衝突的動機，就是在這種時候我們才需要一位盡責的副駕駛。有時候我的目標和你是一致的（例如我們想看同一部電影），有時候則互相矛盾（例如我們想約同一個女孩），這就是盡責的副駕駛展現價值的時刻。

不只是我太自我中心，才沒注意到這些研究真正要傳達的訊息。大多數的心理學家都認為我們演化出自制力是理所當然的，這是為了追求長期目標。為了當一個成功的農夫，我們一定要把種子種下去，而不是把種子吃掉；為了未來能過快樂的退休生活，我們一定要把錢存起來，而不是全部花掉；為了維持健康的體重，我們必須克制自己不去吃第二塊巧克力蛋糕。但是我們的世界和狩獵採集祖先的世界完全不同，他們不需要種植、不需要存錢，也不需要擔心吃太多或喝太多。我們的祖先專注於當下，偶爾想一想明天要做什麼，所以他們不像我們一樣永遠都在練習「延遲享樂」。他們幾乎不用依靠自制力來確保明天過得更好，但他們必須依靠自制力才能和鄰居相處融洽、設法應付敵人、達成社交目標。

我們的祖先參與合作活動時也必須控制自己，尤其是在面對威脅時。想像一下，我們遙遠的祖先遷移到大草原，成為了鬣狗或獅子的美味點心。當他們注意到有一隻野獸在跟蹤他們，就必須要有非常大的自制力才能團結在一起，拿石頭丟牠然後再逃跑。合作的策略明顯是最有效、最能讓他們成功生存，這也是每個人的目標，但是恐懼會讓他們很想把保護群體的工作丟給別人做。不願意分擔工作、在危險的徵兆一出現時就馬上逃跑的人，在群體中會變得不受歡迎，然後就會處於很緊迫的情況，很難找到繁衍機會。演化讓我們的祖先之中，有演化出自制力的人獲得優勢，能達成各種社交目標。

*

ACC和LPFC的聯合行動讓我們能自我控制，但我們除了在面對誘惑時必須克制自己，還有其他情況也必須自制。大腦讓我們可以用抽象的方式重新理解這個實際的世界，幫助我們把它看成必須解決的問題，而不是可能會讓我們失去控制的誘惑。要解釋這些話是什麼意思，就必須說到俄亥俄州立大學的莎拉・博伊森（Sarah T. Boysen）和蓋瑞・伯恩森（Gary

Berntson）利用黑猩猩來進行的有趣實驗。

首先，博伊森教導猩猩學會數字一到九，然後教牠們玩一個遊戲，要選擇牠們想拿到的點心數量。在遊戲中，兩隻猩猩面對面坐著，就像圖5.1a這樣，然後其中一隻猩猩（我們把牠稱為選擇者）可以決定牠們分別能獲得多少點心。選擇者會看到兩張寫著數字的卡片，牠的工作就是指出其中一個數字。

這個遊戲的陷阱就在於另一隻猩猩拿到的點心數量是選擇者所指的卡片數字，而選擇者自己拿到的點心數量則是牠沒選的卡片數字。猩猩不喜歡分享，所以牠們的目標就是讓自己拿到較多的點心，讓另一隻猩猩拿到較少的點心。因此，牠們很快就發現要指出較小的數字，自己才能獲得較多的點心（見圖5.1a）。

這項研究的關鍵在於博伊森之後會改為向猩猩展示真正的點心，而不是數字卡。真正的點心應該會讓這件事變得更簡單，猩猩應該更容易獲得較多的點心，因為這樣一來猩猩不需要回想數字的意思便能贏得遊戲了。然而實際情況卻完全相反，猩猩即使瞭解遊戲規則，還是不斷地指向較多的那一堆點心。選錯之後猩猩馬上就會表現出明白自己搞錯的樣子，看起來非常挫折。讓人注目的是，牠們下一輪還會繼續犯這個錯（還有接下來的每一輪，連續幾百輪都是這樣）。

為什麼這些聰明的動物會不斷地犯這種單純的錯誤？牠們很有可能無法抗拒真正的點心的誘惑。博伊森給牠們看數字，就是在幫助牠們將點心轉換為抽象的問題，這樣猩猩就可以在心中退一步客觀地思考問題。但是牠們的象徵能力有限，無法將擺在眼前真實的點心轉換為抽象的概念，也就無法拒絕誘惑了。點心的誘惑力太大了，猩猩的額葉無法踩煞車、阻止牠們選擇較多的那一堆。

因為猩猩的額葉比我們小，牠們的控制功能和抽象思考能力不像我們這麼強。人類可以很輕易地將一堆糖果轉換成抽象問題，讓我們可以將這些點心想成是數字，而不是物品。只要我們把問題變成抽象概念，控制功能就不會受到誘惑的妨礙。相對地，如果沒有博伊森的幫助，向猩猩們展示數字而不是真正的點心，牠們就無法做到這種轉換。我們不用覺得自己比這些野獸更高等，因為人類小時候也很像這些猩猩，當時我們的額葉還不夠強大，抽象思考能力有限，因此我們可以在年幼的人類中看見一樣的舉動，最

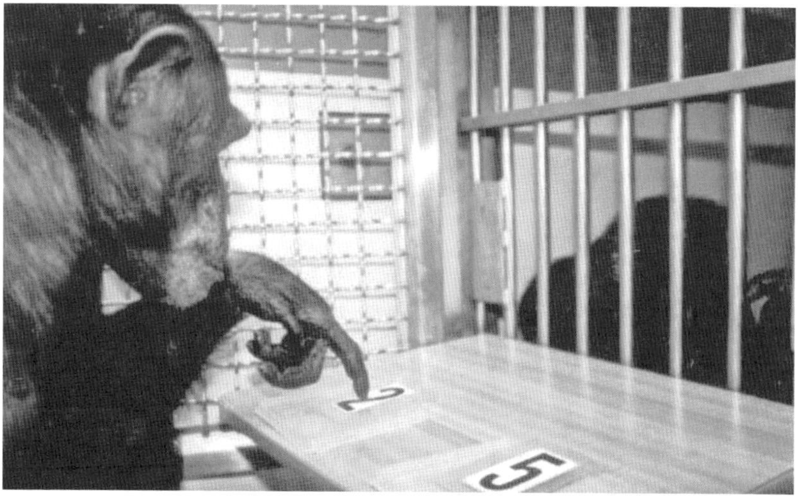

圖5.1a：猩猩玩遊戲玩得很好。指出較小的數字，牠就可以獲得較多的點心。（資料來源：Sarah T. Boysen）

著名的就是沃爾特・米歇爾（Walter Mischel）的棉花糖實驗。

米歇爾讓一群小孩來到實驗室，讓他們坐在一個房間裡，面前擺著一個盤子，上面有一顆棉花糖。他告訴孩子們，如果想要的話可以現在就吃掉棉花糖，但如果願意等待，等到他回來就可以拿到第二個棉花糖。他還告訴他們，如果決定不要等了，就搖一搖鈴，然後就可以把棉花糖吃掉。你一定不會感到驚訝，幾乎所有小孩都想要第二個棉花糖，並發誓要等米歇爾回來。接著米歇爾會離開房間，等十五分鐘再回來，除非途中聽到鈴聲。

米歇爾想知道孩子到底能等多久，有什麼能用來預測他們的自制力。這項研究出現許多有趣的結果。首先最重要的是，孩子們能夠等待的時間有很大的個體差異——許多

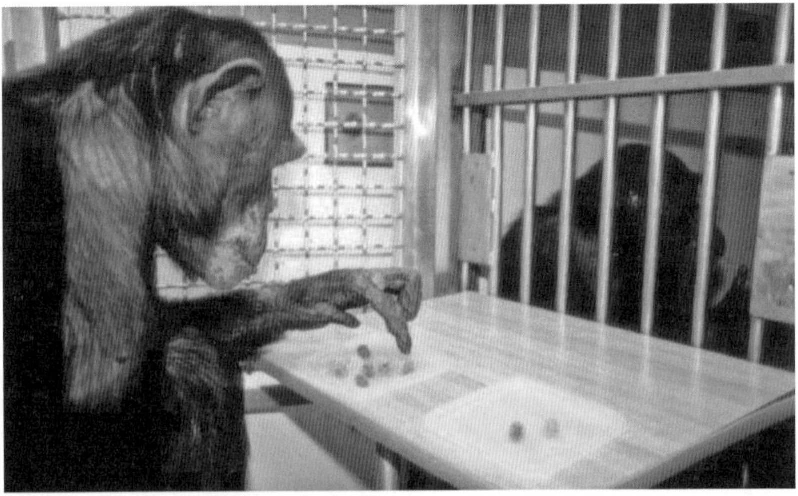

圖 5.1b：猩猩玩遊戲玩得比較差。指出較多的那堆點心，牠只會得到較少的點心。（資料來源：Sarah T. Boysen）

人能等待整整十五分鐘，但有些人只能等十秒左右。如果你觀看原始實驗的錄影帶，會發現有一個因素很明顯可以用來預測誰能等待、誰不能等待。能夠等待很久的孩子都是想辦法轉移注意力，不要去在意棉花糖。他們會自己唱歌、轉過去背對棉花糖、玩遊戲，甚至是睡覺。但是一直盯著棉花糖的孩子，或是更糟糕地，把棉花糖握在手裡的孩子就沒辦法了，他們會把棉花糖一口吞下。

幼稚園的孩子特別難抵抗棉花糖的誘惑，因為他們的額葉還沒完全發育好，所以他們的自制力有限，但有些孩子找出方法來彌補自身的弱點，他們採用的方式就像博伊森幫助猩猩將實際的糖果轉換成抽象數字一樣。十幾年後米歇爾追蹤這些孩子，發現能夠等待比較久的孩子，SAT（美國的學術能力測驗）成績也比較高。他們有能力將誘惑轉換為可以解決的問題，這讓他們不僅在幼稚園時期就能拒絕誘惑，還能在未來的一生中都擁有自制力，我們可以推測這讓他們花較多時間讀書，較少時間玩樂。

不只是自我控制：大腦所帶來的社交優勢

大約十五年前，我聽說了「社會腦假說」（social brain hypothesis）這個概念，它從一九六〇年代就出現在生物學和人類學領域，但一直沒有心理學領域的研究。就像第一章及第二章提過的，這個假說認為靈長類發展出較大的腦是為了應付在高度相互依賴的團體中，與同儕相處時必須面對的社交挑戰。我最終瞭解，如果我們的腦長得這麼大是為了解決社交問題，而非實際問題，那麼許多我們原本以為只是認知功能的能力，其實可能也有很重要的社交功能。

舉例來說，我們在面對問題時能想出許多不同的方法來解決（也就是發散性思考），也許我們演化出這種能力不是為了跨越洶湧的河流，也不是為了逃離飢餓的鬣狗，而是為了在各種社交情境下保有彈性。因為我們可以進行發散性思考，所以即使一開始的做法失敗了，還是能有效地與朋友或敵人相處。我對這種想法很有共鳴，因為它符合我從小到大的個人經驗。我小時候特別瘦小，嘴巴卻很大，所以時常必須依靠發散性思考，才能在操場上把自己從危險的狀況中解救出來*。

為了測試發散性思考是否能促進社交成功，我的博士生艾薩克．貝克（Isaac Baker）讓一群朋友來到實驗室，進行一連串的作業。他測量他們的ＩＱ，測試他們的人格，然後拿著磚頭、盤子以及其他普通的物品，詢問他們能夠想出多少種不同的用途。最後這個問題可以瞭解他們的發散性思考能力，因為有些人說出的答案每一個都非常相似（例如把磚頭當作門擋、用來擋住窗戶讓它開著、用來支撐置物架），有些人的答案則涵蓋得非常廣泛（用磚頭壓住野餐墊的一角、用來敲打釘子、把它砸向討厭的人）。

接著艾薩克要求每個人私下告訴他這個小團體裡其他成員的社交能力。他發現能想出更多差異很大的使用方式的人，也更具說服力、更幽默、更有魅力。這兩者的關聯不受ＩＱ的影響，所以發散性思考並不代表這個人特別聰明。發散性思考本身就是一種很重要的能力，讓人更具說服力、更有趣、更有魅力。

思考速度，也就是接收到資訊後快速解決問題的能力，是另一種讓人可以有彈性地應對這個世界的認知能力。因為社交互動通常都進行得很快，沒有什麼時間能用來思考。如果你開我玩笑，我馬上給了一個很機智的回答，那麼我就不會輸掉這場玩笑對決。然而如果我必須思考很久才能想出回答，那麼話題很有可能早就已經改變了，即使我想出一個很聰明的反駁，過了這麼久才回答你剛才說的話，只會讓我看起來像個笨蛋一樣。我的思考能力越快，就越能在錯失回答時機之前想出更多選擇。

為了檢驗思考速度是否能用來預測社交能力，我們進行了一項研究。我們要求一群朋友回答一些簡單的常識問題（例如列出各種寶石名稱），越快越好，接著讓他們說出那群朋友之中每個人的魅力程度。我們發現回答常識問題速度越快的人，越會被其他人認為更有魅力。就像發散性思考一樣，思考速度的效果也與ＩＱ無關。

上個世紀的研究告訴我們，ＩＱ是我們的主力，社會智力只是一個小部分或分支，讓心智能力變得更廣泛罷了。然而這些初始研究的結果顯示，我們可能弄反了，也許社會智力才是

---

* 雖然我的回憶很愉快，但是如果有任何現代人來到一九六〇、七〇年代我在阿拉斯加讀書時的校園，他們會認為自己來到了小說《蒼蠅王》的小學。老師之間有一個共識，就是這裡的氣溫低於零度，即使我們打到流鼻血，下課時間結束時也應該已經因為冰凍而止住了，所以老師們會讓大家「用自己的方法解決紛爭」。這樣的校園生活讓我瞭解狩獵採集者的生活——我們也必須依靠自己的智慧來解決問題，不能指望公正的掌權者介入。

我們真正的主力，而解決複雜問題的能力（例如抽象智力或ＩＱ）只不過是我們演化出來的社交能力中，偶然出現的一個分支。如果我們認真看待社會腦假說，它認為ＩＱ是社會智力的副產物，如果社交智力真的是我們廣泛的心智能力中的主力，那麼「ＩＱ很難用來預測事業成功」這件事就很合理了。當我們測量ＩＱ時，只是測量到認知能力的一小部分，但是社會智力能更準確地說明我們具有哪些在這個世界生存的能力。

這時候我可以很輕易地想像出有人會說這些話來反駁：「等一下，我認識很多很聰明的人，他們都很不擅長社交，但是我有些很擅長社交的朋友，他們連算帳單都不會。如果ＩＱ只是社會智力的副產物，那它們不是應該有很大的關聯嗎？」像這樣的不一致是很常見的，這表示整體的認知能力和社交能力沒有一對一的一致性。這就是為什麼我們要研究這些能讓人變得有彈性，更擅長社交的特定認知能力（例如自制力、發散性思考、思考速度）。同樣地，有些人能把憲法全部背起來，但是從超市回家時卻會迷路；有些人很擅長數學，但不具有能幫助他們理解和面對他人的特定認知能力。

最後，一定要注意，社交技巧不只需要認知能力，還必須要有正確的態度。讓人驚訝的是，也許最重要的社交態度就是我們對待自己的態度。

過度自信在社交上的優勢

我姓氏中的「馮」顯示出我的日耳曼血統——如果你追溯到很久以前，就會發現我父親的家族曾經是普魯士國王底下的地主。這就表示我們擁有家徽〔碰巧長得很像聖保利少女（St. Pauli Girl）啤酒的廣告〕以及家訓：Mehr sein als scheinen，翻譯過來就是「內涵比外表更充實」，我的理解是「讓自己的真正實力比外表看起來更優秀」。谷歌搜尋顯示有許多我們從前的鄰居分享了這句家訓，因為謙遜是普魯士的美德。如果你是一名忍者或靠詐賭維生的人，「讓自己的真正實力比外表看起來更加優秀」確實是一種很好的生活方式，但是對於大多數人來說，我們的家訓其實是正好相反的。如果我們看起來比實際上更優秀，在生活中會獲得較多好處。事實上，我強烈認為我把自己看成是「美化二〇%的比爾」。讓我來解釋一下。

關於過度自信，我最喜歡的是芝加哥大學的尼可拉斯·艾普利（Nicholas Epley）和艾琳·惠特徹奇（Erin Whitchurch）所做的研究，他們請受試者來到實驗室並拍下照片。接著他們將受試者的照片修改成更具魅力或更不具魅力的照片，有各種不同程度。幾週後，艾普利和惠特徹奇請受試者回來實驗室，並在不同情況下向他們展示修改過的照片，或是未經修改的照片。第一項實驗中，受試者未經修改的照片和修改成各種不同程度的照片混雜在一起，受試者必須找出未經修改的照片。實驗結果是，大多數的受試者認為魅力增加一〇%至二〇%的照片是自己原本的照片。

第二項實驗中，他們向受試者展示許多別人的照片，其中夾雜著一張受試者本人的照片，那張照片有可能是未經修改，也有可能是修改成魅力增加二〇％或減少二〇％。艾普利和惠特徹奇發現，如果受試者本人的照片是被修改成更有魅力的，他們就能更快速地找出自己在哪裡；如果是未經修改的照片，則是中等速度；如果是被修改成更不具魅力的照片，他們要花更多時間才能找出自己在哪裡。這些研究顯示出，被修改成更有魅力的照片是最接近本人心中所想的自己的樣貌，也就是說我們的魅力是由自己決定。

如果你認為你對這種過度自信免疫，想一想你最後一次看到自己無意間被偷拍，而你也喜歡的照片。如果你像多數人一樣，應該會認為你無意間被拍到的照片幾乎都拍得很爛。以我自己來說，我不只認為我的朋友們很不擅長攝影，我還很確定他們一定是徹頭徹尾的虐待狂。令人悲傷的是，並不是我們的朋友不擅長攝影，而是我們真的長得沒有自己想得那麼好看。這就是為什麼你不喜歡自己無意間被偷拍的照片，因為它顯示出你真實的長相，而不是你以為的長相。你喜歡那張在正確的角度、正確的日子拍下的照片，並把它放在臉書、交友網站Tinder或公司名簿上，接下來你就會更常看見這張照片，而不會看見你（已經刪除的）不喜歡的照片，所以你會以為這張不切實際的好看照片才是你真正的外表。理所當然的，你會把自己想成是「美化二〇％的你」。

艾普利和惠特徹奇的研究證實了自我欺騙的實際行動，但沒辦法解釋為什麼人們會欺騙自己，這個問題至少從蘇格拉底和柏拉圖那時候就開始成為爭議了。蘇格拉底很喜歡「認識你自己」這一句德爾斐（Delphi）箴言，他最喜歡讓雅典人菁英明白，自己實際上懂得並沒有原本以為的那麼多。雅典人並不欣賞他這種指出別人不足之處的嗜好，後來捏造了一個罪名，把他判死刑。身為心理學家，我也認為自我知識通常都被高估了。我只要看一眼自己青春期的照片，就會明白自我知識能造成多大的傷害。如果我明白自己九年級時看起來有多麼愚蠢，我連去上學都不敢了，怎麼可能會想跟坐在旁邊的女生打情罵俏。

佛洛伊德也看見自我欺騙的價值，認為我們是為了保護自己不被這個世界傷害才有自我欺騙，這個世界常常令人太不愉快、難以忍受。也許這個說法有一部分是正確的，如果我們知道朋友和鄰居對我們的真實想法，可能會很難過日子。但我在第九章會提到，演化不會刻意讓我們快樂，它是要讓我們成功。這很容易想像，如果對自己的理解是錯誤的，我們會有多不成功——美化二〇%的比爾會去打一場自己一定會打輸的架，還會去約一個對自己完全沒有興趣的女生（如果我沒記錯的話，她還當面嘲笑他）。所以自我欺騙到底有什麼好處，可以抵銷這些損失呢？

一九七〇年代中期，羅伯特・崔弗斯是一名哈佛大學的年輕教授，針對這個問題，他提出一個簡單又聰明的答案，雖然他的見解被其他心理學家忽視了將近四十年。他認為我們欺騙自己，是為了更有效率地欺騙別人。如果九年級時的我（錯誤地）認為自己看起來並不愚蠢，那麼當我去約那個生物課上認識的漂亮女生時，她就必須面對一個難題——一方面，我看起來沒什麼優點；另一方面，我看起來對自己很有自信，所以說不定我有什麼現在看不出來的優點。

所以，如果我可以讓別人相信我誇大的自我觀，那麼過度自信就能帶來好處。再來，如果我特別擅長讓別人相信我誇大的自我觀，那麼也許我就不用付出前面提到的那些損失了（鼻子被打爛或看起來像個白痴）。實際上打得贏我的人也許會懷疑我比外表上看起來更強壯，覺得自己說不定應該放過我才對；能夠選擇更好的人的女生也許會被欺騙，認為我就是那個「更好的人」。畢竟我比任何人都還要更瞭解自己，所以他們會覺得不應該忽視我對自己的看法。

關於這個理論，目前只有幾個實驗，但是實驗結果都符合崔弗斯的假說。舉例來說，加州大學柏克萊分校的卡麥隆．安德森（Cameron Anderson）和他的同事將學生分為數個小組後，發現他們無法區分同儕之中誰是聰明的、誰是過度自信的，因此即使不應該這樣做，他們也通常會聽從那些過度自信的人。阿姆斯特丹大學的理查．羅內（Richard Ronay）和他的同事發現，負責決定應該將哪些申請者晉升為管理職的人力資源顧問也會出現類似的現象。人力資源顧問時常會讓過度自信的人升遷，而不是那些精確瞭解自己實力的人。就像安德森的學生一樣，即使是經過訓練的人力資源顧問，也無法區分說實話的人和只是在誇大其辭的人。

我的博士學生尚．墨菲（Sean Murphy）進行實驗，證實這些現象顯示出人們不只會在短期內被自己不熟悉的人欺騙。墨菲發現那些對自己的運動能力有過度自信的高中男生，真的會在下一年變得更受歡迎。這些資料顯示出過度自信不只是在跟自己不熟悉的人身上才會有效果，而是在長期的社交網絡上也會帶來正面效果。最後，也許這是最有關聯的，在另一項實驗中，墨菲發現過度自信的人會成功的其中一個理由是，他們在競爭時更會令人感到害怕，所以人們不喜歡與他們產生正面衝突。

這些研究顯示出過度自信在人際交往時有明顯的好處，而佛洛伊德認為自我欺騙是一種防衛機制的想法是錯誤的。相反地，崔弗斯認為自我欺騙更適合被形容成一種社交武器，這正是說到了重點。美化二〇%的比爾不是為了保護自己的心理不受這個險惡的世界傷害，而是嘗試要讓別人喜歡他，不要跟他發生衝突。說得更廣泛一點，時常自我誇大的這種傾向演化成一種優勢，幫助我獲得一些社交上的成功，如果我表現得很誠實、展現自己真實樣貌的話，就不能獲得這些成功了。

自我欺騙不只是為了過度自信

崔弗斯認為自我欺騙是一種社交影響力的武器，而不是為了讓自己好過一點的策略，這樣的見解幫助我們更加瞭解過度自信，但過度自信可不僅僅是如此而已。容易被別人察覺到的不是只有我們的自信而已，幾乎所有的情緒都會產生社交方面的影響。想想我們最重要的情緒——快樂。我在第九章和第十章會花很多篇幅討論什麼事情會讓我們快樂，所以現在要講述的重點是放在快樂所帶來的社交效果。只要稍微回想一下就能發現，快樂能產生巨大的社交效果，這主要是因為我們喜歡和快樂的人相處。就像那句格言說的：「當你歡笑時，整個世界都會陪著你一起歡笑；當你哭泣時，你只能獨自哭泣。」

快樂的社交效果足以讓人為此擺出開心的表情，人們還會在各種社交情境下誇大自己的快樂。如果我在街上偶然遇到你，問你：「最近怎麼樣？」事實上我並不期望聽到你說你得了拇趾外翻或痔瘡，我只是希望你回答：「很好！那你呢？」即使現在拇趾外翻或痔瘡讓我們很困擾，在短暫的社交情境下我們永遠只會告訴別人一切都很好。然而這個現象其實更加深奧，並不單純只是對別人說某句話，心裡卻想著相反的事。如果崔弗斯是對的，那麼我們實際上是在嘗試說服自己相信這些話是事實，才能說服別人。我們可以在艾普利和惠特徹奇利用修改過的照片來進行的研究、安德森關於過分自信的學生的研究，以及其他許多關於人們高估自己並潛在地讓他人也相信自己的研究中看見這個可能性。所以這種現象為什麼也會出現在快樂這方面呢？

關於過度快樂，我最喜歡的是加州大學爾灣分校的尚．沃伊奇克（Sean Wojcik）與他的同事所進行的研究。這份研究的背景是社會科學家之間非常著名的一種現象：在政治方面屬於保守派的美國人通常比屬於自由派的人更快樂。關於這種現象，有好幾種假說，但是沃伊奇克和他的同事卻有不同想法。他們研究文學，發現資料顯示出保守派的人會宣稱自己比自由派更快樂，但沒有人確定他們是否實際表現得更快樂。所以，沃伊奇克深入研究各種大數據，現在推特、專業社群網站領英（LinkedIn），以及國會紀錄都是公開、可以取得的。他從美國國會議員，以及其他大家知道屬於左派還是右派的政治人物的資料中，抽出數百萬個詞彙、數千條推特、數百張圖片，看看他們用字遣詞的正面程度和笑容的大小是否真的有所差異。

你想問的第一個問題可能會是，如果保守派不是真的比自由派更快樂，那為什麼要宣稱自己比自由派更快樂？想一想現代美國的保守派和自由派的意識形態，兩者之間有一個很明顯的差別，就是他們對於公平競爭的信念。保守派會更加強烈地擁護「這個世界就是功績社會」這種想法，而自由派則是重視各種導致人們無法成功的結構性壁壘，這些是保守派認為沒那麼重要的。舉例來說，自由派認為一個人的種族、性別或性傾向會導致他受到不公平的待遇，失去機會，但保守派認為種族、性別或性傾向的影響是被人誇大的。

如果你照著這種信念推導出他們的邏輯結論，會發現比起自由派，保守派（無論有沒有自覺）更加認為一個人的快樂應該是自己的責任。如果我是一個不快樂的保守派人士，又認為這個世界就是功績社會，那就代表我一定是失敗了，沒有達成我自己的目標，才會不快樂。相反地，如果我是一個不快樂的自由派人士，那麼很有可能是因為我的種族、性別、社會地位，或是其他我無法控制的條件導致我沒有成功，所以我不快樂，不一定就表示我是個失敗者。因此，對於保守派來說，宣稱自己很快樂就更加重要了，因為對於保守派來說，如果不快樂的話就代表自己很失敗，但是對於自由派來說卻不一定是這樣*。

與這套邏輯相符，沃伊奇克檢視自由派和保守派所說的話、發表的推特，以及他們在照片中的樣子，發現沒有證據能顯示保守派比自由派更加快樂。事實上，沃伊奇克發現正好相反。自由派會使用更多正面的文字，在照片裡顯露出更大的微笑。笑容的差別不只是大小而已，真

* 至少在保守派和自由派的同伴之間看來是這樣，而他們是比敵對政黨成員還要重要的同志。

誠的笑容和裝出來的笑容是不一樣的，可以從眼睛附近的皺紋來判斷。真誠的笑容幾乎都會讓眼睛附近有皺紋，但裝出來的笑容通常不會。沃伊奇克和他的同事解讀照片中有沒有眼睛附近的皺紋，發現自由派比保守派更常表露出真正的快樂*。

自我欺騙是有用的

這些研究顯示出人們十分在意別人對他們的印象，但是從這些研究中並不能得知自我欺騙是否有效。舉例來說，保守派時常強調自己比自由派還要快樂，這表示如果我們在街上遇到保守派人士，詢問他們過得好不好是比較安全的，但是我們並不知道保守派到底有沒有因為這樣強調而獲得好處。

要回答這個問題，最簡單的方法就是進行實驗，於是我們就決定這麼做了。我們的目標是要檢驗崔弗斯認為自我欺騙會讓人們更有說服力的這個假說，所以我們將這個假說分解成三個邏輯部分。當人們不確定自己說的是不是事實的時候：第一，他們應該會嘗試讓自己相信這句話的真實性；第二，他們應該會真的相信這句話；第三，說服自己相信之後，他們應該能更有效率地說服別人。為了測試這三種可能性，我們向我的老朋友彼得．迪托（Peter Ditto）借了他的實驗範本。

迪托的實驗是在二十多年前進行的，但是如果要檢驗人們在收集資訊時自我欺騙的動機會有什麼影響，我仍然最喜歡這個實驗。在迪托的實驗之中，研究員請大學生來到實驗室，告訴他們（欺騙他們）說是要研究人格特質和身體健康之間的關聯。為了達成這個虛構的目的，迪托告訴受試者他們可以做一項醫學檢驗，從測試結果可以得知他們在未來的人生中是否有可能得到衰竭性的疾病。

換句話說，雖然他們現在是健康的大學生，但是這項測試會顯示出他們未來是否有可能生病。在這項「醫學檢驗」中，受試者要將他們的唾液沾在試紙上，然後觀察試紙顏色是否有改變。有些受試者得到的資訊是，試紙改變顏色就是好消息（也就是說他們以後會保持健康），有些受試者則是試紙改變顏色就是壞消息（也就是他們未來可能會生病）†。事實上，試紙不會有反應，永遠不會改變顏色。

---

* 我不明白為什麼自由派會比保守派更快樂，但是這有許多可能性。保守派通常想要世界維持現在的樣子，但我們的世界正在迅速改變中，也許這會讓他們不快樂。沃伊奇克進行這項研究時，美國總統是歐巴馬，也許這會讓自由派更加快樂。還有許多其他的可能性，但重點是保守派宣稱自己比自由派更快樂，而資料則表示事實不是如此。有一點很重要，我們必須要記得，就是保守派不一定會比自由派更容易做出自我欺騙的行為，因為自我欺騙是人性中一個很基礎的面向。只是因為如果保守派自我欺騙說自己比自由派更快樂，就會獲得更多好處，他們才會在人們問起時更努力地表現出快樂的樣子。

† 這項研究看似不道德，因為迪托和他的同事讓這些受試者產生不必要的壓力。然而我們必須知道，實驗一結束，迪托馬上就會向受試者詳細解釋這項研究的目的，還有這些疾病和醫學檢驗都是他虛構出來的。所以，人們的確會遭受一些壓力，但是只有在實驗的這一小段時間內。

想像一下你自己參加這項實驗。你讓試紙沾上唾液，然後等待它是否會變色。如果變色了，代表你會保持健康，那麼如果過了一分鐘，試紙仍然沒有變色，你可能會開始擔心，這是怎麼回事？試紙有什麼問題嗎？這時候，就像實驗中的許多受試者一樣，你可能會將這張試紙丟掉，再重新試一次。

相反地，如果變色了就代表你以後會生病，那麼你可能會懷著不安的心情盯著試紙看，希望它不要發生改變。過了三十秒左右，你可能會開始覺得安心，然後把試紙放進容器裡，拿給實驗人員，完全不打算再檢查一次。如果這是你直覺會做出的舉動，那你就和這個實驗中大多數的受試者一樣。迪托發現，如果沒有變色代表未來會生病，那麼人們會等待較長的時間，較有可能重新進行測試，如果沒有變色代表未來將保持健康的話則不會。

雖然當你不確定的時候，收集多一點資訊並沒有什麼問題，但是你會因為對最初的結果感到滿意或不滿意，而決定要收集多一點或是少一點資訊，這就是一種自我欺騙。這就有點像是考試成績出來的時候，如果你擔心你的分數會很低，就不會想要去看它。逃避重要的資訊讓我們可以欺騙自己，也可以幫助我們欺騙別人（舉例來說，如果你太太問你為什麼這麼晚回家吃飯，而你不想承認是因為跟隔壁的漂亮同事聊天聊太久時，就會想辦法轉移話題）。有時候就是必須要面對現實，如果你考砸了，無論你知不知道考試成績，都必須面對後果。但是有時候我們可以藉由逃避資訊來改變現實。如果我相親時搞砸了，讓自己很丟臉，但是再也不要跟那個對象有所接觸的話，我就可以更有自信地和下一個對象來往，這樣就更有可能成功了。

以迪托的實驗來說，逃避資訊就是一個欺騙自己的好方法，因為你不確定接下來會發生什麼事。如果你繼續等下去，也許試紙會變色，但也有可能不會，那你就只是在浪費自己的時間。普遍來說，收集資訊時這種選擇性的策略會將這個世界給你的答案扭曲成你喜歡的結論，但是有時候也許你找到的就是正確答案。這種選擇性的方式讓人們獲得理想的，但也可能是經過扭曲的現實。

迪托的實驗提供了一個評估自我欺騙的好方法，但是如果想要檢驗與我們的研究動機有關的那個問題，那麼這項實驗還缺乏一些重要的部分。首先最重要的是，我們不知道迪托的受試者為什麼會想要欺騙自己關於未來的事。是想要保護自己的幸福和自尊，不受未來可能生病的壞消息影響？就像佛洛伊德說的那樣？還是為了保持自己健康的形象，這樣才能更有自信，更有效地吸引伴侶和盟友？就像崔弗斯的理論？在迪托的實驗中，答案可能兩者皆是，但我們當然想要設計一個實驗，可以明確地證明崔弗斯的人際交往理論。如果人們自我欺騙是為了增加說服他人的可能性，那麼即使是在人們完全不需要保護自己脆弱的內心時，也應該顯現出迪托的實驗中受試者的那種偏見行為。

為了測試這種可能性，我的博士生梅根·史密斯（Megan Smith）加入我和崔弗斯的行列。我們進行了一項實驗，受試者要看一些影片，裡面有一個叫馬克的人，會做出各種不同的舉動。梅根對一部分的受試者說如果他們能寫出一份非常有說服力的論證，指出馬克是一個討厭的人，他們就會獲得獎金；對另一部分的受試者說，如果他們能非常有說服力地證明馬克是一個讓人喜歡的人，他們就會獲得獎金（並且確保受試者都知道他們必須根據影片中提供的訊息來撰寫論證）。重點是，有時候第一支影片中馬克在做正面的行為，第二支影片中馬克在做負面的行為，有時候則是相反。最後，受試者可以自行決定要多看幾支影片或是少看幾支影片，也可以決定什麼時候要開始撰寫那份很有說服力的論證。

這項研究顯示出幾個結果。首先，人們收集資訊的方式並不是看完所有的影片，只挑選與他們的論證目標相符的內容來撰寫，而是和迪托的受試者一樣。如果第一支影片和他們的論證目標相符，他們會很快地停止看這支影片。如果第一支影片不符合他們的論證目標，他們會繼續看下去，期望之後會出現什麼轉折，能讓他們更有說服力。這並沒有什麼問題，而且很有可能受試者都明白自己在做什麼，只是想要更有效率地運用時間。

為了測試這個可能性，我們在受試者寫完論證後詢問他們對馬克的個人看法。他們的回答顯示出，在收集了偏頗的資訊後，他們已經成功說服自己，認為馬克就是他們期望的樣子——與要證明馬克很討厭的受試者相比，那些必須證明馬克是個好人的受試者會更加喜歡馬克。我們告訴受試者，如果他們能準確猜中其他人的看法，就提供一份額外獎金，結果他們認為其他人會對馬克產生和他們相同的印象。這個結果再次顯示出，他們沒有注意到自己收集偏頗的資訊後產生了什麼影響。

最後，我們發現最有說服力的人是那些收集資訊時最偏頗的人。收集資訊時不偏頗的人寫出來的論證會讓其他人覺得比較沒有說服力。偏頗地收集資訊的效果主要顯現在受試者說服自己的程度。偏頗地收集資訊，會讓他們為了獎金而必須描寫的那個形象來看待馬克，這樣他們的論證就會更有效力。

這只是個單一實驗，但是它可以支持崔弗斯的理論，認為我們欺騙自己就是為了更有效地欺騙他人。這項研究也為我們日常生活可見的各種行為提供一些解答。舉例來說，在二〇一六年美國總統大選結束後，有許多人擔心「假新聞」可能促使川普勝選。雖然這是有可能的，但是我們的研究結果顯示人們傾向於只接收他們想要相信的資訊。在選舉結束後進行的研究和我們的理論是一致的，顯示出那些接收到最多假新聞的人，是早就擁有強烈立場，且立場與假新聞一致的人。

這項結果顯示出假新聞可能無法讓那些猶豫不決的選民下定決心投給川普，但是對於已經傾向支持川普的人則非常有說服力。也就是說，人們只會去尋求並相信符合自己原本信仰的假新聞，因此假新聞的效果可能只是讓選民更加兩極化。我認為假新聞不太可能會讓原本沒有政治立場的人產生政治立場。這也符合前面提過的希思關於都市傳說的研究——人們將誇大的故事傳出去，有部分原因是這樣可以確保其他人會認同說話者的情緒反應。這樣看來，假新聞可能也有情感連結的作用，讓團體成員一起對敵對政黨所做出的不端行為感到憤怒，使彼此更緊密連結。

你可能會覺得很奇怪，人怎麼這麼容易受到這些偏見的影響？但是必須要記得，是演化壓力讓我們變聰明的。就像社會腦假說的理論，我們之所以演化出這麼大的腦，主要的原因是為了在社交世界中生存下去。與現實世界的價值相比，社交世界的價值較不重視客觀事實。如果我們認為喇叭褲很酷，那麼它就是很酷，你最好去買一件喇叭褲來穿，否則在舞廳裡就只能當個壁花。社交世界裡的價值都是來自共識，而不是客觀看法。

如果我可以影響大家的共識，讓它朝著對我有好處的方向前進（我所做的事就是很酷的事），那麼即使我對這個世界的客觀理解是偏頗的，我還是能獲得好處。因此，我們的認知機制演化成只有一部分會受到客觀事實的影響，這是很合理的，因為我們自己的想法所造成的社交結果時常和客觀結果一樣重要。事實上，有些研究者認為，我們之所以演化出進行邏輯論證的心智能力，不是為了探索這個世界的真實，而是為了說服別人，讓別人認為我們的信仰是對的。

照社會腦假說的理論看來，人類最偉大的發現也只不過是演化的副產物，是我們的祖先努力說服別人接受他們的可疑論證時所產生的。我的兄弟是天文學家，他說：「所以ＮＡＳＡ應該感謝我們的演化歷史中那些自私的騙子，讓我們擁有把無人探測器送到太陽系的能力？」我可以很大聲地回答，沒錯！這也說明了，在我們神奇的認知能力演化的過程中，社交有多麼重要。

第六章
創新人

發明新產品並不是只有人類才會做出的舉動。黑猩猩會把樹枝上的葉子扯掉，用來釣白蟻；新喀里多尼亞烏鴉會用細長的棕櫚葉製作成鉤子，勾出枯樹洞裡的昆蟲。這些例子都能用來證明動物的創造力，然而只要匆匆一瞥人類世界，就能知道我們是完全不同的層級。我們在地球上任何一種環境下都能為自己打造舒適的家；我們收成、儲藏、運送許多不同種類的食物；我們可以跨越全球廣大的距離，即時與他人聯絡；我們可以用各種不同的複雜設備來自娛自樂。

我們有許多發明都非常新穎，在上一個世代甚至都還沒被發明出來，但是即使追溯到一百、一千、一萬，或甚至是十萬年以前，我們的生活看起來還是跟地球上的其他動物完全不同。在這段期間，人類藉由自行發明的衣物、住處、工具和策略，來保護自己不受掠食者或環境的侵害，還能狩獵比自己更大、更強壯的動物。

我們的祖先以及同伴的發明遍布在生活中的各個層面。他們的發明讓我只要敲敲鍵盤，就能跟從未見過面的人們說故事，偶爾還能休息一下、去吃飯或喝杯咖啡，而且完全不需要踏出我光線充足、氣溫控制良好的家。同時，在地球的另一邊，無論是豔陽之下、傾盆大雨，還是寒冷的夜晚，我們的黑猩猩表親都坐在樹上，兩手空空地過生活，和六百萬年前我們的祖先向牠們道別時一模一樣。有一樣特色讓我們的地位與牠們出現明顯的不同，那就是我們的創造力。而矛盾的地方就是在這裡：技術創新是我們這個物種的定義性特徵，但是大多數的人類一輩子都沒有發明過什麼東西。

創新研究人員抽樣詢問人們是否曾經在家中自行改造任何產品，或從頭開始製造某樣新東西（例如工具、玩具、運動器材、汽車或家用設備），大約有五%的人回答過去三年內曾做過這件事*。每個國家的發明者比例有些許不同，但是都沒有超過一〇%。像我們這麼有創新力的物種，十分之一或二十分之一聽起來非常低。不過，當我回想自己的生活，我想不起自己是否有發明過任何東西。我有一些很有創造力的朋友，但是如果他們之中有五%的人曾經發明過任何東西，我會感到非常驚訝，更不用說是在過去三年內了。

這樣的人數表示，智人這整個物種和個體之間有一種獨特的斷層。想一想別的物種，裡面所有的個體都具有牠們的定義性特徵。大象體型很大、很強壯，因此可以用「很大、很強壯」來形容我曾經看過的每一隻大象。獵豹很迅速，獅子老虎很凶猛，海豚愛玩耍，這些形容詞都可以用來描述牠們之中的每一隻。

智人這個物種和個體之間在創造方面為什麼會有這樣的斷層，至少有三種可能性：第一，大多數的人類都不是很有創造力；第二，那些很容易想到的發明早在很久以前就出現了；第三，大多數的人都有創造力，但不會用這種創造力來製造新產品。

從第一種說法「也許大多數人都不適合發明，我們之中只有少數的天才擁有發明新產品的能力」開始。特別了不起的發明確實符合這種說法，例如電話、電燈泡、噴射引擎等，因為這些發明背後的見解是普通人不可能想得到的。依照這種說法，技術創新類似於一種基因突變，很稀有，且大多都是不重要，甚至是沒有用的，然而這些偶然出現的產品卻席捲了全人類，並對我們這個物種產生了巨大的影響。如果是這樣的話，我們這個物種和個體之間有著基本上的差異。依照這種說法，大多數的人類都是完全沒有創造力的，我們只是知道該如何從那些難得一見的天才身上獲得好處，讓他們發明新產品，提升我們的生活品質。

---

* 乍看之下，拿這個問題去問一般大眾好像很奇怪，但是意外地有許多重要的發明是人們為了個人使用而自行改造物品進而創造出來的。我最喜歡的一個例子是一九一一年首屆印第安納波利斯五百英里大賽時，賽車手雷・哈朗（Ray Harroun）決定自己一個人駕駛，不要賽車技師的陪同。做出這個決定後，他必須想出一種可以觀察後方賽車的方法，因為這原本是賽車技師的工作。為了達成這個目的，他將一面鏡子裝在車上，這被認為是最初的汽車後照鏡，而他也因此得以向主辦單位保證即使獨自駕駛也能夠安全地進行比賽（當時印第安納波利斯五百英里大賽是在磚塊賽道上進行，事後哈朗也承認他從不斷搖晃的後照鏡中看不見任何東西，但沒關係，反正他贏了）。由使用者做出的發明還有更加平易近人的例子——滑板。一九四〇年代美國和歐洲有許多孩童將溜冰鞋拆解，將輪子安裝在木條或木板上。

另外也有可能是大多數人都很有創造力，但是所有很容易想到且簡單的產品都已經被發明出來了，也許在幾百年前，每個人都能發明出非常有用的東西。依照這種說法，我們剛好生活在一個獨特的時期，所有發明都已經變得很複雜了，現在只有天才和大型技術團隊才有機會接觸到發明。像iPhone這種非常複雜的發明似乎可以用來支持這種說法，畢竟在這個小小的工具裡就隱藏著數百項專利。關於人類的發明，這種看法是很常見的，而且每次我說到創新時，人們通常都會想到這種發明。我只能回答你幾個字：行李箱上的輪子。

至少自從有了汽船之後，人們就能更輕鬆、更頻繁地在全世界旅遊了。然而，直到一九七〇年為止，任何一個世代的旅客之中都完全沒有人想到要在行李箱上裝個輪子，而且直到一九八七年才有了現代版的行李箱，上面有可以伸縮的拉桿*。當人們費力地把沒有輪子的行李箱搬到機場後，他們會付一大筆現金給一位行李員，行李員會把那些沒有輪子的行李箱放在一輛推車上，輕鬆地幫那一家人把所有的行李推到五十碼（約四十六公尺）外的櫃檯，這就更加凸顯出我們沒想到要在行李箱上裝輪子這件事情有多麼失敗了。

如果你從未帶著沒有輪子的行李箱旅行過，你不會知道這有多麼麻煩。在一九八〇年代早期，我橫跨整個國家去上大學，這就表示我每年暑假開始和結束前都必須帶著兩個又大又重的行李箱來回移動。我不是這個地球上身高最高的人，所以我必須聳起肩膀、彎曲我的手肘，才能讓我的行李箱離開地面，不在地上摩擦。如果讓沒有輪子的行李箱在地上拖行，看起來會很可憐（而且這樣虐待行李箱也不太好），所以我永遠都聳著肩膀、彎著手肘在偌大的機場大廳裡趕時間快步走，堅硬的行李箱還會一直撞擊我的小腿和膝蓋。等我到達櫃檯的時候，我的脖子很僵硬，腿上都是瘀傷，而且還滿身大汗。

沒有什麼比這更適合作為長途飛行的開頭了。但我當時是個大學生，如果付錢請行李員，就表示我到了宿舍得少吃一次披薩，所以我就像其他人一樣，選擇忍耐。我從來沒有想過可以發明一樣新東西，不僅非常簡單、能讓我的生活更加方便，還能賺錢。我沒有預知能力，無法推測下一次是什麼時候會有這種超級簡單的發明出現，讓人們某方面的生活品質大幅提升，但我能向你保證，一定會再次出現的[†]。

行李箱的例子帶我們來到第三種說法：大多數人都有創新的能力，但是懶得花費心力去發明新產品。依照這種說法，技術創新不需要天才。畢竟，有輪子的行李箱並不是什麼外星科技。技術創新這麼少見，只是因為大多數人都把精力用在別的地方。別的地方是什麼地方？為

---

* 也許直到過去一百年左右，有輪子的行李箱才變成一個有用的東西，因為在那之前即使有這種行李箱，人們也必須在泥巴或凹凸不平的鵝卵石上拖動他們的行李箱。然而至少從一八七〇年代起，在紐約、倫敦、柏林等全球的大型火車站裡，有輪子的行李箱就能發揮很大的功用了。這樣計算下來，人類還是花了至少一百年才想出如此簡單的發明。

† 舉例來說，快速地用谷歌搜尋一下就會發現很多既聰明又簡單的發明：將嬰兒車和滑板結合在一起的滑板嬰兒車；將噴頭和削尖的根部結合在一起，只要直接插進檸檬或萊姆裡面就能用的檸檬汁噴霧器；底部連著一個鏟子的披薩剪刀，剪下披薩後可以直接送到盤子裡；用來吃義大利麵的叉子，叉齒是彎曲的，這樣把麵捲上去之後就不會很容易滑下來了。

了解答這個問題，我們來看看珍．古德（Jane Goodall）在坦尚尼亞的岡貝觀察黑猩猩時所看見的一連串獨特事件。原諒我，接下來我要說的故事會讓人很不舒服。我讀了這個故事之後，它在我腦中停留了好幾天，揮之不去。

這個故事的簡短背景是這樣的：梅莉莎是一隻黑猩猩，她剛生了小寶寶。百香是梅莉莎的團體裡面的另一隻黑猩猩。波姆是百香的女兒，是青少年。百香和波姆都是嚴重的心理病態。以下將古德寫下的故事整理成較為簡略的版本：

> 下午五點十分，梅莉莎帶著她三週大的新生兒吉妮，爬上較矮的樹枝。百香和她的女兒波姆合作進行攻擊：百香把梅莉莎拉到地面，咬她的臉和手，波姆試著把嬰兒搶走。梅莉莎忽略百香的攻擊，抵抗著波姆。接著百香抓住梅莉莎的一隻手，反覆咬她的手指，嚼她的手指。波姆同時靠近梅莉莎的大腿，成功咬到嬰兒的頭。接著百香用一隻腳踢梅莉莎的胸口，同時波姆用力拉梅莉莎的手。
>
> 最後，波姆成功帶著嬰兒跑走，爬上一棵樹。梅莉莎試著爬上去，但是掉下來了。她在地上看著百香把嬰兒屍體拿過來吃。嬰兒被搶走的十五分鐘後，梅莉莎接近百香。兩位母親對視了一陣子，之後梅莉莎把手伸向百香，百香摸了摸梅莉莎還在流血的手。百香繼續吃嬰兒，梅莉莎開始輕撫她自己的傷口。她的臉腫得很嚴重，她的手都是撕裂傷，臀部也嚴重流血。下午六點三十分，梅莉莎再次接近百香，她們簡短地握了手。

讓我覺得最難受的並不是同類相食（雖然這已經夠恐怖了），而是梅莉莎竟然那麼快就和那兩個殺手和解了。更糟的是，這並不是獨立事件。百香和波姆連續好幾年一直這樣殺死並吃掉團體中的新生兒。有一位可憐的母親連續失去了三個孩子，這時候古德才發現過去三年內團體中只有一個嬰兒存活超過一個月。雖然百香和波姆的攻擊非常單純且容易預測，但是每一位母親都沒有想出成功的策略來面對這兩個食人殺手，而這對母女檔就這樣摧毀了這個團體的繁殖能力。其他母親的反應就像梅莉莎一樣，在攻擊的當下會竭盡全力地反抗，但之後就好像接受了命運一般，不再做出任何舉動。讓我感到恐怖的是，她們面對如此可怕但明明有辦法解決的問題，竟然這麼無助。

梅莉莎的孩子正在被百香咀嚼時，她卻把手伸向百香，我們無法得知這時候梅莉莎到底在想什麼。我的猜測是，她無法找到任何方法來打敗百香和波姆，因而陷入了困境，沒有其他辦法，她認為最好的選擇還是和解。黑猩猩非常聰明，但是認知能力卻很有限。許多情況下牠們解決問題的能力和人類的幼兒非常類似。牠們可以做計畫，例如在前往蟻丘之前先準備好一根白蟻釣竿，但牠們無法在心裡創造並模擬實驗一個可能會出現多種不同結果的情境。對黑猩猩來說，要實驗一個計畫，就必須實際進行那個計畫，然後看看實際發生的結果。牠們無法在心裡思考複雜的問題。

想像和模擬是我們如此大的大腦所能提供的主要優勢*。生活中充滿了如果不事前思考，實際去解決時就會面臨危險的問題。一旦你開始進行一個計畫，通常很難停止並從頭開始。如果我要趁百香和波姆睡著時殺死牠們，這個計畫進行到一半時失敗了，牠們其中一個醒來了，我沒辦法叫牠們回去繼續睡，我得重新再來。

我們的大腦可以解決這個難題，因為我們有能力在心裡建構並模擬複雜的計畫，可以應對許多突發事件。以百香和波姆的例子來說，只要想想如果有人攻擊你並吃了你的孩子，你會怎麼回應，就能明白我們所有人都有能力解決這個問題。如果我生活在一個沒有警察、沒有政府的世界，當百香和波姆攻擊我時，一開始我可能會衝動地想要攻擊回去。然而，我明白我是不可能打得贏的，於是就會控制我的衝動，並假裝跟她和解，同時擬定一個計畫，想辦法搞定這兩個心理病態。

我可能會在她們睡覺時發動攻擊，或是請求其他也遭受過她們攻擊的同伴來幫忙。重點不是我實際上到底會如何解決這個問題，而是我們都有能力在心裡做出計畫，模擬看看這個計畫會不會成功，在模擬的過程中找出這個計畫的缺點並加以改進，持續重複這些步驟直到對這個計畫感到滿意為止。除此之外，我們還可以躺在床上、坐在火堆旁，或在開車去上班的途中做這件事——因為沒有實際證據可以證明我們在進行這些步驟，所以沒有人會知道我們是忙著在做什麼計畫，還是只是在做白日夢而已。然而在心中做這樣的處理已經超出黑猩猩的能力範圍了，所以母猩猩只能束手無策地面對這兩個瘋狂食人魔。

相對於黑猩猩，地球上每一個社會的狩獵採集者都很擅長對付難搞的團體成員。面對這些問題，全球都使用社交策略這種共通的方式來解決，例如將犯罪的成員逐出這個社群，或聯合暴力等。在狩獵採集者的社群中，如果是最強壯或最有攻擊性的成員造成問題，其他人通常會聯合起來對抗。首先，他們會嘲諷那個壞人，這是一種警告的作用，表示這種行為是不可接受的。如果嘲諷沒有讓那個壞人乖乖聽話，他們通常會假裝壞人不存在，他說話時就無視他，並用像是他本人不在現場一般的態度來談論他。如果這些輕微的驅逐都沒有用，那麼某天早上壞人醒來就會發現他只剩下自己一個人了，其他人都在半夜打包離開了。如果這樣還是沒有用，那麼某天早上壞人就再也不會醒來了。

我們的祖先發現，只要團結在一起，即使是團體裡最強壯、最有攻擊性的成員，都敵不過剩下的其他成員。這件事情如何說明我們這個物種和個體之間在創造力方面的斷層？這整件事跟有輪子的行李箱、我們為什麼花這麼多時間才發明有輪子的行李箱，到底有什麼關聯？這兩個問題的答案都是，我們的祖先是社會創新者（social innovators）。也就是說，他們並不是透

---

* 在烏瓦爾・哈拉瑞（Yuval Harari）偉大的著作《人類大歷史》（*Sapiens*）一書中，他認為人類具有創造複雜的虛構情境的能力，這讓我們彼此合作的能力比我們原本演化而來的群體更優良。哈拉瑞寫道：「如果你試著把幾千隻黑猩猩塞進天安門廣場、華爾街、梵諦岡或聯合國總部，會造成一場大混亂。相反地，數千名智人固定在這些地方群聚。智人聚集在一起，會形成有秩序的模式——例如貿易網絡、大規模慶祝、政治機構——這些都是單獨一人無法完成的。我們和黑猩猩之間真正的差別在於能將數量龐大的個體、家庭或團體連結在一起的神祕黏膠。這個黏膠讓我們成為創造大師。」

過發明新產品來解決問題，而是透過社交來解決問題，我們也和他們一樣。為什麼？因為我們搬到大草原後演化出來的社交性，讓我們將解決問題的能力往社交方面發展，而不是往技術型解決方案發展。

許多人認為社交關係和社交互惠是很有意義、很有價值的，所以即使有能力可以創造一個技術型解決方案，也會傾向於用社交的方式來解決問題。這並不代表我們演化出來的創新能力僅限於社交範圍，創新背後所需要的關鍵能力（例如在心裡建構及模擬情境）在許多領域都非常有用，可以用來解決社交或技術性問題，重點是我們傾向於把這種創新能力用在哪裡。

如果我們演化成會在社交方面創新，那麼這種說法就可以用來解釋，智人這整個物種和人類個體之間在技術創新方面，為什麼會有那麼大的斷層了。技術創新這麼罕見，很有可能是因為人類太專注於研究使用社交的方式來解決問題。回到有輪子的行李箱的範例，由它的歷史可以看出我們的社交傾向（尋找一位朋友或是行李員來幫忙）會阻擋我們尋找非常明顯的技術型解決方案（一開始就在行李箱上裝輪子）的能力。

事實上，社交型和技術型思考之間的競爭似乎是根深蒂固存在於我們大腦的運作方式。在《社交天性：人類如何成為與生俱來的讀心者？》（*Social: Why Our Brains Are Wired to Connect*）一書中，馬修．利伯曼（Matthew Lieberman）認為我們大腦的預設狀態，或者說「休息」狀態，根本不是在休息，而是社交神經網路不斷地在活動。當我們還是新生兒，對社交世界還一無所知時就開始啟動這個神經網路，它會在我們成年後持續捕捉我們的想法。此外，這種社交神經網路的活化與非社交型思考的停用有關，反之亦然。因此，在我們自由地探索這個世界時，我們的社交傾向會排擠掉其他解決問題的方法。

以我自己來說，每次我帶著大行李到機場時，我的第一個想法都是能不能請一個家人或朋友來幫我。除此之外，我的第二個想法就是到底值不值得花錢請行李員。因為我首先想到的永遠都是這些解決方法，所以我（和其他旅客）從來沒有考慮過輪子這個明顯的選項。一九七〇年代，行李箱製造商在行李箱上裝了輪子，然後一九八〇年代晚期一位飛行員改良了這個設計，有較好的輪子和可伸縮的拉桿，如此簡單的技術型解決方案終於突破我們的社交傾向，出現在我們的集體意識了。我第一次看見有輪子的行李箱時，立刻就明白我需要它，即使我一次都沒有想過要在行李箱上裝設輪子。

什麼是社會創新？

在討論社會創新假說的證據之前，我們必須先分清楚，除了「與人有關」這個明顯的要素之外，社會創新的定義到底是什麼。所謂的創新，就是解決問題的新方法（就算在這個世界上不算是新的，只要對解決問題的人來說是新的就行了），也就是說，社會創新就是利用人際關係來解決問題的新方法。重點不是在於問題本身是什麼，而是在於使用什麼方法來解決。

舉例來說，想要和遠方的親戚朋友說話，這是一個社交問題，但它可以用技術來解決，就是發明一台電話；或是用社交來解決，就是透過朋友來傳遞訊息。同樣地，在膝蓋骨折的情況下還想要走路，這是一個技術問題，但它可以用社交的方式來解決問題，就是請你的朋友來協助你；或是用技術的方式來解決問題，就是透過拐杖的幫忙。如果這些解決方案是新出現的，那麼它就是社會創新或技術創新；如果這些解決方案是重複過的，或是靈感來自他人，那麼這就是社交型或技術型解決方案，但不是創新。尋求協助是一種社交型解決方案，但不是社會創新（除非這是你第一次想到要尋求協助）。

想一想人類歷史上最偉大的發明，很顯然地，大多數都是社會創新。舉例來說，直立人最重要的發明就是勞力分工，以及它所帶來的社會合作。直立人將工作區分開來，並以小組的方式共同進行，就可以用最簡單的工具來獵捕大型動物。勞力分工讓小組共同的工作成果比每個人單獨工作的成果加總起來還要更大，因此勞力分工扮演了一個很重要的角色，讓我們能像今天這樣如此成功。

雖然智人在地球上待的時間比直立人短，但是智人的技術創新卻比直立人多出好幾倍，也發明了許多社會創新。舉例來說，雖然對金錢的喜愛可能是所有罪惡的根源，但金錢是一項非常有用的社會創新。金錢這東西本身是不重要的，它的重要之處在於社會習俗——大家都認同它的價值。繼勞力分工之後，金錢可能是歷史上第二重要的社會創新。金錢可以用來買到任何價值，因此可以達成各種類型的市場交易，如果人們只能以物易物的話，有許多市場交易幾乎是不可能做到的。如果你到購物中心去買一件新毛衣時，必須帶著一頭豬或山羊去交換，想想看這有多麼不方便。在金錢出現以前，人們就是這樣買東西的。

如果勞力分工是我們最重要的社會創新，而金錢是第二名，那麼再來呢？我挑選的第三名可能聽起來有點奇怪，但我認為是排隊。我從來沒有認真思考過排隊的社會創新，直到我來到一個完全沒有人在排隊的環境。當時我要跨越兩個國家的邊界，這裡只能步行，而我所在的鄉下地方明顯沒有排隊這種習俗。有許多的旅客，要讓一個小小櫃檯裡的一位海關人員為他們的護照蓋章，沒有任何一個人排隊。觀察著這一大群人類包圍著海關櫃檯，讓我想起了BBC特別節目《地球脈動》（*Planet Earth*）中，南極的一大群皇帝企鵝為了保暖而擠成一團，形成一個巨大的企鵝球。

注視著這一團人球，我感覺我的心都沉到谷底了，我在思考是不是應該更改我的旅遊計畫。但是我必須跨越邊界，所以我在人群中隨便選擇了一個位置，加入他們，嘗試緩緩朝向櫃檯移動。有好幾次我已經非常接近了，但是人潮卻在最後一分鐘改變了方向。有時候我會以很快的速度往前進，有時候我是倒退的。

在這群充滿汗水的旅客中擠了將近一個世紀之後，正當我在考慮是不是應該（或我到底能不能）從人群中逃離，改天再來試試時，人潮剛好把我擠到櫃檯的正前方。我把我的護照推向忙碌的海關人員，我看似很幸運，直到人群開始把我往後推，但我的護照還在海關人員手上。我近乎絕望地用雙手抓住夾板製成的櫃檯。就在我雙腳離地、兩手鬆開的前一刻，海關人員把蓋好章的護照塞進我的指縫之間。從那時候開始，我就認為排隊這個習慣是世界上最了不起的社會創新。

金錢和排隊是古代就有的發明，但是現在網際網路讓所有的社會創新都變得可行，我們的祖先一定會很喜歡這些社會創新。每個人都有自己最喜歡的，但我認為社群媒體和交友網站是網路上最重要的社會創新*。我年輕時，基本上只有三種方法可以尋找人生伴侶。你可以去一些可能會找到伴侶的地方晃一晃，或是由共同朋友來安排，或是在當地報紙上投放「個人廣告」，在上面寫你的身高、體重、年齡，並提供四到五個字的簡介，讓別人知道為什麼要選擇你。在報紙上放照片很貴，而且品質又不好，所以人們只會宣稱自己很有魅力，不會在這些個人廣告上放照片。我猜這種找伴侶的方法成功率應該非常低，而且大家一定不會認為這是一個尋找真命天子、真命天女的好方法。

社群媒體和交友網站讓我們前進了一百萬哩，它為擁有特定興趣或背景的人提供一個專門的場所，讓人們在實際見面前就可以先瞭解彼此多一點，最重要的是，讓人們有機會認識到更多的潛在伴侶。如果交友是一種數位遊戲（我也認為它是），那麼網路就扮演一個很關鍵的角色，幫忙人們大海撈針。社群媒體和交友網站流量很大，而且研究顯示有越來越多的夫妻或男女朋友是在網路上認識的。

舉例來說，芝加哥大學的約翰・卡奇奧波（John Cacioppo）和他的同事針對將近兩萬名在二〇〇五至二〇一二年之間結婚的人進行一項研究，發現其中有超過三分之一是在網路上認識的。雖然這項研究是在二〇一二年做出結論，但是在現實生活認識的人之中有七・七%已經分開或離婚了，然而在網路上認識的人之中只有六%分開或離婚。雖然看起來差別不大，但是線下樣本之中每個百分點都代表著一百二十五個破裂的關係。

此外，如果我們以四千名在社群媒體和交友網站（兩種最常見的線上交友方式）認識的人，與八千名在工作場所、透過朋友、在學校、在社交場合，或在酒吧和夜店（五種最常見的線下交友方式）認識的人做比較，會發現在婚姻滿意度上有明顯的差別。雖然在學校或社交場合認識的人，他們的滿意度和線上認識的人比較接近，但是線下認識的人之中，沒有人的滿意度像線上認識的人一樣高。相較之下，透過朋友或在酒吧認識的人，婚姻滿意度是最低的。這些資料顯示出，在網路上認識的關係可能會比在其他地方認識的關係更長久。

如果要更廣泛地討論社群媒體，還有很多例子可以看出臉書、YouTube、Snapchat的價值。舉例來說，雖然阿拉伯之春的成效並不是非常好（目前還沒有），但臉書扮演了一個很關鍵的角色，幫助無力的個體聚集在一起，組織大型抗議活動，抗議中東地區的極權制度。臉書無所不在，而且有時候會有很大的社會重要性，還能幫助我和高中時的朋友重新聯絡，但是說到社群媒體的力量，我最喜歡的例子還是YouTube。

* 必須要記得，社會創新和技術創新的區別是一個連續的光譜，而不是二分法。舉例來說，臉書是很了不起的社會創新，但它同時也是一個很重要的技術成就。因此，和排隊（單純是社交型解決方案，為了解決「誰是下一個」的問題）或是電燈泡（單純是技術型解決方案，為了解決黑暗的問題）相比，它是屬於社交和技術的集合體。

在我小的時候，幾乎所有通往名氣和財富的鑰匙都被守門人掌握了。如果你想成為電影明星，會有某個人來決定你是不是這塊料。如果你有創意，想製作新型態的電視節目，會有某個人來決定你的想法是否有趣。YouTube把這些守門人一下子全消除了——現在任何人只要擁有電腦和創意，就可以上傳影片，讓全世界都看到。YouTube讓我們明白，人們真正想要看的到底是什麼，守門人的理解其實非常狹隘。關於這種說法，我所知道的最有說服力的證據就是，拍攝自己在玩電玩的YouTuber能夠獲得多大的人氣。我從來沒想過會有人想要看別人玩電玩，但是某天下午，我聽到我兒子的房間裡傳來叫喊聲，我問他怎麼了？結果原來叫喊聲是來自他正在觀看的YouTube頻道，在那個影片之中，有一個人正在玩電玩，並對著螢幕大喊大叫。

你可能會以為這是一個很小眾的市場，但是在撰寫這本書的時候，PewDiePie是這個分類之中的王者，他擁有超過五千四百萬名訂閱者。為了讓這個數字變得更直觀，美國二〇一五、二〇一六年最受歡迎的電視節目是《週日美式足球之夜》（*Sunday Night Football*），平均每週的觀眾是兩千兩百萬人。我上個月搜尋了PewDiePie的觀眾，他有一．四七億次的觀看次數，比起《週日美式足球之夜》每個月九千萬的觀看次數明顯高出許多。幾乎所有他上傳的影片都有數百萬名觀眾，這讓他透過廣告獲得了一大筆收入（而且他影片的製作成本比美式足球賽低太多了）。

PewDiePie並不是YouTube上唯一成功的。有許多不同類型的YouTuber能夠用不同的方式賺錢謀生，例如示範化妝技巧、拿各種奇怪的陰謀論來開玩笑、提供生活小妙方，或只是給大家看他們的日常生活。而且這沒有年齡限制，有一些幼小的孩子只不過是打開禮物、玩裡面的玩具，就能夠賺很多錢了。這些在YouTube上最成功的頻道，我最喜歡的地方就是它們對成年人來說是這麼的無趣。那些最成功的YouTuber，不用說是經紀人了，連經紀公司的警衛都不會讓他們通過，然而他們卻能成功引起目標受眾的共鳴。社群媒體讓通往名氣和財富的道路變得更加大眾化，並且填補了許多尚未有人供給的娛樂需求（例如看一個人擠痘痘，或深情地開箱他的球鞋）。

社會創新假說

所以我們到底該如何解釋為什麼有些人會發明新產品，但大多數人都不會？如果人類演化成會用社交的方式解決問題，而不是用技術的方式，這並不代表所有人每一次都會選擇使用社交型解決方案，而是我們應該要利用這個假說當作一個起始點，來預測誰會發明新產品而誰不會。

開始進行這個研究時，有一個很容易想到的起點，就是假設比較不社交的人更有可能會發明新產品。比較不社交的人，他們的社交網絡比較小，能夠尋求幫助的對象也比較少，而且也會認為社交型解決方案較沒意義、較不可靠。因此，比較不社交的人應該比較傾向於自行想出技術型解決方案來解決問題，這樣就有比較高的機率會做出技術創新了。

如果我們將社交和技術傾向看作是兩種不相關的特徵，那麼應該可以把人們分成四個象限，用他們的技術和社交傾向來區分（見圖表6.1）。因為對於我們祖先的成功來說，社會功能是非常重要的，所以大多數人應該都會出現在圖表的左上或右上區塊。左上那一塊的人們技術能力較低，所以我們可以期望他們進行社會創新。重點是右上那一塊的人，他們擁有較強的技術能力，但他們應該也會進行社會創新，而不是技術創新。

對於大多數人來說，社交活動是有趣且有意義的，自從我們離開雨林之後，這就是我們面對這個世界時的

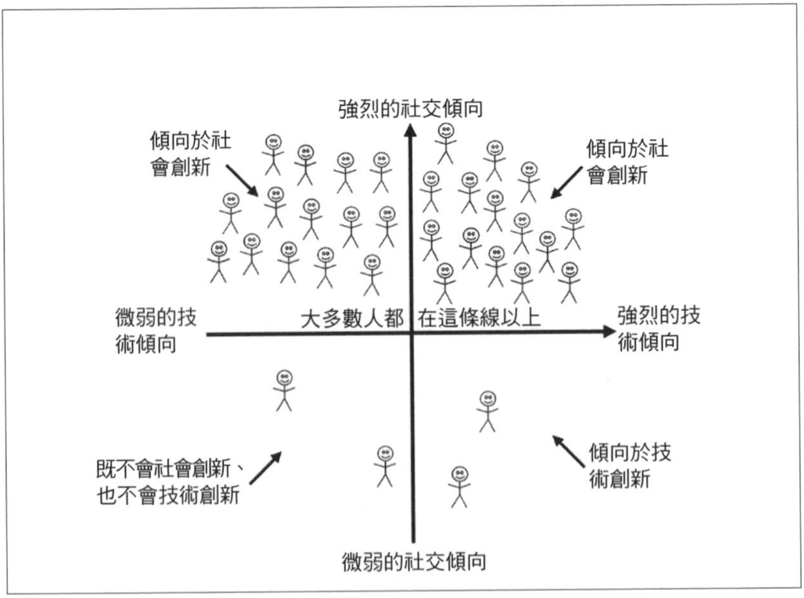

圖表6.1：社交傾向、技術傾向以及創新。（資料來源：von Hippel and Suddendorf, in press）

預設態度*。因此，社交性比較高的人即使擁有天分、手很巧，面對問題時也比較不會選擇用這樣的方法來解決。舉例來說，對一部分的人而言，在他們要出城時，把開罐器和烤吐司機以及定時器裝在一起、做出一個自動餵狗機，其實是一件很簡單的事，但是即使是手這麼巧的人，也通常會比較想要請一個朋友來幫他們餵狗。因此，社會創新假說認為多數人都不太可能會進行技術創新。至於左下和右下的人（數量較少），只有那些具有強烈技術傾向的人才會進行技術創新。所以即使技術能力很普遍，但是人們的社交性無所不在，這會讓技術創新變得比較稀有。

我們很難用祖先的數據資料來測試這種說法，但是有兩項現代證據可用來支持社會創新假說。首先，要量化社交性的其中一種方法就是觀察自閉症的比例。位於自閉症光譜的人，智商各有不同，但是無論智商如何，他們都在社交方面遭遇很大的困難。社會功能受損是自閉症的其中一種特徵。即使是智商非常高的自閉症者，在心智理論上也會遇到困難，因為他們的大腦無法自動使用第二章中提過的方式來處理別人的意圖和情緒。因此，自閉症者無法徹底理解非自閉症者，也就很難和他們社交了。

基於上述原因，我們很少看到自閉症者從事服務業，而人文及社會科學領域也很少會有

---

* 即使是性格內向者也符合這個說法。幾乎所有人都喜歡社交，性格內向者只是不喜歡太常社交，而且只喜歡跟比較小群、比較親近的朋友社交。

自閉症者。相反地，自閉症光譜上的人很容易出現在著重物品、遠離人類的領域中，例如工程學和物理學。舉例來說，劍橋大學的賽門．巴倫—柯恩（Simon Baron-Cohen）和他的同事發現，比起其他職業的人，自閉症在物理學家、工程師、數學家的家族中更常見。

當巴倫—柯恩和他的同事著手設計一份量表，以便將自閉症的程度量化時，他們首先進行的就是科學領域學生與人文領域學生之間的比較。他們發現，與人文領域學生相比，科學領域學生的自閉症分數較高，社交程度也比較低，尤其是物理學、電腦科學以及數學領域的學生，差異更明顯。社會科學領域學生和人文領域學生的分數沒有差別。樣本之中工程學的學生，分數則是落在物理學和人文領域學生之間。

與人文領域或社會科學領域的人相比，工程師和物理學家也更有可能取得專利，或因為自己要使用而在家裡自行發明一些技術產品，這也不令人意外。換句話說，工程師和物理學家之中，大部分的人都落在圖表6.1裡面的右下區塊。矽谷就是一個很明顯的例子，它是培育創新的溫床，同時也很不尋常地，有大量位於自閉症光譜的人聚集在這裡*。當然，像這樣的研究並不能證明社交會妨礙人們進行技術創新（社會創新假說的理論），但是這樣看來社交性和技術創新是負相關，它們彼此會互相影響的可能性就更高了。

第二種方法，我們可以看看創新方面的性別差異。關於性別差異的研究，風險一向很大，因為雙方普遍都有過度解讀資料的傾向。但是請忍耐一下，看看這段說明，我想你最後會發現這個說法很有道理。如果我們不顧顯而易見的風險，深入研究這些文獻資料，就會發現與偏好有關的性別差異之中，最大宗且最廣泛出現的，是男人對物品比較有興趣，女人對人比較有興趣。舉例來說，在一項針對超過五十萬名來自美國及加拿大的男女所進行的職業興趣分析中，已經證實了這個結果。

無須懷疑，興趣的性別差異有一部分是來自文化對性別的期待，但研究顯示出這有一部分是出於天性，而且在任何文化中都是共通的。有許多研究都紀錄了未滿一歲的嬰兒對玩具的喜好有性別上的差異（例如卡車與洋娃娃），而雄性對於卡車玩具的偏好甚至會出現在猴子身上。

無論這些差異是因為文化期待還是生物差異（或者更有可能兩者皆是），社會創新假說認為社交方面的性別差異可能會造成技術創新方面的性別差異。依照這種說法，許多想從事技術型解決方案的職業（例如數學和工程學）的人不僅是在自閉症光譜上，且大多數都是男性。

有許多跨文化的研究指出，女性通常語文能力比空間能力強，而男性通常空間能力比語文能力強，所以數學和工程領域中男人過多的現象可能只是因為在能力方面有性別差異而已。我們本來就會比較喜歡做自己擅長的事，但是我們也會想要在有興趣的領域提升自己的能力，所

＊自閉症的比例會因為時間和地點不同而有所波動（這本身就是一項很重要，大家卻不甚瞭解的事實），也很難去探究這麼大、而且還不算是有明確範圍的矽谷之中，確切的自閉症率到底是多少。但是巴倫—柯恩和他的同事有做一項研究，將「荷蘭的矽谷」恩荷芬（Eindhoven），這裡有三〇％的工作都屬於ＩＴ領域，與另外兩個大小差不多的荷蘭城市烏特勒支（Utrecht）及哈倫（Haarlem）做比較。他們發現，恩荷芬的自閉症率是每一千人之中有二十三人，但是在烏特勒支每一千人之中僅有六人，在哈倫每一千人之中僅有八人。

以很難斷定能力和興趣的因果關係。女人對人比較有興趣，也許她們更常彼此交流溝通，因此變得更擅長語言能力；男人對物品比較有興趣，也許他們會花更多時間來操作東西，促使他們擁有更強的空間推理能力。這個因果關係也有可能是相反的，也有可能兩者皆是*。然而最重要的研究結果是，同樣擁有數學和技術才能的人之中，男性也會對物品表現出較大的興趣，女性也會對人表現出較大的興趣。

舉例來說，范德堡大學的大衛·魯賓斯基（David Lubinski）和他的同事從美國各地挑選了超過一千五百名數學能力很突出的學生作為樣本，並持續追蹤他們，直到長大成人。等到他們邁入中年，這些樣本中男性擁有專利的人數比女性多了一倍。以我們的目的來說，更重要的是社交的性別差異符合技術創新的性別差異。

詢問他們對於工作的偏好，發現樣本中的男性比女性對「和東西一起工作（如電腦或工具）」以及「發明、創造具有影響力的東西」更有興趣。相反地，樣本中的女性比男性對「和人一起工作」以及「成果對其他人有重大影響的工作」更有興趣。同樣地，女人比男人更加對「社交時間」和「堅定的友誼」感興趣。因此，即使是同樣具有數學天分的男人和女人，也會在他們的社交傾向和技術成就上出現性別差異。

這些社交傾向的性別差異也可以用來預測人們是否會選擇與技術創新相關的職業。最明顯的例子就是由匹茲堡大學的王明德（Ming-Te Wang）和他的同事所進行的一項長期研究，也是從美國各地挑選大約一千五百名學生作為樣本。王明德根據這些學生的SAT成績，將他們區分成數學和語文能力都很高，以及數學能力很高，但語文能力只有中等。雖然這兩群學生都很擅長數學，但是他們之間出現了一些很重要的差異。

首先，王明德發現數學和語文能力都很高的那一群學生之中，有三分之二是女生，然而數學能力很高、語文能力中等的那一群學生之中，有三分之二是男生。換句話說，具有數學天分的女生通常在各個領域都很聰明，然而有許多擅長數學或科學的男生不擅長其他領域。這件事的重要之處在於，和那些只擅長數學的人相比，同時具有數學天分及語言天分的人對於「和人一起工作」更有興趣，對於「和物品一起工作」比較沒興趣。

王明德還發現，和所有領域都擅長的學生相比，只擅長數學的學生更有可能選擇物理學和工程學的職業。這些職業選擇符合他們以前做出的回答，如果對「和人一起工作」越感興趣，就越不會選擇物理學相關的職業，對於「和物品一起工作」越感興趣，就越有可能選擇物理學相關的職業。

這些研究結果之所以很重要有幾個原因。首先，這些研究結果表示，數學和物理領域中女性較少，也許並不是像我們以前想的那樣，認為這代表女性在這些領域會遭到阻礙。許多人認為數學和科學領域中女性較少，代表這些領域不歡迎女性。關於這個議題，兩邊的立場都有證據可以支持，但是王明德的資料顯示出，性別刻板印象和潛在的不友善環境並不是導致這些領

＊無論原因是什麼，我們必須記得，男性和女性在空間和語文能力方面的相同處還是大於相異處的。

域中女性較少的主要原因。畢竟以前生物科學領域中也很少有女性，但現在無論是學士還是研究生，她們都占了多數。我們可以推測，和數學、工程學、物理學領域（女性比例增加得非常緩慢的領域）相比，生物學領域（或是其他女性比例大幅提升的領域）的環境並沒有對女性更加友善。

相反地，王明德的研究顯示出，語文和數學兩者都擅長的人，大多都不太有興趣成為物理學家和工程師。因為擅長數學的女性通常也擅長其他領域，她們會離開這個領域並選擇其他職業。這個結果對我來說非常合理，並且讓我想起自己的職業選擇。就像王明德的研究中那三分之一的男性一樣，我的大腦比較接近女性，我的語文能力比數學能力強。我高中時曾經考慮過要成為一名工程師，甚至還在大學時參加工程學入學考試，直到我發現，和社會科學領域之中與人相關的職業相比，數學和做東西對我來說並不是真的那麼有趣。

有一點很重要，必須要記得：我能夠做出選擇，這是很奢侈的一件事，因為我在一個富有的國家長大，在這裡人們即使做人文教育相關的工作，也能夠有不錯的收入*。相反地，在比較貧窮的國家，比較好的工作大多數都和技術、科學有關，所以擅長數學和科學的人通常會選擇這些職業。國家的整體富有程度導致職業選擇上出現差異，這造成了一個有趣且違反直覺的結果。與富有的國家相比，貧窮國家更加性別不平等，然而貧窮、性別較為不平等的國家，進入科學領域的女性卻更多。如果是性別歧視或「女性就該怎麼做」的文化習俗阻止了女性進入科學領域（就像我們以前想的那樣），那麼這項結果就和我們預期的完全相反了。然而假如現在數學和科學領域中女性較少，是因為興趣方面的性別差異導致職業選擇上的性別差異，那麼這項結果就完全符合我們的預測了。也許單純只是因為對於那些注重社交，而且有其他選擇的人來說，工程學、數學、物理學不是很有趣†。

因為女人通常對人更有興趣、對物品較沒興趣，所以社會創新假說認為女人的創新比較不會像男人一樣，都集中在技術型解決方案。數據資料和這個說法非常吻合。舉例來說，一九九〇年代在六個歐洲國家發放的將近一萬個專利之中，只有不到三%是屬於女性的。在這項數據中，文化和歷史的因素確實是導致女性發明家處於劣勢的一大原因，然而值得注意的是，女性擁有專利的比例，比女性工程師（大約一二%）還要低四倍。

同樣地，有一個代表性的例子是，將近一千二百名來自英國的人中，有八·六%的男性和三·七%的女性回答說他們會進行技術創新，為了自己的使用目的而在家自行製作或改造物品。這些數據顯示出即使除去了專利的限制、偏見和阻礙，在技術創新方面男性對女性的比例還是超過二比一。雖然無論是男人還是女人都很少進行技術創新，但是男人比女人更常發明新

---

* 儘管有這個老笑話：如何把一個心理學研究生從你的門廊前趕走？付他披薩錢。

† 事實上，也許和數學及科學領域中的性別差異相比，大學畢業率的性別差異是更嚴重的問題。在美國，從二十世紀晚期開始，進入大學後女性有畢業的比例高於男性。一方面，你可以把這樣的數據看成是在糾正歷史的錯誤，因為以前女性很難進入頂尖大學。另一方面，女人比較不會嫁給學歷較低的男人，所以可以想見大學畢業率的差異可能會造成兩人關係出現問題。

產品，無論是正式還是非正式的。根據社會創新假說，「發明家幾乎都是男人」這件事並不能證明女人比較沒有創造力，而是女人的社交性讓女人往其他地方創新去了＊。因為婚姻對男人有好處，未婚男人對社會來說是不好的，所以這種教育方面的性別差異可能會導致各種個人和社會的混亂。

與大家普遍認同的「發明家是稀有品種」這種想法相反，社會創新假說澄清了所有人類都是發明家這件事，只不過大多數人會將創新能力用在社交方面，而不是技術型解決方案。人類並沒有每天都在創新，然而這只是因為我們不需要罷了——我們有共同的文化知識，我們會遭遇到的大多數問題都有現成的解決方案。然而如果遇到一個全新的問題，它的重要程度讓我們必須去解決它，那麼我們還是擁有創新能力的。我們和梅莉莎或是其他猩猩媽媽不一樣，如果沒有法律，幾乎所有人類都有能力想出一個解決方案來面對團體裡的心理病態者。

＊

我們時常會說必要性是發明之母，但是不同人對於必要性的理解也是不同的，而且很少會有問題是需要技術型解決方案，卻不能使用社交的方式來解決的。我們可以發明一個陷阱來處理食人魔，但是我們也可以請求團體中其他也遭到迫害的成員一起來幫忙，想出一個全新的社交型解決方案來消除威脅。看來發明全新解決方案的能力在我們這個物種之中是共通的，但是將這種能力運用在技術型，而不是社交型解決方案的傾向卻很少見。如果有必要的話，只需要一點點技術訓練和經驗，幾乎所有健康的成年人類都可以創造出技術型解決方案。即使我們這個物種的所有個體都擁有技術創新所需要的能力，但是假如沒有必要的話，技術創新還是很少見的。即使我們有這樣的潛能，對人比較有興趣的人（幾乎是所有人）就是不會去發明新產品。

最後，雖然我們與生俱來的社交性可能會阻礙我們發明新產品的傾向，但它還是扮演著很重要的角色，可以將一個人的發明變成每一個人的解決方案。人類的成功故事並不只是創新而已，還要將新發明傳遞給其他人，讓大家來使用並改進它。也許因為我們有很強的社交傾向，導致技術型解決方案變得比較少見，但是社交性對於技術創新的傳遞來說是非常重要的。諷刺的是，智人崛起後能夠稱霸整個地球都是因為我們的社交性，然而，做出讓我們的生活和地球上所有動物都不一樣的發明的人，也就是我們必須好好感謝的發明者，卻是比較不社交的人。

---

* 因為幾乎沒有社會創新的相關研究，所以在撰寫這本書時，「女人比男人更有可能進行社會創新」這種說法還是一個未經實驗的假說。

第七章
大象和狒狒
——道德與不道德領袖的演化

尼爾森・曼德拉（Nelson Mandela）是我心目中的英雄之一。他四十幾歲時因試圖推翻種族隔離的南非政府而被判苦役，之後持續被關押，直到將近七十歲。我們會以為他出獄後會變成一個身心俱疲或憤恨的人，但是他從監獄被釋放出來之後，成為了民主及種族和解的力量。曼德拉輕易地贏得選舉，是南非結束種族隔離後第一任總統，然而任期結束後他選擇退位，而不是爭取連任（他一定可以輕鬆選贏的）。曼德拉是我見過最接近聖人的政治人物，也絕對是我們這個時代最偉大的道德領袖之一。

然而隔壁辛巴威的羅伯特・穆加比（Robert Mugabe）就和曼德拉形成一個鮮明的對比。穆加比也是因為嘗試推翻種族隔離的政府而被關押。和曼德拉一樣，他剛選上總理時也擴大社會服務、呼籲種族和解，但是他們的相同之處就到這裡為止了。穆加比面對與國內政敵的競爭，不是像曼德拉一樣選擇讓步，而是利用暴力來鞏固、擴張自己的權力。第一次的任期結束後他並沒有退位，而是修正憲法，擴增自己的權力，並讓自己可以連續參選、操縱選舉結果。他的政策破壞了他的國家，導致惡性通貨膨脹、失業、疾病擴散、糧食短缺。

曼德拉和穆加比有同樣的背景，也可能會有相同的動機、做出相同的行為——然而為何他沒有？他們之間的差別讓人感到疑惑，是什麼因素讓一個人變成道德或不道德的領袖？我無法預測這兩個人在政治生涯開始時所選擇的方向，有許多人過了很久之後才開始譴責穆加比，因為他們不敢相信穆加比竟然會變成這樣。曼德拉和穆加比是很極端的例子，但是我們每個人的心中都有讓我們成為曼德拉或穆加比的心理力量。

在雨林消失後，我們為了生存而演化出高超的社交能力，這壓抑了我們的個人主義，但是並沒有讓它消失。因此，人類同時既自私，也會為團體著想。在自私的這一面，演化讓個體盡量擴大整體適應度（他們以及自己的近親成功繁衍後代的數量）。就像我們在第四章看到的，為了吸引伴侶，人們必須和團體內的其他人競爭，因此任何有助於和其他團體成員競爭的特徵都會在這個物種之中被放大，因為它對於性選擇具有影響力。

個人主義和競爭的演化壓力，以及我們在合作和互相依賴的團體中的角色壓力，會互相抵銷。雖然我們體型小、行動緩慢、很虛弱，但還是能在草原上（以及地球上的任何地方）取得成功，這是因為我們演化出優異的團隊合作能力。因此，人們在選擇朋友或伴侶時會非常注重合作，而我們的團體傾向會讓我們與更多的夥伴結盟，這會讓個人獲得利益。大家比較不喜歡自私且不願意合作的人，尤其是在選擇伴侶的時候，所以性選擇也會確保合作這個特徵在基因池中普遍存在。

人類的社交以及我們與團體成員之間的所有互動，背後都隱藏著個人主義和集體主義的衝突。在領導的環境下，這種衝突會更加嚴重，因為團體成員的損失或利益，在領導人身上都會被放大。一方面，領袖必須依賴團體利益傾向、以身作則，並促進團體利益傾向。團體利益傾向是團隊合作時不可或缺的，也是它讓人類如此成功。曼德拉代表人民受苦，以及之後願意為了包容與和解而賭上自己的名聲，就是團體利益傾向的範例。

另一方面，權力會帶來好處，這些只有領袖能享受到的好處會讓他們優先考慮個人和裙帶關係的欲望，而不是團體的需求。穆加比為了鞏固自己的權力和財富，不惜讓人民挨餓受凍，就是一個自利傾向的例子。要解決團體和個人利益之間的衝突，必須依靠領導人的道德。道德的領導人會為了團體的利益而行動，他們從自己的決策中獲得的好處等同於團體的好處。為了說得更加明確，我會用大象的例子來說明道德的領導人。不道德的領導人會為了自身的利益而行動，並犧牲團體為代價，從中獲得好處。我會用狒狒的例子來說明不道德的領導人。

大象與狒狒

成年的公象是可怕的野獸。成年公象的天敵很少，所以通常會選擇單獨生活，或和其他公象組成流動性高的群體。大象的固定群體是由成年母象和幼年的公象及母象組成。原則上，最強壯的公象可以強行成為群體中的領導者，但是這麼做對牠沒有任何好處。牠們可食用的植物到處都是，沒有人會獨占食物，而且母象可以跟附近的任何公象交配，所以無論是群體中的公象還是幾公里遠的公象，都必須彼此競爭才能獲得交配機會。因此大象群體中的領導人通常都是最年長的母象，而群體中的大象必須依靠她來統整群體的行動、遷徙、面對獅子等外來威脅。在這些情況下領導人要負責指揮其他大象，引導牠們抵擋威脅或把握機會。她不需要衝到前面負責保護（受到獅子的威脅時，所有成年大象都要站到前面來保護幼年大象），也不需要代表群體遭受苦難。她所提供的領導能力就是給予指引。

大象群體的領導人不會因此獲得食物或交配的特權，也就是說，處於領導地位並不會帶來特殊的好處。相反地，優秀的大象群體領導人會讓群體中的所有成員獲得平等、相互的好處，因此群體中的所有成員都會希望由最有智慧的大象來指引這個群體。在這樣的系統之下，團體的利益與個人的利益是一致的，所以大象的領導人主要是為團體服務。

狒狒的領導人則是位於光譜的另一端。就像第一章說過的，草原狒狒是鬣狗和大型貓科動物（例如豹或獅子）的獵物，因此人越多越安全，牠們是一大群公的和母的草原狒狒住在一起。如果領導人的定義是為團體成員給予指示或保護，那麼狒狒幾乎不算有領導人，只是公狒狒會激烈地競爭，想掌控其他個體。母狒狒的社會地位是從媽媽那裡繼承而來的，但公狒狒會離開出生的那個群體，加入另一個群體，所以牠們一定要持續做出威脅或侵略的舉動，藉由掌控群體中的其他成員來提升自己的地位。

狒狒的雄性首領通常不會對群體做出指示，所以統治其他狒狒的這個目標完全是出於自利。其他雄性能夠獲得的好處（例如交配機會、較好的食物、陰涼的休息處）是很難獨占的，但是雄性首領會不公平地占有它們。對於群體中的其他成員來說，以這種方式被統治明顯沒有好處，然而牠們卻沒有辦法阻止這個結果。狒狒演化出體型較大或較有侵略性的這些特徵，是因為這讓牠們可以統治這個群體，藉此獲得繁衍機會，讓這些特徵變得更加盛行。

大象和狒狒的領導方式完全相反，其中有一個重點就是資源的分配。就像第三章提過的「如何預測動物是否有地域性」一般，與大象相比，狒狒若處於統治地位，能獲得的好處非常多。在食物方面，草食性的大象不可能獨占豐沛的植物資源，但是肉食性的狒狒卻不一樣。高熱量的食物（尤其是肉類）較難取得，這讓狒狒有很嚴重的演化壓力，必須取得統治地位。狒狒會為了爭奪高熱量食物而引發激烈的競爭，而狒狒領導人可以決定食物的分配，牠可以用這個來收買並維持盟友，這對於維持牠的領導地位來說是很重要的。

也許更重要的是，繁衍機會的差別也會造成領導方式的不同。有一部分的原因是，大象的領袖是母象，無論母象的地位如何，都不會改變牠們的繁殖優勢。相反地，大約有一半的公狒狒繁殖成功是因為他們的地位，處於領導地位的狒狒能夠獲得更多伴侶。這樣的差別讓公狒狒有很大的演化壓力，必須在群體之中成為領導地位。如果群體成員感到不滿，可以向雄性領袖發起挑戰，或嘗試加入別的群體，在別的群體之中也許會獲得更成功的地位。無論如何，群體會提供保護，且有更多狒狒一起注意獵捕者，所以地位低下的公狒狒比起嘗試單獨生活，還是比較偏好團體生活。

大象和狒狒的領導方式

大多數的人類領袖都是團體利益取向和個人利益取向混合在一起，但是不同人之間會出現非常大的差異，端看他們位於光譜上的哪個位置。有些人幾乎只為團體著想，就像曼德拉；有些人幾乎只為自己著想，就像穆加比。大象型領袖在大多數情況下都會維持團體利益取向，而狒狒型領袖卻對可能會威脅到自己領導地位的人事物非常敏感，他們會在個人利益和團體利益取向之間切換，取決於這是內部威脅還是外部威脅。

人類領袖在不同情境之間的切換，有一個很明確的例子，出自佛羅里達州立大學的強・梅納（Jon Maner）和他的同事的研究。在其中一套實驗中，梅納證明（高度重視領導地位的）狒狒領袖一旦感受到下級狒狒對自己的領導地位產生威脅，牠們就會開始限制群體內部的資訊交流，並排除掉較有才能的成員，犧牲整個群體的表現。梅納發現，狒狒領袖如果感覺自己的領導地位被很有才能的成員威脅，牠們會使用分割並征服的這種保證有效的策略，防止群體成員彼此團結起來。

狒狒領袖排除並孤立最有才能的成員，此一行為更加強調了這種領袖策略的不道德之處。這樣的行為讓領袖的目標和團體的目標背道而馳。更重要的是，如果狒狒領袖覺得自己的領導地位非常穩固，就會停止做這些不道德的領袖行為，再度顯示出狒狒領袖其實知道該如何提升群體的表現，只是在牠覺得自己的地位受到威脅時，就會選擇不要這麼做。這種自私自利、傷害群體的行為是全球的狒狒型領袖的特徵，無數的暴君為了確保自己能一直處於頂端（即使團體表現不斷下降），不惜讓人民貧窮。

如果狒狒領袖發現牠們的群體和其他群體處於競爭狀態，就會停止這些不道德的領袖行為。在這樣的情況下，狒狒領袖會做出對群體有益的行為，因為如果在和其他群體競爭時輸掉了，損失將會相當慘重，所以這時候團體的目標和領導人（即使是狒狒領袖）的目標是一致的。對於我們的狩獵採集者祖先來說，和其他團體發生衝突時如果輸掉，會導致整個團體被消滅（通常是整個團體的男性會被消滅，女性會被抓捕、奴役，最終融入另一個團體）。

因此，我們演化出這種傾向，會在和其他團體發生衝突時先把內部紛爭放到一邊，把所有精力用來支援自己的團體。這樣的行為也會出現在全世界的暴君身上，有許多現代的獨裁者都是自由鬥士出身，他們不惜拚上自己的性命和生活，只為推翻原本的獨裁者或殖民領袖。然而一旦他們成功當上領袖，和其他團體之間的競爭消失了，狒狒型領袖就會重視自己的利益，較不重視團體利益，並且致力於鞏固及維持自己的權力，而不是服務人民。

在這樣的情況下，為何狒狒型領袖能擁有這樣的權力？追隨者是很關鍵的一個因素。在第八章會有更詳盡的討論，自從我們變成智人之後，就一直面對著致命的團體衝突，這將我們的心理塑造成在和其他團體發生衝突時會去接受，或甚至更加偏好較為支配的領袖。一個善良或優柔寡斷的人，做為朋友可能很不錯，但如果成為領袖，面對致命的敵人時是完全沒有希望的。有些大象型領袖努力面對挑戰，改變領導方式以適應這種情況，但有些則是太過民主了，無法應付和其他團體發生衝突時的需求。因此，我們在面對衝突時會改變對領袖的喜好。團體內部和團體外部競爭時所產生的這些心理反應，代表我們這個物種適應了團體生活，顯示出團體內部可以緊密合作，但是面對其他團體時則會無情的競爭。

案例研究：哈札族和亞諾瑪米族

哈札族（Hadza）是位於坦尚尼亞的狩獵採集者*。他們的團體較小、流動性高，平均大約是二十到三十人為一個團體，紮營後大約會停留數個星期到數個月。哈札族通常會在當地水源枯竭，或附近的資源用盡、必須前往更遠的地方才能採集到食物時，動身遷移到新地點。在這樣的遊牧生活之下，他們只會攜帶能夠帶得走的東西，所以他們的個人財產是有限的。男人通常會擁有一些寶石和衣服、用來打獵的弓箭、幾把刀、斧頭，以及用來紮營的工具。女人也擁有寶石和衣服，還有挖掘棒和鍋子，收集食物和烹煮時會用到。

* 這也許和他們的生活方式沒有關聯，但是他們住在人類的搖籃，也就是我們的祖先被趕出樹林後前往的那個東非草原。

哈札族的團體事務都是經過討論後決定的，沒有特定的領導人。年長的人會得到一定程度的尊重，但不會實際出來領導。如果有人試圖要統治其他人，很快就會被趕走。因為哈札族的每一個人都可以自由更換團體，所以想成為領導者的人無法將自己的意願強加在他人身上。以沒有法律規範的社會來說，哈札族過得非常和平。他們也是一夫一妻制，一對情侶一起紮營就算是結婚了。偉大的哈札族民族誌學者、佛羅里達州立大學的法蘭克．馬洛（Frank Marlowe）在關於生育的調查中發現，每個男人平均有四到五個孩子，年齡介於零到十六歲。

亞諾瑪米族（Yanomamö）是狩獵園藝者，住在位於委內瑞拉及巴西的亞馬遜盆地。他們的村子也會偶爾搬移，但是他們種植不少作物（樹薯和其他食物），所以與哈札族相比，他們很少移動。因此，他們的住處是更長期的結構，人們也會擁有更多工具。他們的村子規模也會發展得比哈札族還要大，有時可能會超過三百人。

大多數人偏好住在較小的村莊，也就是尺寸接近典型哈札族營地的村莊，而哈札族也偏好比較小型的團體，理由都是同一個——這樣比較少發生爭執。較小村莊的領導人通常會以身作則來領導，不會用脅迫的方式，而亞諾瑪米族小型村莊的生活就和哈札族營地的生活差不多。然而，有些領導人坐擁很大的權力，會阻止團體解散，不管團體成員的意願如何。他們之所以這麼做，一部分的原因是有些村莊幾乎永遠都和別的村莊處於戰爭狀態，而大型村莊在衝突中會比小型村莊獲得更多優勢。

亞諾瑪米族之中有許多領袖是專制且殘忍的。這些領袖會用暴力威脅來控制團體成員，通常會依賴男性親戚來當作自己的權力基礎。如果發生衝突，通常會使用儀式化的暴力方式來解決。發生小型爭端時，人們會舉辦打巴掌及摔角比賽。打巴掌比賽中，爭端的當事人會分成兩隊，其中一隊的人會把手舉高，另一隊的人則要盡量大力地用手掌擊打對方舉起手、露出來的那一側身體。接著攻守交換，持續進行下去，直到每個人都很痛、很累。這時候，爭端就算是解決了，人們繼續回去做原本該做的事情。

如果發生大型爭端，亞諾瑪米族會舉辦最獨特的儀式化棍棒毆打比賽。就像打巴掌比賽一樣，其中一隊的人站著不動，另一隊的人毆打他們，接著攻守交換。這時候，一名A隊成員站著，雙手放在身體兩側，一名B隊成員盡量大力地用一根十至十五英尺（約三〇五至四五七公分）長的棍子毆打這名A隊成員的頭。這名A隊成員有可能倒在地上失去意識，也有可能不會，但如果他倒下了，下一個A隊成員就代替他，用同樣的方式毆打B隊成員。

就這樣連續毆打下去，直到兩隊的所有成員都被打倒、失去意識，或認為爭端已解決。如果不同村莊之間發生了爭執，且爭執太過嚴重，無法用棍棒毆打的方式解決，那麼兩個村莊就會不斷地互相報復，做出致命的以牙還牙攻擊。有時候兩個村莊決定要盡釋前嫌，就會一起吃一頓盛宴，解決這些爭執；有時候則會無止盡地持續下去。

亞諾瑪米族是一夫多妻制，女人通常沒得選擇，因為有一種制度，是有權力的男人可以用自己的女性親戚和別人交易，以獲得妻子。這些男人對待妻子的方式非常糟糕，會隨意地對她們進行肢體暴力，通常是在公開場合，而且其他團體成員也不會幫忙求情。若要擁有領導地位和老婆，暴力似乎是一個很重要的途徑，因為比起從來沒有殺過人，如果一個男人殺死另一個男人（這樣的男人被稱為unokais）會擁有更多妻子。unokais擁有很多妻子，因此也會比沒殺過人的人擁有更多小孩。

繁衍成功的差異讓一部分亞諾瑪米族村莊中的狒狒型領袖，可以透過暴力獲得非常大的好處。事實上，有些亞諾瑪米族的領袖擁有非常多的孩子，偉大的亞諾瑪米族民族誌學者、密西根大學的拿破崙・夏格農（Napoleon Chagnon）曾經紀錄一個很有權力的領袖，擁有四十三個孩子、兩百二十九個孫子，亞諾瑪米族孩童的死亡率很高，所以他能擁有這麼多後代是非常驚人的結果。

不平等與狒狒型領袖的出現

為什麼哈札族的領袖（如果這樣算是有領袖的話）大多都是和平的大象型領袖，但亞諾瑪米族領袖往往都是專制且暴力的狒狒型領袖？當然，其中牽涉到許多因素，但是能不能獨占資源顯然是很重要的一件事。就像隨時都是放牧狀態的大象一樣，哈札族之類的遊牧民族幾乎無法囤積或掌控資源，但是像亞諾瑪米族這種比較沒有遷移的狩獵園藝者，就比較有機會這樣做。如果有人能控制資源，並利用這一點來獲得他人的尊重及順從，那麼我們的心理就會產生更多競爭及自私的一面。就像我們在第三章看到的，從狩獵採集者轉變成較為定居的園藝生活方式，是讓許多人類社會從平等主義轉變為專制主義的關鍵點。

園藝生活方式還有另一個重要的面向，就是養得起不只一個老婆。亞諾瑪米族中曾經殺死另一個男人，並且地位很高的男人，通常都會有好幾個老婆，幫他生很多個孩子，但是這對於立即回饋的狩獵採集者來說是不可能的。哈札族的男人無法獵捕到足夠的獵物來養超過一個老婆，而且即使是最厲害的獵人，也會被要求把獵物分給團體中的其他人，不能優先養自己的家人。哈札族的一夫一妻制（以及女性有所選擇）造就了大象型領袖，而亞諾瑪米族的一夫多妻制（以及女性無法選擇）導致了狒狒型領袖。事實上，一夫多妻制的影響力很大，在許多不同類型的社會中都會對領導人的道德產生影響*。

哈札族的強制平等（獵人必須將獵物分給別人並表現出謙遜的樣子，人們只擁有少量的私有財產，且繁衍機會也很平等）代表很難透過專制的領導方式來獲得什麼好處。如果想要獨裁，除了會遭到其他人的強烈反對（大家都有平等的機會能獲取資源，而且不依賴領袖）之

* 一夫多妻的社會通常會被批評對待女性的方式很糟糕（就像亞諾瑪米族這樣），但是有些一夫多妻的社會對女性非常好，例如北坦尚尼亞的蘇庫馬族（Sukuma）和冉基族（Rangi）。在這些社會中，女性可以獲得丈夫的許多財產，她們和她們的孩子通常都受到良好的照顧，因此她們時常選擇做有錢男人的第二或第三個妻子，反而不願意做窮人的第一個妻子。相對地，就像羅伯・賴特（Robert Wright）在《性・演化・達爾文：人是道德的動物？》（*The Moral Animal*）一書中指出，貧窮的男人在一夫多妻的社會中永遠是輸家，因為他們必須一輩子獨自度過，養不起老婆。

外，也根本就無法獲得什麼額外的資源。充滿智慧的忠告可以幫助整個團體更加成功，所有人都能從團體的好處中受惠。

事實上，一個人若是在團體做決策時展現領導能力，所能獲得的好處就是透過展現智慧和憐憫之心來提升自己的聲望。因此，哈札族的領袖只能短暫地掌握權力，還必須視情況而定，而且領袖的目標一定要和團體的目標一致。人性之中同時有著與生俱來的自私傾向和與生俱來的團體傾向，這兩者因為哈札族的平等主義結構而達成一致，一起促使人們成為大象型領袖。

相反地，亞諾瑪米族的婚姻方式造成了很嚴重的不平等，這種不平等讓男人從掌權和提升地位當中獲得好處，因為可以透過對他人（尤其是其他團體）施暴來獲得妻子，也可以透過和那些較容易被領導者控制的人結盟來獲得妻子。因此，比起非暴力或不屬於領導地位的人，暴力和獨裁領袖更容易繁衍成功。在這種情況下，亞諾瑪米族的結構導致我們與生俱來的自私傾向壓過我們與生俱來的團體傾向。

這種動力導致領袖會因為環境、人格、傾向的不同，而出現不同的領導風格。尤其是在小型村莊，團體傾向是很普遍的，領導人通常都是大象型。然而亞諾瑪米族的不平等情況比較嚴重，有自私傾向的人也會獲得好處，因此導致了狒狒型領袖，以統治他人為基礎，而不是提供有幫助的指引。

從小型社會到大型企業

如果我們從狩獵採集者的社會跳到美國企業，會看見許多類似的因不平等而產生的動力。現代企業的結構通常都和亞諾瑪米族比較類似，而不是哈札族，這也造成了狒狒型領袖的出現。舉例來說，二〇一七年美國大型公司的執行長平均薪資為九百萬美元。有如此豐厚的薪水，也難怪競爭會這麼激烈了。狒狒型領袖也會因為當上執行長後可以獲得的地位、權力、財富報酬而受到吸引，這也不令人訝異＊。雖然追隨者都想要選擇大象來做領導人，但是狒狒通常會假裝自己是大象，直到被選中†。

當然了，過去數十年有許多因素造成了執行長的報酬很優渥。也許最有關聯的是一九九二年美國證券交易委員會（SEC）下達命令，規定企業一定要用統一的表格來表示執行長的薪水，不能用一份有許多細節的冗長報告來表示。美國證券交易委員會感到很擔憂，執行長和公

＊ 我不是要說所有的企業執行長都是狒狒，或是收入很高的執行長一定是狒狒。事實上，在企業界有許多著名的大象型領袖，其中有許多人也領著非常高的酬勞。然而在企業界和政界，狒狒型領袖的數量實在是太多了（即使這和員工、股東、選民的期望相反），這一章的目的就是要討論這種不幸的情況背後所隱藏的心理學。

† 狒狒也會向追隨者承諾要一路帶領他們，藉此獲得支持。就像川普在選舉中不斷強調的，「我們會一直贏，你們會贏到膩了」、「美國優先」，就很明確是狒狒型領袖慣用的說詞——我們要展現軍事和經濟實力，直到獲得我們想要的，永遠不用在乎其他人會有什麼損失。

司內一般員工的薪資比例在一九六〇年代中期是二〇：一，但是在一九九〇年代早期卻攀升到了一〇〇：一。這個新規定的目的是要讓股東明確知道執行長和一般員工的薪資差距，藉此讓執行長感到羞愧，並降低他們的薪資。

不幸的是，這個新規定卻造成了反效果，執行長的薪水迅速向上直衝，超過了二〇〇：一。在二〇一七年時大約是一三〇：一，但是有許多執行長的薪水卻是他們公司裡一般員工的四百或五百倍（例如康卡斯特、T-Mobile、百事公司等）。很顯然，更清楚透明的薪資表示方式，會讓執行長彼此競爭，想比其他執行長賺得更多。因此，如果認為執行長會拿自己的薪水和員工做比較，然後認為自己拿太多了，因而感到羞愧的話，事實證明這種想法實在太天真了。執行長們更加在意自己和其他執行長的相對排名。這個事實告訴我們，在一九九〇年代早期，就已經有大多數的執行長是狒狒型領袖了，為了獲得更多資源而彼此競爭時，他們不會為了團體著想，而是專注在自己身上。同時還告訴我們，狒狒型領袖為了讓自己獲得好處，即使要犧牲團體為代價也在所不惜時，這樣的欲望是無窮無盡的。

也許執行長們對證券交易委員會的規定所做出的反應一點也不讓人驚訝，因為全世界的獨裁者都會為了讓自己富有，而讓自己的人民貧窮。艾塞默魯與羅賓森的著作《國家為什麼會失敗》讓我們看見全世界有哪些失敗的經濟以及其中的原因，在這之中描寫了許多狒狒型領袖，數量多得讓人沮喪。

其中一個例子是伊斯蘭．卡里莫夫（Islam Karimov），他是烏茲別克的獨裁者，直到二〇一六年去世為止。他糟糕的經濟政策讓農夫無法負擔棉花收割機，於是他命令學生要在九月和十月以手工的方式採收棉花。他用法律要求孩子們一天要收成二十到六十公斤的棉花，依據年齡而定，且一天的薪水只有三分美元。不提供餐飲，而且如果原本的家不住在附近，還必須自行找地方住。在這樣的狒狒型領導方式之下，卡里莫夫成為億萬富翁，但烏茲別克人民每年只能靠一千美元過活。

狒狒型領袖的占領不只出現在現代的國家和企業的領導結構上。相同的現象也會出現在社會上，不平等會讓我們的心理中狒狒的那一面展現出來。當社會變得極度不平等，人們會非常渴望成為有錢人。這種渴望放大了人性中更醜惡的面向，其中一面就是自我提升，也就是吹噓自己。

這種現象在墨爾本大學的史帝夫．洛南（Steve Loughnan）和他同事的一項研究可以看見最清楚的例子，他們發現在收入不平等的社會中，自我提升的現象會更加嚴重。舉例來說，洛南發現日本人（出了名的謙遜，一直以來大家都認為這是因為他們的高度集體主義）自我提升的程度很低。與日本相比，德國更加屬於個人主義，但德國人的自我提升程度卻和日本一樣低。德國和日本正好都是經濟平等程度很高的國家。

相反地，祕魯和南非的自我提升程度就很高，他們也都是非常不平等的國家。這些資料顯示出，收入不平等會加深我們的狒狒心理，讓人們想要吹噓自己。在祕魯或南非這樣的國家，失敗的後果是很嚴重的，所以人們會盡可能地利用自己擁有的任何一樣武器，來確保成功。在這些不平等的社會中，人們會吹噓自己的價值，因為要說服別人相信自己有能力，這樣才能被選中，獲得稀少的機會。

在狒狒心理中自我提升會如此重要，是因為這樣可以提升自信，無論是好是壞，人們都喜歡很有自信的領導者。自我改善是藉由更好的成果來增進自信，然而自我提升卻是藉由過度自信來增進自信。就像我們在第五章看到的，人們幾乎無法分辨過度自信和高度的真實自信。因此，抱持著不切實際的自信的人在領袖競爭中擁有很大的優勢。自我提升的傾向可能會幫助狒狒型領袖鞏固自己的領導地位，但幾乎無法增進他在這個地位的表現。過度自信的領袖時常做出很糟的決定，忽視自己的策略中明顯的瑕疵，持續讓計畫失敗。膨脹的自我觀也讓狒狒型領袖對自己的能力有虛假的自信，因而過度獎勵自己。

不出所料，狒狒型領袖通常不會帶來很好的結果。當個人利益和統治地位占了上風，就很難維持信任，尤其是最先被剝削的弱勢者。最近幾年來在美國，我們可以看見信任度下降，且對應到不平等程度的提升。圖表7.1顯示出二〇〇四年收集資料時，與泰國相比，美國的不平等程度稍微高一點，個人之間的信任度也稍微低一點。如果是一九七〇年代早期，美國的信任度和不平等程度大約是像這張圖表上的瑞士一樣。不久之前，美國還是信任度最高的國家之一，現在卻只有中等程度。

信任程度降低是很嚴重的一件事，因為不信任會導致人們脫離社群，減少對工作的貢獻，減少互相分享重要資訊的程度。簡單來說，人們專注於保護自己，不願意讓自己處於弱勢。在這樣的情況下，幾乎不可能出現大象型領袖，因為團體成員的利益無法達成一致。

建立並維持合作關係時，弱勢是一個很重要的成分，彼此不信任的人們能夠一起做到的事情很有限。舉一個古代的例子，在獅子靠近我的時候，讓我選擇朝牠丟石頭而不是逃跑的最重要因素就是，我相信團體成員也會這樣做。如果我不相信他們，我就只能逃跑了，造成一個不怎麼好的結果。因此，在歷史上曾經蓬勃發展的經濟體都是人民彼此信賴的。

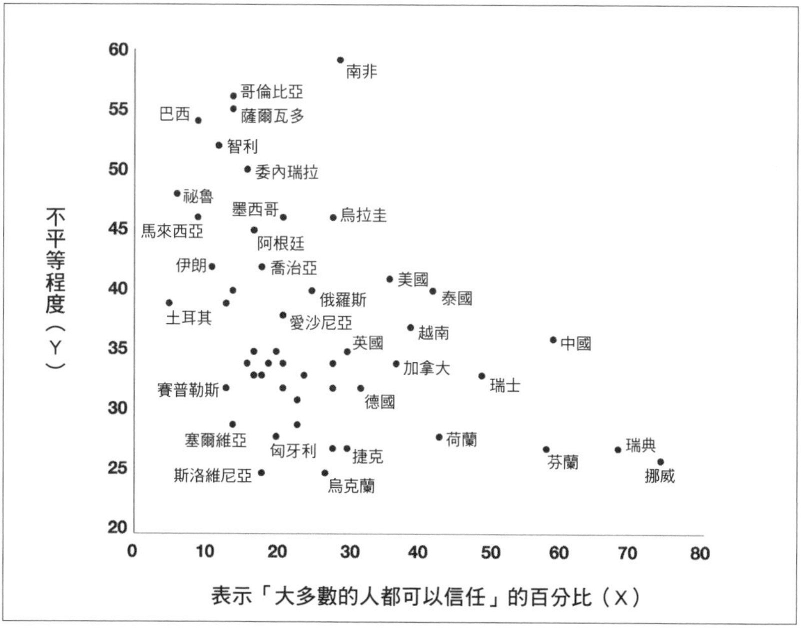

圖表7.1：全球信任度與收入不平等的關聯。Y軸的數字越高，代表越不平等，X軸的數字越高，代表信任度越高。（資料來源：World Values Survey）

我們能不能做些什麼，來提升領導人的道德？

討論道德與不道德的領袖在演化上的由來，讓我們想到一個問題，我們有沒有辦法做些什麼，來阻止狒狒型領導方式，增進大象型領導方式？因為不平等在這之中占了很重要的地位，所以一個最明顯的答案就是減少不平等，尤其是減少領袖和團體中其他成員能獲得的獎勵差距。當然了，像這樣的改變並不容易，因為狒狒型領袖會強烈反對平等，但是這並不是完全做不到的。舉例來說，我認為就算執行長的平均年薪不到九百萬美元，還是會有很多適任者非常渴望這個地位。

如果無法減少不平等，就盡量讓薪資和長期成效有緊密關聯，這也是一種大象型的報酬方式，因為這讓領導人的利益和團體利益一致。如果執行長的薪水只有一般員工的二十到五十倍（就像一九九二年以前），或是薪水和團體的表現非常一致，那麼狒狒型領袖可能就不會想要成為執行長了，而這就是重點所在。即使財富報酬不高，或是完全取決於團體表現，大象型領袖仍然很願意擔起領導者的責任。諷刺的是，較高的報酬會造成較差的領導方式，因為會吸引到狒狒型領導人，或是讓領導人轉變為狒狒型。

除了「大幅降低執行長和管理階層的薪資」這種不太可行的策略之外，還有許多其他策略可以用來減少狒狒型領袖。回想一下梅納的研究，他發現當狒狒和其他團體發生衝突時，狒狒領袖會表現得更加道德，以團體的利益為優先，超越自己的利益。這種研究顯示出團體間的衝突可以加強領導人的道德。在現代企業中，這種競爭就是市場經濟的基礎，因為反托拉斯法禁止企業共謀。但是有些公司要比同業面對更多的競爭威脅，梅納的研究顯示出在產品和市場地位較為安全的公司中，存在著更高的狒狒型領袖風險。

不幸的是，和其他團體的競爭是一把雙面刃。狒狒型領袖可以引起人們對於衝突的恐慌，或是製造一個本來沒有必要發生的衝突，藉由這種犧牲團體目標的方式讓追隨者對他更忠誠。在人類歷史中，專制和獨裁的領袖都曾利用團體間的衝突，或是製造國家敵人的這種策略，來鞏固自己的狒狒型領導方式，讓自己顯得更正當。當然，這種策略本身就是狒狒型領袖的證明，因為製造一個不必要的衝突，通常都會傷害到團體目標。因此，團體間的衝突可能可以使領袖更加道德，但同時也是不道德的領袖手中一把損人利己的武器。

另一種解決方案是，古代團體通常都是小型團體，關係較為長久。這主要是因為以前人口比較稀疏，而且在農業出現以前，環境負載力也很低。以前的人只有很少的選擇（如果有的話），所以他們通常會一輩子都待在同一個小型社交團體裡。

以前的人如果想要瞭解其他團體的成員，必須親自見面或是仰賴口耳相傳（例如八卦）。這種緊密且較為長久的社交結構提供了一種很有效的方法，可降低狒狒型領袖為團體成果帶來的負面影響。如果有自私的團體成員試圖剝削團體以獲得個人的好處，長久的人際關係會讓他有很大的損失。長久的關係無法保證不會產生狒狒型領袖——只要看看亞諾瑪米族就知道了，但還是可以防止想要成為領袖的人掩飾自私目的來取得領導地位。

相反地，現代組織（尤其是更加傾向於個人主義的西方國家）的特色就是高度的流動性。根據美國人口普查局的調查，一般的美國人會搬家十幾次，而一份工作平均只持續大約四年。事實上，現在如果為了找尋一份新工作，而搬到國家的另一邊或甚至是世界的另一邊，都是輕而易舉的事。以我自己的例子來說，為了一份遠在澳洲的工作而搬家到地球的另一邊，根本就不是什麼大不了的事。科技讓我可以和家人朋友保持聯繫，所以我當然可以愛住哪裡就住哪裡呀。

現代科技帶來的這種流動性讓人們更在意自己的目標，而不是自己的組織，因為如果不順利的話，隨時可以放下這份工作。雖然在做這些決定的時候，也會受到一些文化上的影響，但是在現代環境之下，要退出一個組織或甚至是整個社群，都比以前簡單得多。這種史無前例的流動性是一種容易導致狒狒型領袖出現的結構，因為他們可以剝削這個組織，然後在這個企業開始受苦時離開。

我們祖先的團體只有很低的流動性，人數也比較少，領導人就是從這個團體內部選拔出來的，最終也是領導這些群眾。因此，如果有人試圖影響團體，有抱負的領袖的能力、知識、專業以及對團體的承諾就是第一手證據，可以用來緩和他的企圖。現代組織決定領導人時，比較少採用這種內部選拔方式，而候選人（尤其是位於組織高層的人）通常是從敵對組織招募而來的。外部指派而來的執行長會帶來新的想法和新的能量，但是從外部指派而來，就代表參與領導者選拔的人，幾乎都不是很瞭解這個候選人。毋庸置疑，這就是為什麼與內部選拔出來的執行長相比，外部指派而來的執行長通常都表現得比較差，且任期較短的其中一個原因。

最後，現代組織和古代的團體相比，有許多的劣勢，因為古代團體的領導結構是不斷變化的，而且是分散式的，例如每個領域的專家會決定誰要在這個領域做領導人。雖然有時候狒狒型領袖會統治狩獵園藝者，但是狩獵採集者的領導人通常都是可改變的、依情況而定的，很少會有領導人從一個領域轉往另一個領域。舉例來說，在許多小型社會裡，領導人有分成戰爭領導人、狩獵領導人、醫藥領導人、歌曲領導人、和平領導人。比起整體能力的競爭，專業領域更容易分出高下，所以古代團體依照工作來決定領導人，在選擇特定活動的領導人時，就比較不容易被狒狒型領導人的虛假信號給欺騙。

相反地，現代組織之中的階級地位不受活動內容限制，即使組織裡有著各種不重疊的技能分工（例如工程、會計、銷售等）。執行長是負責為整個組織做決定的人，無論他們的專業是否和這個決定相關。現代的領導方式和古代差異太大，這導致了美國的企業和政治實體都是由狒狒型領袖來經營，雖然股東、員工和選民通常都想選擇大象型領袖。

這並不是要說我們的祖先擁有某些智慧，而我們在演化的過程中失去了這些智慧。也許我們確實失去了很多好主意，但是失去的主要原因是祖先的環境和我們現在的環境差異太大。這種演化上的不匹配造成了許多問題，我們在下一章會看到，它增加了許多不必要的衝突風險，而這些衝突很可能導致人類毀滅。

第八章

部落與苦難

——演化心理學與世界和平

我們非常幸運能活在一個越來越和平，人與人之間的暴力逐漸減少的時代。如果你有在看新聞，可能不會認同這句話，但是回頭看過去一千年、過去一百年，甚至是過去二十五年，工業化社會之間的暴力逐漸減少。這個好消息是由許多原因造成的，例如民主的建立、穩定的政府機構、國際貿易和旅遊，以及無數個其他因素，讓我們更加瞭解彼此，世界變得更加和平。

人際（相對於國際）之間的暴力正在減少，主要有兩大原因。首先，強力且相對公正的法律效力能消除暴力的三種主要來源，這三種主要來源是由偉大的政治哲學家湯瑪斯・霍布斯（Thomas Hobbes）認定的。如果國家擁有強力且公正的權力，我就不會想要攻擊你、搶奪你所擁有的，因為我知道國家會處罰我。我也不需要攻擊你、防止你搶奪我的東西，因為我知道國家會保護我。最後，如果你攻擊我或我的家人，我不需要報復你，因為我知道國家會保護我。

再來，我個人推測，工業化社會變得更加安全之後，那些住在安全地區的人們就會對暴力更加敏感。社會變安全的速度是緩慢的，所以我們通常不會注意到這件事，但只要時間夠長，效果就會很顯著。當然，狩獵採集者和擁有現代醫療的人們之間的差別是最大的。看看圖表8.1中的存活曲線，這是由耶魯大學的布萊恩·伍德（Brian Wood）與他的同事所紀錄的，曲線顯示出非洲不同地區的黑猩猩以及不同狩獵採集社會的人們的存活率。

我們從左半部可以看出，這幾種猩猩有將近半數會在五歲前死亡（以猩猩來說是孩童時期）。更引人注目的是，人類的存活率也沒那麼好——人類有二〇至四〇%會在孩童時期死亡（右半部）。如果將人類的二十歲訂為成年，我們會發現這幾個民族有二五到五〇%左右的人無法活到成年。狩獵採集社會中，高度的暴力導致高死亡率，但是毫無疑問地，高死亡率也會導致暴力，當人們習慣於痛苦，就不會覺得傷害他人是很嚴重的事了。

比起狩獵採集時期，我們的生活變得越來越安全，這並不讓人感到訝異，但是在現代環境之下，安全方面的改善也很顯著。圖表8.2顯示出二十世紀以來，美國的產婦及五歲以下孩童的死亡率。這些資料顯示出，生產及兒童成長的安全性大幅提升了。在一九〇〇年代早期，有將近一%的產婦會在生產中死亡。更讓人驚訝的是，將近二五%的兒童在五歲前死亡（這樣的死亡率相當於圖表8.1之中的某些狩獵採集社會）。這個時期，每個人都有認識的人是在生產時死於併發症，或是孩子在五歲前就過世了。

還有許多健康方面的進步可以反映出這種正向改變。舉例來說，二十世紀初期的英國，每年每十萬人之中就有一百二十人死於食物中毒。將這個數字形容得更實際一點，就是一八九〇

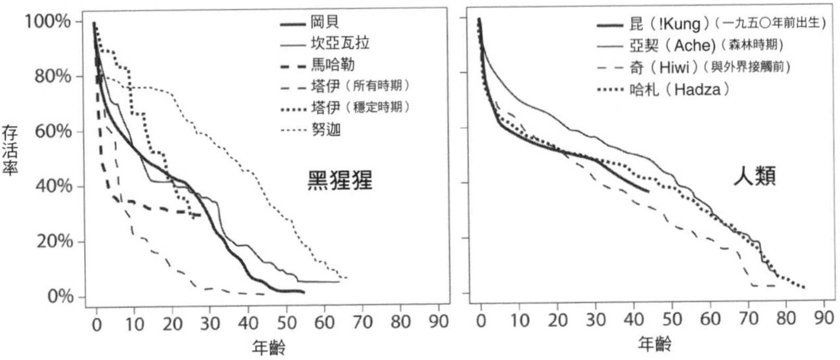

圖表8.1：不同族群的黑猩猩及人類狩獵採集者的存活率。（資料來源：Wood et al., 2017, by Gwendolyn David）

年在牛津出門吃炸魚薯條，比一百年後在底特律市中心閒晃還更危險。其他會對健康和壽命產生威脅的要素也出現相同的數據，而且直到最近才有了改善。

也許這些健康方面的改善並不讓人驚訝，畢竟現代醫療如此成功，但是另一項數據顯示出安全方面的改善不只是因為醫療進步——人們對待彼此的態度也改變了。舉例來說，我們可以看見美國的五個大城市（紐約、洛杉磯、芝加哥、休士頓、費城）的他殺死亡率在過去三十年大幅下降了。一九八〇年代晚期到一九九〇年代，這些城市每年每十萬人之中平均有三十人死於他殺。到了二〇一五年，紐約和洛杉磯的他殺死亡率降至原本的三分之一以下，休士頓和費城減少了一半，只有芝加哥近期犯罪率提升，導致他殺死亡率接近一九九〇年代。這些資料表示，如果居住在美國的大城市，現在比過去三十年安全多了。

並不是每個人都會去殺人，所以你可能會合理地反駁說這份數據並不能證明廣泛的行為改變。若要證明廣泛的行為改變，酒後駕車是一項很好的證明。一九七〇年代晚期，酒後駕車不只很常見，還被認為是人生中無可避免的無奈事件。也許最令人驚訝的是，人們面對這件事情的態度就像面對笑話一樣。如果有人在派對上喝得爛醉，他的朋友們會幫他插入車鑰匙、發動引擎，然後一邊笑、一邊看著他歪歪斜斜地開上路。在《賭城風情畫》（*Fear and Loathing in Las Vegas*）之中，杭特・湯普森（Hunter S. Thompson）描述他酩酊大醉地開著車，警察還讓他開回家去睡覺。這件事也許並不是真實發生，但在當時聽起來是完全合理的。

在一九八〇年母親反酒駕組織（Mothers Against Drunk Driving）出現後，一切都改變了，這個組織讓大眾注意到酒駕比起傷害駕駛者，更有可能傷害到其他人。從一九八二年起，美國首度紀錄了酒後駕車的數據（這件事本身就很引人注目），到了現在，酒駕造成的死亡從每年超過兩萬人降至低於一萬人。考慮到美國從一九八二年到現在，駕駛里程數增加了一倍，這項改善就更值得一提了，這表示一九八〇年代的酒後駕車者比現在多了四倍。

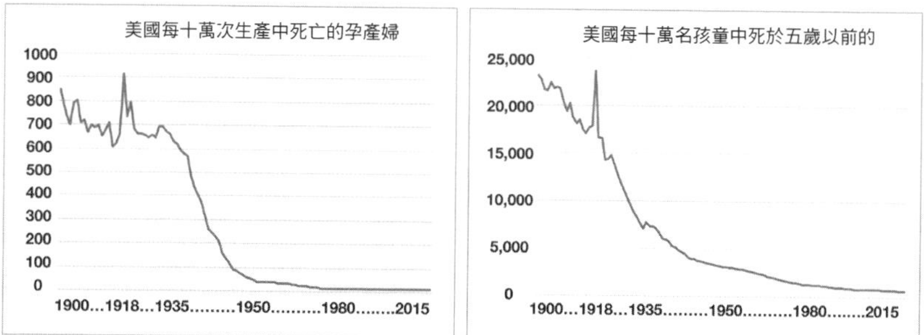

圖表8.2：美國的孕產婦（左）及孩童（右）死亡率。（資料來源：Our World in Data）

隨著安全方面的大幅度改善，人們的態度也出現了大幅的改變。在這方面我最喜歡的例子是一九六九年我從幼稚園回家時發生的事。我的朋友安迪的父親是一位警察，有一天他剛好開車載我們回家。後座坐了四或五個小孩，我們都沒有繫安全帶，因為當時很少有車子會裝設安全帶。距離我家還有幾條街的時候，我們轉了一個彎，所有小孩都往外側滑動，擠壓到我，我試著把他們推回去，但他們都太重了。我被推向車門，接著車門就打開了，我在路上翻滾，然後掉到路邊的溝裡。安迪的父親停下來，把我拉起來——這是理所當然的，因為他總不能兩手空空地來我家嘛——但是當他把我送回家時，我媽的反應會讓你感到很驚訝。

想一想，如果你朋友開車去學校接你的五歲小孩回家，結果他一臉尷尬地出現，告訴你說開到一半時你的孩子從車子裡摔出去，滾過整條街，你會有什麼反應？即使你朋友很快地補充好消息，說後面的車都沒有輾到你的小孩，你還是會驚恐地說不出話吧。

相反地，我媽檢查了我身上的撞傷、割傷和擦傷後，告訴安迪的父親說我看起來沒事，不需要擔心，這種事情就是有可能會發生。也許你會覺得我媽冷酷無情，不關心我，但我朋友的兄弟在同樣的情況下從他家的車子裡摔出去，他媽媽甚至還苛責他沒有抓得更緊。這距離我們現在生活的世界並沒有很久。當時酒後駕車被認為是一件好笑的事，從來沒有人繫安全帶（或甚至不會想到未來會有兒童安全座椅的出現），而且大家都不覺得這些事情有什麼好在意的。

在這樣的背景之下，他殺或施暴對於受害者的家屬或親友來說確實是一場悲劇，但是對其他人來說，死亡或傷害罪是如此的常見，人們幾乎不會注意到這些犯罪事件。隨著時間的推進，我們逐漸習慣了食物不會把我們毒死，可以保護我們的安全帶、防碎擋風玻璃、安全氣囊，狗不會把我們咬死（牠們不能再像以前一樣隨意在社區裡亂晃），因此每個事件都很容易讓人注意到。

暴力電視節目或暴力電玩的反對者認為這種虛擬暴力會引誘人們實際去施行暴力，但我認為暴力娛樂所帶來的負面效果會因為現實世界逐漸變安全而被減低。當然，網路讓我們可以看見真實的屠殺，無論是何時何地發生的，而這也會讓我們產生一種「這個世界比我們小時候要來得更危險」的感覺。但是我們的日常生活是安全的，而且我認為過去數十年來，人們變得更溫和，這形成了一種循環，降低人們犯下謀殺、強暴、攻擊的機率。

國與國之間的衝突逐漸減少，從這一點也可以看出工業化社會中逐漸提升的安全，逐漸減少的暴力。然而全球的安全還是有某些長期的威脅：發生在歐洲、中東、非洲的衝突經常在擴大；伊斯蘭國之類的恐怖組織會引發宗教衝突；許多國家很懷念自己以前在國際舞台上具有很大的影響力，他們所宣稱的領土主權並不符合當前國際秩序；也許最讓人驚訝的是，即使是在富有、穩定的國家，仇視外國人的政客也持續存在（寫下這本書的時候仍在增加當中）。因為上述原因，我們不該將國與國之間的和平及安全視為理所當然。這一章接下來的部分會強調我們的演化心理為何造就如此脆弱的世界和平。

人類演化成群體內部彼此合作，但不和其他群體合作

第一章說明了我們經由學習，變得比黑猩猩還要懂得合作，因此得以在大草原上生存、茁壯。原則上，合作可以讓我們更和平，但實際上我們的合作是高度選擇性的，我們演化成和群體內部成員合作，但不會和其他群體的人合作。這是因為在我們祖先的環境中，其他群體有好有壞——可能是一次機會，也可能會是威脅。如果我們的祖先遇到一個確定很友善的群體，就可以在那個群體中尋找配偶，增加交配機會（減少近親交配機率）。然而其他群體通常都是不友善的，因為有時候其他群體的成員會想要用蠻力搶奪我們所擁有的物資。

丟擲石頭大大提升我們在草原上的安全，但也產生一個全新威脅——能夠遠距離殺死別人，導致高效率戰爭的出現。一旦我們收集及丟擲石頭的能力提升了，會戰的能力就跟著提升。直立人提升這樣的能力，並發展出規劃與勞力分工，就可以擬定戰略並進行軍事行動。我們祖先做出謹慎決定，選擇只和自己群體中的成員合作，因為其他群體很快便成為我們最危險的競爭者。當我們的祖先爬升到食物鏈的頂端，其他動物所帶來的危險很快就消失了，人類就是自己最大的敵人。

就像我在第七章說到的，規模較小的社會中人們時常和其他群體發生衝突，這些衝突通常只是小型的，比較不會發展成我們在工業化國家中看見的那種會戰。然而小型的衝突還是很致命，尤其是長期戰，勝利的那方可以透過暴力獲得好處，搶奪家畜等可移動的資源，並俘虜女

人、獲得更多妻妾。群體之間的衝突會不斷發生，因為勝利的一方可以獲得繁衍上的成功。

除了搶奪其他群體擁有的資源之外，我們的祖先還必須面對其他群體帶來的不同病原體，可能會因此得到新的疾病。現代醫療出現以前，疾病所帶來的威脅非常大，因此我們發展出一些抵禦疾病的心理機制，統稱行為免疫系統。當我們吸收到病原體，身體裡的免疫系統會負責處理（例如將它們嘔吐出來，或找到病原體並消滅它），但我們演化出的行為免疫系統會防止我們吸收到病原體。舉例來說，糞便、瘡、感染處、嘔吐物之中充滿了病原體，所以我們演化成看到或聞到這些東西就會覺得噁心，想要避開。如果有人覺得其他人身上的瘡看起來很有趣或感覺很喜歡，這樣的人會比較難以生存下去，也比較不容易擁有自己的孩子，演化就是藉此確保這種噁心感可以保護我們。

每一種病原體的毒性各有不同，而我們的心理運作得很好，可以避免那些對我們威脅最大的。舉例來說，以下進行一個思想實驗：想像一下你在飛機上正在排隊等廁所。輪到你時，你發現剛從廁所裡出來的那個人臉上帶著非常羞愧的表情。你進去廁所，掀開馬桶蓋，立刻就明白他為什麼露出那樣的表情——他把糞便弄得到處都是。

問題來了：那個腸胃不舒服的人是你的兄弟，或是坐在座位21C的某個陌生人，你覺得哪一種情況比較噁心？大多數人的回答是對於坐在21C的某個陌生人感到更加噁心。這是有理由的：比起你的兄弟的糞便，陌生人的糞便更有可能讓你生病。你平時就很常接觸到附著在你兄弟身上的細菌，卻不會接觸到陌生人的，所以你比較有可能對你兄弟身上的細菌產生免疫力。

有人使用真正的大便來進行這種思想實驗的不同版本，結果就如同預料之中。麥考瑞大學的崔佛・凱斯（Trevor Case）與他的同事做了一項研究，他們要求一些新生兒的媽媽們帶著上面有孩子大便的尿布來實驗室。研究人員將裡面的大便放到容器之中，再要求媽媽們聞味道。這些媽媽無法分辨每個大便是來自哪個嬰兒，但她們認為比起自己的嬰兒，其他嬰兒的大便味道更噁心。雖然這些媽媽無法分出哪個是自己小孩的大便，但不知不覺間她們的行為免疫系統會讓她們遠離含有較多不熟悉的病原體的大便。

像這樣的實驗顯示出我們的行為免疫系統有多麼精準敏感，我們演化出避開最有可能讓我們生病的細菌的能力。我們可以在語言、宗教、民族優越感的地理分布上看見其他證據。當我們從極地往赤道移動，每個地區的語言和宗教會變得越來越多，而人們也會越來越排斥外國。這兩者乍看之下毫無關聯，但是這三件事都是為了將不同群體區分開來。如果人們說不同語言、信仰不同宗教、容易討厭其他群體，那麼不同群體的人就不太可能會去接觸彼此。

為什麼赤道附近的語言和宗教比較多？而這又為什麼和民族優越感有關？答案是因為病原體的密度在熱帶地區較高，在溫和或寒冷的氣候則較低。如果你住在瑞典，很有可能五百哩以內所有群體會接觸到的病原體都只有那幾種。相反地，如果你住在剛果，河谷對面的那個群體接觸到的病原體可能是你以前從來沒有碰到過的。

因此，熱帶地區的人類發現如果和其他群體的人互動，很容易會生病，所以他們就再也不這麼做了。在科學出現以前，人們很可能會去責怪其他群體的人害自己生病（其實這樣說也是對的），也就很有可能會討厭其他群體的人。反感和恐懼讓人們彼此分開，而一旦人們不再互動，語言和宗教就會自然而然地開始出現分歧。這些過程都是不斷循環的，會讓群體保持分隔狀態。

病原體讓人們的態度、行為、信仰發生改變，使群體保持分離，而比起動物傳人的病原體（如瘧疾），人傳人的病原體（如肝炎）會產生更強烈的效果。其他人的文化習俗和我們不一樣，他們的行為不只是在質疑我們的文化習俗或信仰，還有可能形成另一種疾病的傳染途徑。不同的烹飪方式、不同的成人儀式、不同的伴侶系統都有可能形成全新的病原體接觸途徑。我們演化出行為免疫系統，讓我們不只覺得外來的習俗和我們不一樣，還會認為那是錯的。

我們演化出這樣的態度是為了避免疾病，然而行為免疫系統並非直接針對細菌本身。這樣的態度讓我們避開危險的病原體，但我們演化出這個態度時並不知道病原體的來源是什麼。舉例來說，我們認為跟我們不一樣的行為就是錯的、傷風敗俗的，因此我們會遠離做這些行為的人，也就不會被他們傷害。

人類會認為與繁衍和疾病傳染相關的重要行為（常常是同一種行為）是符合道德的，所以即使是稍微有點不同的行為，都會被認為是不道德的，有可能成為傳染疾病的途徑。因此，病原體是所謂象徵性歧視，也就是對和我們不同的風俗信仰抱持敵意的潛在原因。當人們認為其他群體是傷風敗俗的，就會開始彼此躲避，一旦真的接觸了，就很可能會發生衝突。

綜合各種原因，我們演化成會和群體內部成員合作，但不和其他群體合作。這種部落主義常被認為跟我們的合作天性互相矛盾，但只要觀察我們的演化歷史，就能明白它們其實是一體兩面。我們的部落主義其實是合作天性的原因，同時也是結果，因為關懷群體內部成員的能力讓我們成為更有效率的殺手。

我們選擇性、僅限於群體內部的合作行為也出現在其他地方，但最明顯的就是人類與黑猩猩的區別。為了評估我們祖先的衝突程度，哈佛大學的理查．藍翰調查了狩獵採集社會的暴力衝突程度。因為他們沒有正式的法律或警察，所以狩獵採集社會和現代政府出現以前的情況是最為接近的。藍翰以狩獵採集者和黑猩猩的群體內部衝突程度做比較，發現黑猩猩群體內部的暴力侵犯行為是人類的一百五十至五百五十倍。相反地，群體與群體之間的侵犯及暴力行為，人類和黑猩猩幾乎是一樣的。我們來到大草原後，對待彼此的態度變得更友善了，但是這個效果僅限於群體內部。

演化帶來這樣的改變，然而群體內部仍然時常發生衝突和競爭，因為人們時常互相搶奪資源，或爭吵如何解決公共問題。性選擇是群體內部合作的最大阻礙，因為大家都想要提升自己在群體內的相對地位，這就是為什麼狩獵採集者的團體一旦超過二十或三十人就很容易因為爭吵而瓦解。然而，其他群體所造成的威脅還是比群體內部的衝突要來得更嚴重。面對其他群體的威脅時會願意彼此合作，這種傾向對於生存十分重要，因為群體間的競爭攸關生存，但群體內部的競爭只不過是為了爭奪地位。

我們的演化心理之中的競爭要素，對於國際和國內關係也有著很重要的影響。也許最明顯的就是，長時間缺乏外來威脅時，群體內部的合作可能會瓦解。有許多原因可以解釋為何美國的政治環境極具黨派性、如此糟糕，但是從演化的角度來看，其中一個原因是蘇聯解體。兩個政黨之間的衝突曾經一度穩定下來，因為面對強而有力的敵人，保持團結遠比內部衝突重要多了。蘇聯解體後，美國再也不需要面對任何實質上的威脅，因此內部衝突也不會受到什麼限制了。少了外部敵人，對於政黨來說，最大的威脅再也不是其他國家的行動，而是國內政敵的目標與喜好和他們有所衝突。

從圖表8.3中可以很清楚看出外部威脅所造成的影響。這張圖表不僅顯示出二〇〇一年九月十一日恐怖攻擊過後，美國人多麼迅速地團結支持總統布希，還顯示出在外來威脅變得不那麼緊迫後，這股支持的浪潮開始緩慢地消散，接著又在美國入侵伊拉克後再度爬升到一個程度，惟沒有之前的高。

就像第七章提到的，我們的領導人時常利用演化心理學，強調其他群體的潛在威脅，藉此轉移支持者的注意力，讓他們不要注意到群體內部問題或領導人差勁的領導能力。這種策略可以增強支持者的忠誠，以及群體內部的合作，進而鞏固領導人的地位，但是這樣的做法會持續破壞與其他群體之間的關係（導致經濟上的損失、使衝突不斷增加）。因此我們的合作天性可能會導致與其他群體之間的衝突加劇，尤其是如果群體領導人很重視自己在群體中的特權地位，罔顧群體的目標。

雖然我們的演化心理有這些面向，造成群體之間合作時的嚴重阻礙，但如果是為了達成共

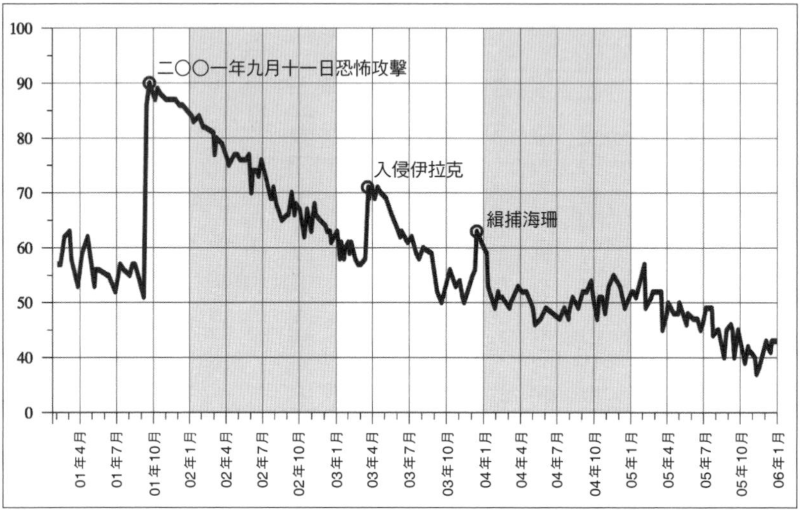

圖表8.3：九一一恐怖攻擊以及入侵伊拉克前後的總統支持度。（資料來源：Wikimedia Commons）

同目的，例如貿易或保安，那麼就連互相有所猜忌的群體都能夠彼此合作。從前和現在的小規模社會都有許多群體之間彼此合作的證據，通常是結盟對抗更加強大的群體，或是通婚和貿易。因此，群體面對彼此的態度最正確的形容就是，對我們自己的群體會自動產生偏心的態度，對其他群體則是中立的態度。

這種中立的態度讓我們會先去判斷另一個群體可能成為威脅還是機會，再來決定要喜歡還是討厭他們。一開始看待其他群體的態度是中立的，而不是負面的，這一點很重要，這讓我們在機會出現時可以注意到，並跨越群體組成共同利益合作活動。因此，所有群體的目標都相同時，締結條約或結盟是最有效率的，這樣一來群體之間的威脅就能緩解了，人們也會認為作弊是不可能的，或是即使作弊也不會有好處（稍後會有更多內容）。

相對性破壞了群體與群體的關係

就像第四章提到的，我們對於公平的看法是將自己的成果和社群網站中的其他人做比較。為什麼會有這樣的相對性，是因為求偶時的魅力取決於一個人在階級社會中的地位。群體之間的條件差異也會嚴重影響到個人的成果。在智人開始占領全球之前，我們就已經很常為了爭奪資源而和其他群體發生衝突了。事實上，人類的歷史中有很大一部分都是較為強大的群體強迫較弱的群體離開理想的狩獵場、水源或漁場。我們時常對祖先感到驚訝，好奇他們為什麼勇於開拓未知之地，然而許多人並非因為勇敢才進行開拓、擴張生活範圍，而是因為迫不得已。很多情況下我們的祖先開拓是因為要逃亡，或是被更強壯、更有侵略性的群體強迫離開理想的土地。

許多學者對人類歷史抱持著浪漫的幻想，認為人類的暴力是源自於現代生活，以及都市所帶來的疏離感和道德淪喪。但是平克也在他的著作《人性中的良善天使》中明確寫出這樣的觀點是錯誤的。如果在現代生活出現以前，人們都對彼此很友善，那為什麼古代人類的遺骨上有那麼多被砸到的傷口？再說，為什麼有那麼多傷口都在身體的左側？落石又不會只砸在我們的頭部左側、左手臂或肋骨左側，但是慣用右手的人使用武器造成的傷口就會，所以我們的祖先有許多人都是因為身體左側的傷口而死亡，這一點都不奇怪。

群體之間的敵對也可以在其他地方看到，例如從前在美國西南部或全球許多地方都有一些人住在峭壁上。如果你去參觀這些遺跡，會很好奇為什麼要住在峭壁上養育孩子與家庭，為何不住在峽谷底部，可以過著更安全的生活。當然，科羅拉多州或新墨西哥州的人們選擇住在峭壁上的理由就是因為上面比峽谷底部更安全。

住在峽谷底部比較不容易摔死，但是如果居民人心險惡，那裡就會變成一個危險的地方。住在峭壁上不需要擔心別人攻擊，但即使在最好的情況下可以使用不穩固的梯子爬到峭壁上的家，他們還是時常必須面對摔死或摔斷手腳的風險。這種危險的生活證明了他們是為了逃離危險而擴大生活範圍，也顯示出當另一個群體變得更強大時，人們必須面對什麼損失。因此無論是在群體之間或是在群體內部，「相對公平」都一樣重要。

相對公平非常重要，人類甚至因此演化出能偵測是否有人作弊的超強敏銳度。人類心理學的許多面向都能展現出這種敏銳度，其中一個證據就是比起普通的邏輯問題，如果將問題形容成是在揪出作弊者，那麼人們解決問題的能力就會提升。以下問題改編自加州大學聖塔芭芭拉分校的莉達．科斯米迪斯（Leda Cosmides）與她的同事所進行的實驗。圖表8.4是一些卡片，顯示出人們早餐吃了什麼、喝了什麼。卡片其中一面是那個人正在吃的，另一面則是他正在喝的。你的任務就是盡可能地只翻看最少張卡片，來確認「每個吃穀片的人都在喝柳橙汁」這項規則是不是對的。

你可以看見喬迪正在吃穀片，瑪雅正在吃鬆餅，但是不知道他們喝什麼。山姆正在喝柳橙汁，索菲亞正在喝咖啡，但是不知道他們在吃什麼。如果想要確認是不是每個吃穀片的人都在喝柳橙汁（要盡量減少翻開的卡片），你要翻看誰的？要看喬迪、瑪雅在喝什麼？還是檢查山姆、索菲亞在吃什麼？科斯米迪斯和同事認為這是一個較為困難的問題，必須仰賴形式邏輯來解決。花一點時間思考後再決定你的答案。

在我們討論這個問題的解答之前，先來看看科斯米迪斯讓受試者嘗試的另一個版本。在這次的問題中，你的任務是檢查人們是否有違反「除非身上有刺青，否則不准喝樹薯汁」這個規定。

我們可以發現喬迪正在喝樹薯汁，瑪雅正在喝柳橙汁，但是不知道他們有沒有刺青。山姆沒有刺青，索菲亞有刺青，但是不知道他們在喝什麼。如果你想要知道有沒有人違反規定（同樣地，要盡量減少翻開的卡片），你要翻看誰的？科斯米迪斯認為這是一個相對簡單的問題。思考一下，再決定你的答案。

回到第一個問題，如果你像科斯米迪斯實驗中大多數的受

圖表8.4：規則測驗：「每個吃穀片的人都在喝柳橙汁。」

試者一樣，你可能會去檢查喬迪是否在喝柳橙汁，但可能會忘記檢查索菲亞是否在吃穀片。她在喝咖啡，所以如果她在吃穀片，就違反了所有吃穀片的人都在喝柳橙汁的這個規則。因此必須檢查這兩個人，才能知道這條規則是否通用。無論瑪雅喝什麼都沒關係，因為沒有說吃鬆餅的人不能喝柳橙汁，而山姆吃什麼都沒關係，也是基於同樣的理由。即使人們可以答對這個問題，也必須花費較多集中力，才能決定誰是必須檢查，誰是可以忽略。

相反地，大多數人會覺得第二個關於樹薯汁和刺青的問題非常直覺，因為它觸碰到我們演化而來的習性——找尋作弊者。人們通常會檢查喬迪，確定他有刺青，然後檢查山姆，確定他沒有偷偷作弊喝樹薯汁。不需要去檢查瑪雅，因為這條規定與她無關，也不需要去管索菲亞在喝什麼，因為如果她想要喝樹薯汁的話她可以喝，但也不是非喝不可。

一模一樣的問題被形容成邏輯規則時，人們會覺得非常困難，但只要把它形容成遵守規定，就會突然變得很簡單了。我們不是很擅長形式邏輯，但演化讓我們每一個人都非常擅長揪

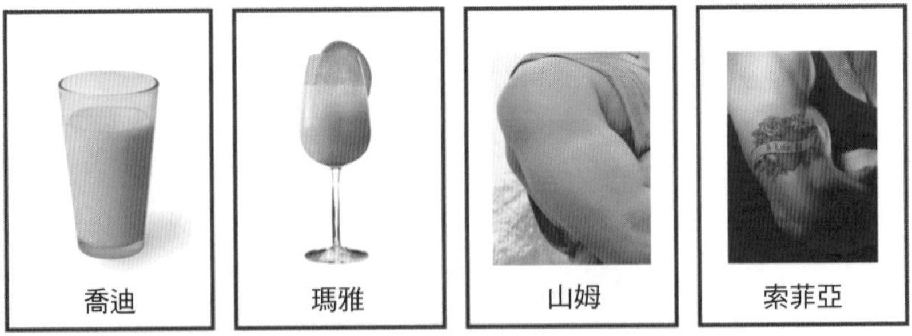

圖表8.5：規則測驗：「除非身上有刺青，否則不准喝樹薯汁。」

出作弊者。這個實驗顯示出我們一直以來都對偷雞摸狗的行為保持警覺，讓我們的認知系統在這樣的情境下運作得更有效率。也許對於群體關係來說最重要的就是，在人們認為完全不可能作弊的情境之下，這種對於作弊的認知敏感度會下降。

對於相對公平和作弊的擔憂，會如何影響到世界的和平與安全？這種擔憂所帶來的不幸結果就是，群體、社會或國家之間嘗試協商和平條約或貿易協定時，會因為雙方都不想讓對方獲得更多的好處而導致交涉滯礙難行。因為公平是相對的，所以如果一份協議只是讓雙方都能獲得比現況更多的好處，那麼這樣是不夠的，還必須不能讓其中一方獲得比另一方更多的好處。如果人們認為這份協議會讓對方獲得更多的好處，那麼即使它可以讓自己的現況變得更好，也會因為相對地位的擔憂而拒絕這份協議。

對於相對成果的擔憂，會因為懷疑對方作弊或不遵守協議中的義務，而變得更加嚴重。因為人們對於作弊非常敏感，所以只要看到有一點點作弊的跡象，就會做出很大的反應，並且很快地停止履行自己的義務，這樣才不會讓其他人獲得相對的好處。舉例來說，如果兩個國家同意停止核試驗，但是他們懷疑對方沒有遵守約定，就很有可能偷偷開始進行核試驗，以免輸掉這場核武器競爭。因此，如果缺乏有效的防範作弊方式，或有效的當權者來懲罰作弊者，任何協議都有可能會瓦解。

國際之間可以訂下規定來懲罰作弊者，但主權國家時常不願意接受可能對自身造成影響的國際條約。以最近的例子來說，中國於一九九六年同意聯合國海洋法公約，卻拒絕接受二〇一六年海牙國際法庭根據這條公約所做出的裁決，即否認中國在南海的行動具有正當性。中華人民共和國外交部發表聲明，表示這次的裁決「沒有強制約束力」。中國在這方面並不是獨特的，美國也曾經表現出一樣的抗拒態度，拒絕讓國際組織管轄美國的行動。有些條約不符合這個規則，像是許多貿易和軍備協議，但這些條約都是在建立信任之後才簽署的，或是在敵對雙方利益一致的領域。

因此，能使作弊者無所遁形的科技解決方案就可以讓協議維持下去，不會因為雙方的不信任而瓦解。舉例來說，一個國家可以謊稱自己沒有在進行核武器整備活動，讓其他國家懷疑自己是否也應該祕密進行。為了面對這個問題，物理學家表示可以使用商業影像衛星，透過大氣的改變來偵測鍗元素的產生，如此一來便可以明確查出有沒有哪一個國家違反條約義務。這樣的證據可以阻止大家在這種沒有人真心想使用，但又覺得一定要擁有才不會落後的武器上進行軍備競賽。

人類演化成自欺欺人的偽君子

狩獵者和獵物的相互作用，最終都會以死亡做結尾——其中一方成為晚餐，或是另一方餓死。相反地，同一個物種彼此競爭，通常都是想在衝突真的發生，導致受傷之前弄清楚哪一方比較強。競爭資源時雙方都不想真的打架，因為即使是贏的那一方也會受傷。雙方都想決定出如果真的打架的話誰會贏，然後註定會輸的那一方就會馬上服從或逃走。只有在雙方看似實力相當的時候，資源的競爭才會演變成實際的肢體衝突。

因此，同一個物種之間的競爭幾乎不會實際動用武力，只要威嚇對方，就能抑止衝突發生。人類的衝突也是遵循和動物一樣的原則，但是戰爭如此頻繁，這就表示人類常常很難決定出哪一方會贏。

如果競爭發展成暴力，通常雙方都必須付出一定的代價，所以同一個物種之間的競爭通常混合了事實和誇大，雙方都想說服對方退讓。如果不需要付出成本就能測試其中一方的能力是否贏過另一方，就不會有誇大的行為出現了。如果我們在搶奪最後一塊蛋糕，我認為我應該比你強壯，那我只要揍你一拳就知道了。但是很明顯地，這種測試方法必須付出成本，就是你很有可能會揍回來——即使是在最好的情況下也會讓人很不爽，更何況你有可能比我更強壯。因為競爭時一定會有這種損失，所以滿口謊言的人即使誇大自己的強壯、隱藏自己的弱點，也不一定會被戳破。這樣的誇大在動物界也很常見，比如說麋鹿或鬣狗會豎起背上的毛，這樣看起來體型比較大，或者螃蟹會長出不必要的大螯，其實裡面並沒有肌肉。

我們在第五章可以看到，自我欺騙的過度自信在人類之間非常普遍，人類常常認為自己比實際上要來得更好、更強壯、更迅速、更有魅力。這種過度自信會讓衝突變得更嚴重，因為輸家會認為自己可以反敗為勝。舉例來說，美國南北戰爭時雙方都認為自己會在幾個月內獲勝，僅有少部分人傷亡。雙方的領袖都有這種自欺欺人的信念，導致超過六十萬的美國人民死亡。

我們演化成不願意與其他群體合作，再加上大家都認為自己會贏的這種想法，促使衝突發生。

自我欺騙讓輸的那一方無法預測到自己最後的損失會有多嚴重，但是核武器的出現似乎讓人們瞭解到，這種能阻止衝突發生的特殊武器無需使用就能發揮價值。核武器的主要優勢就是讓人們瞭解到即使是贏的那一方，也必須遭受難以承擔的損失，因此即使雙方都認為自己最終會獲勝，也會選擇不讓事態發展得更嚴重。

自我欺騙不只讓人們覺得自己比實際上要來得更強壯或聰明，還會讓人們認為自己更加品行端正，即使其他人的行為明明就是一模一樣的。舉例來說，如果我吃了第二份蛋糕，導致你一份都沒吃到，這種明顯看起來很自私的行為會被我解釋成是我太粗心大意、沒注意到你還沒吃甜點*。如果你做了一樣的事情，我就會對你的無禮和貪心感到訝異。

因為我會想把自己的動機解釋成正面的方向，所以即使你和我做出一模一樣的行為，我還是會認為我比你更加品行端正。人類的天性本來就帶有這種偽君子的一面，就像自我欺騙一樣，它的出現是為了幫助我們說服其他人，即使我做出不正確的行為，我的心態還是正確的。這種虛偽延伸到群體之中的成員，在證據不足的情況下我們會相信自己的群體是清白的，但同樣情況下就不會相信其他群體。

也因為這樣，我們會相信自己的群體的意圖，但懷疑其他群體的意圖。舉例來說，雖然美國擁有許多核武器，但美國人民「知道」他們永遠不可能會使用，除非是用來自我防衛。事實上對美國人來說，他們的核武器很明顯是用來威嚇，而不是用來侵略的。但是美國人不會將這種信任延伸到其他國家。對於美國人來說，伊朗是想要在中東引起混亂，否則伊朗根本就不需要擁有核武器。這些「事實」對美國人來說是非常明顯的，即使其他國家否認有侵略的意圖，或質疑美國的說法，他們的否認和質疑都會被視為虛偽或想討價還價。當然，以美國敵對方的角度來看就是完全相反的，美國的說法非常可疑。

總結就是，人類演化出高度合作的特性，但背後原因其實是演化壓力，必須競爭才能生存，我們是為了成為凶猛的競爭者才演化出合作的天性。所以我們不和其他群體的人合作，這一點都不讓人訝異。事實上，對於我們祖先的生存來說，其他群體通常都是嚴重的威脅，所以如果要跨越群體的界線來進行合作，通常都是仰賴一種非常薄弱的信任。公平是相對的，所以即使這項協議能帶來許多原本沒有的好處，一旦我們感受到另一個群體從這項協議中獲得的好處比我們多，群體之間的薄弱信任馬上就受到威脅了。最後，因為我們會虛偽地認為自己這個群體的動機都是正面的，其他群體有相同動機時卻會被認定是可疑的，因此我們不願意相信其他群體的清白，卻會在其他群體也不願意相信我們的時候覺得他們很可疑。

這些心理因素導致我們沒有能力，也沒有意願與其他種族、宗教、國家維持長期的和平。然而我們演化出來的心理學也對環境非常敏感，正是因為人類的認知和行為是有彈性的，我們才能在演化上如此的成功。因此，我們可以克服這種根深蒂固的心理學傾向，不是透過保證或

＊如果我們強行將自己的行為合理化，那也算是一種自我欺騙。

拒絕，而是透過結構、過程和協議讓原本充滿敵意的群體達成利益一致，或是透過協議和驗證策略來化解這些擔憂。

當人們發現其他群體的利益和自己一致，或是認為這項協議是不可能作弊違反的，他們就不會再對作弊跡象做出過度敏感的反應，也不會嘗試要去作弊。不同的群體要有一樣的利益是很困難的，尤其是如果這些群體長期以來都處於對立狀態，但是許多社會力量長久下來可以達成這個目標。民主的進步、透過更多接觸增進對彼此的認識和理解，還有其他許多社會上的改變，都能讓群體走向合作，減少衝突。

透過旅遊、貿易、觀光以及網路，國際社會逐漸融合，這有可能創造一種共同的群體認同，即所有人類都是同伴，而不是認為自己屬於特定部落、民族、國家或宗教的一員。如果能讓不同的群體達成利益一致、重新劃分界線，也可以依賴先進的科學來偵測作弊者，再加上實際理解演化心理學後訂下的協議，就可以在經過驗證之後建立信任了。

第三部

以過去的知識打造更好的未來

第九章
演化為何讓我們擁有快樂

二〇〇七年的某個星期五早晨，在華盛頓特區利用地鐵通勤的人們獲得畢生難逢的機會。為了研究人類的心理學，《華盛頓郵報》安排全世界最傑出的小提琴家約夏．貝爾（Joshua Bell）在市中心的地鐵站進行演奏。將近四十五分鐘的時間，貝爾用他的史特拉底瓦里小提琴演奏了古典樂，而這段時間有超過一千名通勤者直接從他面前的出入口經過。《華盛頓郵報》事前做了精密的規劃，以防人潮眾多、失去控制，但後來發現根本沒有必要做這樣的準備。只有七個人停下來聽貝爾拉小提琴超過一分鐘。

這些通勤者並不明白，全球有數千人付一大筆錢去聽貝爾與交響樂團合奏，他們必須穿著最高級的服裝、努力尋找停車位，還只能坐在距離這位小提琴大師很遠的位置。這項實驗及其結果有非常重大的意義。為什麼明明是同一個人，有時如此受歡迎，有時卻被忽略？《華盛頓郵報》解釋道，貝爾是「沒有裱框的畫」——在地鐵站這個環境下，人們根本不瞭解他的音樂，也不懂得欣賞。這樣的解釋當然是正確的，因為當我們發現一幅畫是出自畢卡索之手，它就會漲到天價，當我們發現它不是，價格就會跌到谷底，但是畫作本身並無任何改變。然而除了環境之外，這個實驗還隱藏了很多祕密。無論是刻意的還是無心的，《華盛頓郵報》安排這次的活動，就是挖掘到了人類心理學中一種根深蒂固的特性。

要說明這個，就必須提到一九七〇年代早期的一個經典心理學實驗。普林斯頓大學的約翰．達利（John Darley）與丹．巴特森（Dan Batson）思考好撒馬利亞人的故事，並感到很困惑，為什麼那麼多人都沒有去幫助被毆打和搶劫的可憐人。耶穌講述這個寓言是為了強調每個人都是我們的同伴，即使是社會中地位最低下的成員，也可能成為重要角色（當時撒馬利亞人是不受歡迎的一個族群）。達利和巴特森卻有不同的想法，他們認為之所以只有撒馬利亞人出手相救，是因為他無處可去。利未人和祭司都比撒馬利亞人重要，他們之所以會路過那個需要幫助的人而不停下，很有可能是因為他們當時有其他事情要做。所以，達利和巴特森開始計畫要測試，能不能用一個人是否在趕時間來預測他會不會提供幫助。這兩位研究者都是很善良的人，但是為了把重點弄清楚，他們設計了非常殘酷的實驗。

實驗中，達利和巴特森要求神學院的學生簡短地說明一下從好撒馬利亞人的寓言中可以學到什麼。學生們會收到以下三種通知的其中一種：一、他們有非常多的時間可以前往辦公室，去錄製他們的談話。二、他們只有剛好足夠的時間前往辦公室。三、他們必須趕快前往辦公室，因為已經拖延到日程表了。接著學生們前往辦公室去發表他們的談話，在途中會遇到一個需要幫助的人。

達利和巴特森請來一個演員，躺在地上哀嚎，他躺的位置是神學院學生們幾乎必須跨過他，才能前往辦公室去說明幫助有需要的人是多麼重要的一件事。關鍵就在於他們之中有多少人會去奉行自己等一下即將發表的意見。與達利和巴特森的預測相同，比起那些時間很充裕的學生，趕時間的學生比較不會提供幫助。但是也許最讓人訝異的是，三種情境下的學生總共只有五三％的人會停下腳步，就算只是問問那個人他還好嗎。

這些學生沒有對有需要的人伸出援手，如此讓人驚訝的實驗結果也顯示出為什麼華盛頓地鐵站的通勤者經過貝爾時沒有停下來——他們都只注重未來。我認為多數的神學院學生根本沒有注意到那個人需要幫助。他們確實看到他了，因為其中有些人直接從他身上跨了過去，但他們太忙了，忙著思考等一下要怎麼向別人強調助人的重要性，以致完全沒把注意力放在地上那個人。同樣地，華盛頓地鐵站裡的通勤者腦中充滿了各種想法，非常紛擾，他們專注地思考等一下要怎麼面對難搞的老闆，或者老是有同事從辦公室的冰箱裡偷走他們的午餐，導致他們幾乎沒聽見貝爾的演奏。

就像在第六章說過的，我們有能力思考過去或未來、可以訂定複雜的計畫，這讓我們擁有許多天擇上的優勢，但很不幸地，這種優勢也會帶來負面效果，讓我們一直思考未來，而無法專心活在當下。因此，人們時常因為沒有把注意力放在當下，而無法去感受眼前的快樂（或需求）。以我來說，我不知道有多少次是在吃著美味的點心，卻無法好好品嘗它，因為我心裡在想著下一堂課、下一次假期，或我該怎麼向老婆解釋為什麼又多了一張超速罰單。

我們習慣思考未來並忽略當下的這種傾向很難消除，但是全世界有許多不同方式的正念療法，這顯示出有多少人嘗試解決這個問題。大多數的冥想方法都是要求人們活在當下，這是一個很值得鼓勵的目標，但非常難達到，因為它和我們演化出來的能力互相矛盾，而這個能力在過去數百萬年都對我們非常有用。我們很難停止思考未來，除非當下的快樂或需求非常重要，才能把我們拉回現實。

相反地，我的狗就完全不會有這種內心掙扎。牠們隨時都活在當下，因為牠們不具有思考未來的能力。每次我給牠們點心，牠們都吃得津津有味，無論是我們剛吃完晚餐或是正要去看獸醫之前。當然，因為牠們無法規劃未來，所以牠們的生活都在我的掌控之下，沒有其他選擇。在很多方面都是這樣，演化給我們一個好處，就會讓我們有所損失，而我們也因此必須面對這個最重要的問題。

為何我們不是隨時都快樂？

我常常在想，中了樂透，突然獲得一大筆花不完的錢，會是什麼樣的感覺。我不可能會中樂透，因為我不買樂透，但是大多數人的樂透夢也永遠不會成真。其實這並不是一件壞事，雖然這很令人難以置信，但樂透得主通常不比中樂透前更快樂，有少部分的樂透得主甚至變得更不快樂。當然不是指他們中獎的隔天，那天當然會很開心，但是一、兩年過後，多數人已經慣了新生活，而他們的快樂也逐漸平復到中樂透以前的程度。他們也許開著更好的車，但是他們的心裡只想著自己還是塞在車陣中。

更糟的是，其中有些人把注意力都放在這筆意外之財所帶來的煩惱，例如一些親戚朋友莫名其妙地出現，期待能分一杯羹。就像珊卓·海伊斯（Sandra Hayes）於二〇〇六年中了二·二四億美元的密蘇里彩券後表示：「我必須忍受人們的貪婪和需求……他們原本都是你喜愛的人，現在卻成了吸血鬼，每個都想榨乾我。」

讓人難過的是，我們每個人都有夢想，但是當夢想實現後，我們卻沒有比夢想實現前更快樂。新的成就帶來新的挑戰。比起迪士尼常說的「從此過著幸福快樂的日子」，德國有句俗諺：Vorfreude ist die schönste Freude（期待時的喜悅就是最大的喜悅）更加貼近現實。

為什麼演化要對我們做這種惡作劇，讓我們夢想著那些可以帶來終身幸福的成就，卻讓我們在真正達成目標時無法獲得快樂？有人會說這是現代世界的錯，是現代生活和古代生活的差異所造成的（稍後會有更詳盡的內容），然而並沒有這麼單純。農業的出現造成了許多改變，其中有些改變是會破壞幸福的，但是我們的狩獵採集者祖先同樣無法獲得永久的幸福。

這個問題的重要解答就是，演化並不在意我們快樂不快樂，只要我們能繁衍成功就好。快樂是演化用來獎勵我們的工具，讓我們去做一切對基因有好處的事。如果我們可以獲得永久的幸福，演化就失去這項最好用的工具了。

舉例來說，假設有兩位祖先，薩格和桂格。在更新世，他們都坐在山洞裡，吃著蜥蜴尾巴，並夢想著殺死一隻長毛象。寸步難行地渡過冰河，還要面對這麼危險的動物，這是一件很困難的事，但在我們的假設情境裡他們兩人都達成了這個夢想，獨自一人殺死長毛象——這太不切實際了，改成他們是負責狩獵的好了。如同原先預測的一般，他們都非常開心，並在各自的部落裡獲得眾人的景仰。

假如薩格永遠維持著這麼快樂的心情，但桂格在一個禮拜左右就恢復到平常的心情，想想看接下來會發生什麼。薩格再也不想出門去打獵了，因為他光是待在山洞裡休息，不斷回想他的英勇的功績，就已經心滿意足了。另一方面，桂格再度充滿了動力，想要達成新目標，他的鬥志促使他起身，再度前往冰原。這會讓他繼續獲得成功，並吸引到伴侶、受到族人的尊敬，也許他的朋友會感激他，讓他睡在比較靠近火堆的位置。

然而薩格在群體之中再也不會受歡迎了，因為他的生產力降低了。大家再也不想聽他講述關於長毛象的事蹟，還會開始問他這個古老的問題：「你最近為我做了什麼？」而他並不會特別在意，畢竟他永遠都這麼開心，但他在社交和繁衍方面會有所損失，所以下一代的孩子之中就比較不會有像薩格這樣的人了。從薩格和桂格的故事可以看出，我們的祖先無法獲得永久的快樂，所以會去追求更遠大的目標，這也讓他們生下更多後代。

現在我們檢視快樂的長期激勵效果，也會發現一樣的模式。非常快樂的人通常都不是很有成就的人，因為他們不需要這麼做。就像泰德．透納（Ted Turner）說的：「所有成就很高的人都至少有部分動機是出於缺乏安全感。」數據的結果就如同泰德所說的。圖表9.1是維吉尼亞大學的大石繁宏（Shigehiro Oishi）和他的同事所紀錄的，早期的快樂與未來收入的關聯。

從圖表的最左邊可以看出，與快樂的人相比，一九八〇年代中期（X軸）不快樂的人在二〇〇〇年初期（Y軸）收入較少。這並不讓人驚訝，快樂的人比悲傷的人更有精神、更有魅力，而這兩個特點讓他們可以獲得更多收入。

更重要的是，中等程度快樂的人，也就是圖表上中間偏右的人在十五年後會賺到更多錢，但是圖表上最右邊那些非常快樂的人，收入

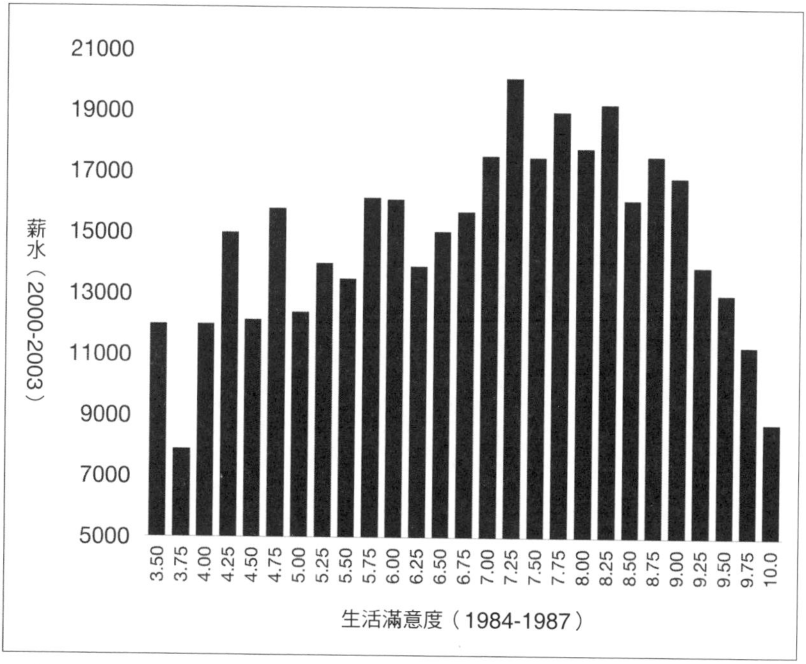

圖表9.1：早期的快樂與未來收入的關聯。（資料來源：Oishi et al., 2007）

卻和那些不快樂的人差不多。中等程度的快樂會帶來人生的成功，但是太多快樂會造成財務方面的失敗。這就是為什麼演化讓我們能獲得一定程度的快樂，有時候感到非常快樂，但這種感覺很快就會消失，並恢復到自己平時的快樂程度。許多心靈成長專家都提倡要以獲得最大程度或永久的快樂為目標，但是從演化的角度來看，這樣的目標是不可能達成的，也是不理想的。

我們演化出幸福感是有理由的，這讓我們願意外出獵殺長毛象，但是幸福不只是一種動機，它對於身體和心靈的連結是很重要的。在討論到底是什麼事物讓我們感到快樂之前，先花一點時間來說明一下為什麼即使是最頑固、脾氣最壞的人，快樂也是很重要的。

快樂與健康

大約十年前，某天晚上我接到一通意外的電話。這通電話是從海外打來的，收訊並不好，所以我沒聽到對方的名字，只聽到他好像是來自羅格斯大學的人類學系。我並沒有要求他再說一次自己的名字，因為我認為大多數人不會在這個時間打電話，而且反正很快就能知道他是誰、他的目的是什麼了。閒聊了一陣子，他告訴我說他受到邀請，明年要到柏林度學術假，希望我能和他一起去。我不是對學術假或柏林有什麼意見——事實上我對兩者都很有興趣——但我有我的事要做，於是我禮貌地拒絕了這個特殊的邀請，然後我才發現和我說話的對象是羅伯特·崔弗斯。

在接到這通電話的五年以前，我曾經有幸在一場小型會議上見到他本人，雖然這幾年之間我只跟他說過幾次話，但他的聲音很獨特、很沙啞，即使收訊不好，我最後還是認出他了。如果邀請我去度學術假的人是崔弗斯，那麼情況就完全不一樣了，所以我請他等我一下，然後遮住話筒詢問我老婆覺得到柏林度學術假怎麼樣。她覺得聽起來很有趣，於是我答應了崔弗斯。

我們在二〇〇八年十月抵達了美麗的柏林學術研究院。我的計畫是要和崔弗斯一起研究，幫忙建立他的自我欺騙理論（第五章提過的），度過接下來的六個月。崔弗斯是個傳奇性的人物，不只是因為他的聰明才智，還因為他那反覆無常的脾氣——你不需要相信我所說的，只要去看他的自傳《狂野人生：一位演化生物學家的歷險》（*Wild Life*）——而且當時我不是很瞭解他，所以我有點擔心和他合作會發生什麼。後來我們相處得很好，但是第一個禮拜確實是個艱難的開端。

我們第一次會談，崔弗斯說他認為我們的免疫系統就像銀行一樣，我聽不懂他在說什麼，但還是若有所思地點了點頭。他接著說，我們演化成上了年紀之後會產生更多正面想法，是因為這樣才能增進免疫系統運作（我還是聽不懂他在說什麼）。我發現老人通常會記得生活中美好的事物，較不記得負面的事物，但年輕人美好和負面的回憶則幾乎一樣多。大家普遍認同的心理學理論是，老人知道自己剩下的時間不多了，所以他們會以正面的情緒體驗為優先（就像學生們快要畢業、離開朋友時也會這樣）。我一直認為這個理論很合理，而崔弗斯的理論完全是錯誤的方向。我還注意到人類在生小孩以前會受到較多來自演化的影響，繁衍過後就會減少，所以我認為隨著年齡增長而更加重視正面情緒，這種現象不太可能是因為演化造成的。

經過一陣子的爭執（還有一陣子的說明）之後，崔弗斯終於說服了我，讓我相信這是一個值得去驗證的想法。就像我在前言提過的，在我們尚未發展醫學時，祖父母對於孫子孫女的存活率有著很大的影響（稍後還有更詳細的內容），這就代表他們的壽命對孫子孫女來說很重要。事實上，人類有一些改變是在老年時期可以增強身體機能的，例如我們的基因組成會改變，防止我們罹患阿茲海默症或其他只有老人會受到影響的神經功能衰退。參考這些研究結果，就會更加認為演化有可能影響老人的動機系統，讓他們盡量活得更久了。但是到底為什麼崔弗斯會說免疫系統像銀行？為什麼老年人會利用它？這些到底跟快樂的重要性、快樂與健康的關係有什麼連結？讓我們依序解答這些問題。

以發展和保養的角度來說，大腦是最昂貴的器官。大腦無時無刻都需要二〇%的代謝能量，無論我們是在解數學題還是在看重播的節目。因為它隨時都需要能量，所以即使我們的身體對能量的需求超過目前的供應量，也無法跟大腦借用能量。相反地，我們的肌肉在活躍時會使用很多能量，休息時則不用，所以原則上我們可以坐下或放鬆休息，以便向肌肉借用能量。這個策略的問題是，我們的祖先如果遭遇到需要大量使用能量的緊急事件，通常也需要使用肌肉做出反應，在這種緊急事件發生時就無法向肌肉借用能量，比如長毛象出現時坐下休息就不是一個有效的做法。

所以接下來就要談到免疫系統。免疫系統隨時都在運作，但它不是為了當下的需求而運作的，而是為了未來做準備。無時無刻都有大量的免疫細胞在我們的身體裡流動，這樣一來如果我們的代謝能量供應不足，也可以暫時休息一下，停止製造免疫細胞。當我們的身體需要更多的能量，第一個犧牲的就是免疫功能。

我們的祖先什麼時候會遭遇能量供應不足的情況？主要可能出現在狂奔逃離劍齒虎，或是用木棍擊打敵人的時候。如果你離最近的一棵樹還有幾碼的距離，但已經可以感受到老虎炙熱的氣息噴在你脖子上，這時候你不需要浪費能量去製造免疫細胞來對抗明天的感冒，而是應該將所有的能量都送到腿部，希望可以活到明天，才有機會再度咳嗽或打噴嚏。反擊與逃命並不會讓人感到快樂，演化正是利用了這一點，讓我們的身體系統與心理狀況做連結。

因此我們的免疫系統演化成在我們感到快樂時會以最高效率來運作，在我們不快樂時則會劇烈地減緩效率。這就是為什麼長期的不快樂真的會害死你，還有為什麼老年時期的孤獨會比吸菸更致命——這些情況都會導致免疫功能降低。事實上，當你過了六十五歲，與其孤單地坐在家中，還不如出門跟朋友抽菸、喝酒、暴飲暴食。

根據這樣的背景，崔弗斯假設老年人演化出一個策略，反過來利用這樣的關聯，更重視生活中美好的事物，以增強免疫功能。比起年輕人，這樣的策略對老年人來說會更加合理，有兩個原因。首先，老年人的免疫系統比年輕人虛弱，來自腫瘤和病原體的威脅變得更嚴重。第二，老年人比年輕人更瞭解這個世界，他們不需要花很多精神去注意身邊的事物。舉例來說，當老年人遇到態度差勁的銀行行員或煩躁的空服人員時，他們有相關經驗，知道該如何有效應對這樣的情況，不需要思考太多。因此，他們比較容易拋開生活中不愉快的遭遇。

我從柏林回到昆士蘭大學的實驗室後，向我的合作者茱莉・亨利（Julie Henry）提出這個假說，再加上崔弗斯的參與，我們詢問我的學生愛麗絲・卡洛卡林諾斯（Elise Kalokerinos）是否有意願主導這個實驗，作為她的博士學位。愛麗絲認為這聽起來很有趣，於是開始尋找驗證的方法。接下來一年的時間，她請老年人和年輕人來到實驗室，給他們看美好的事物的照片（例如一籃小狗），還有讓人難過的東西（例如飛機失事），然後測試他們對於這些照片的記憶。不出所料，年齡超過六十五歲的受試者對小狗的記憶比飛機失事要來得深刻，這代表他們將較多的注意力放在正面的事物，而較年輕的受試者對兩者的記憶力則差不多相同。

接著愛麗絲讓那些老年受試者一年及兩年後再度來到實驗室，我們要進行抽血來檢測他們的免疫功能。免疫系統很廣泛，但在這個初始研究中我們決定把重點放在一種稱為CD4+的白血球細胞。這種細胞會觸發另一種白血球細胞（B細胞）製造抗體，促進免疫功能。愛麗絲發現一年及兩年後，對正面事物的記憶力較好的人CD4+數量較多，活性較低*。

CD4+數量較多，通常表示較有能力對抗疾病。相對地，若CD4+活性較高則表示這個人時常在對抗感染，也就代表身體不健康。換句話說，現在他們的回憶越正面，明年和後年身體就會越健康。由正面回憶與CD4+的關聯可以看出，我們透過正面的回憶來提升免疫功能的可能性更高了。

我們的研究結果並不符合「老年人更重視正面事物是因為明白自己時日不多」這個理論，

但符合其他證明快樂與健康及長壽有關的研究。舉例來說，研究人員刻意讓人們接觸感冒病毒，他們發現比起那些不快樂、社交狀況不好的人，快樂、社交狀況良好的人比較不容易感冒。快樂、擁有良好陪伴的人刻意受傷之後，痊癒的速度也比較快。

這些效果也適用於靈長類同伴。摩洛哥山裡的野生猴子之中，擁有堅強友誼的猴子在面對寒冷天氣或其他猴子的侵略時，生理上的壓力反應比較少（例如糞便中的類固醇激素較少），這表示無論是猴子還是人類，友情和社交陪伴都是關鍵。擁有滿意的社交關係才能使免疫系統正常運作。

關於這種現象，我最喜歡的是俄亥俄州立大學的珍・凱寇格拉瑟（Jan Kiecolt-Glaser）和她的同事所進行的實驗。她們讓情侶們來到實驗室，營造兩種不同情境，並用小小的真空吸引設備在他們的前臂內側製造出水泡。在受試者的手臂上弄出八個水泡後，她們會把水泡的頂端剪破，在上面蓋上小小的塑膠蓋子。（我知道這聽起來很恐怖，但實際上並沒有看起來那麼糟糕）現在這些塑膠蓋子就成了人工水泡，讓研究人員可以收集水泡內的液體，以檢測實驗時細胞的免疫反應。

第一次來到實驗室，研究人員要情侶們討論他們這段關係的發展史，第二次來實驗室則是要討論目前正在發生的爭執（例如金錢或對方親屬的問題）。研究人員在情侶們談話時會離開

＊ 活化後的ＣＤ4+必須忙碌地對抗感染，在被活化之前它們就只是在待命。

現場，但會錄音，以便日後進行分析。即使是在這種半公開的場合，情侶們依然很願意說出心裡話（例如「你對我好只不過是為了跟我上床」、「你是故意要那麼凶的」）。

實驗結果很有趣。首先，與進行正面對話時相比，討論爭執過後水泡需要多一天的時間才能痊癒。第二，在討論爭執時對彼此充滿敵意的情侶，比其他情侶需要多兩天時間才能痊癒。第三，水泡內細胞的免疫活動反映出痊癒的過程發生了什麼。充滿敵意地討論爭執之後，發炎反應大幅提升了，而其他情況下發炎反應則沒什麼改變。

這種發炎反應與心血管疾病、糖尿病、其他疾病有關，這就是為什麼快樂的婚姻可以讓我們更長壽，而不快樂的婚姻（還有孤獨）會減少我們的壽命。這些研究結果也說明了為什麼即使喜歡單獨生活的人也需要定期與人接觸，需要一個對他們來說很重要的團體，需要意義重大的友誼。每個人需要的朋友數量都不同，和朋友見面的頻率也不同，但每個人都必須要有社交連結，以維持健康和幸福。

*

所以，幸福的目的是什麼？你會發現，這個問題沒有一定的答案。幸福讓我們有動力去做一些對生存和繁衍有好處的事，但幸福也不光是這樣而已。演化時常為了達成其他目標而犧牲我們的幸福。感受不到痛苦或失望的人，會很難學習如何躲避壞人、壞的情況、壞的想法。事實上，負面的情緒就跟正面的情緒一樣重要（也許更加重要），因為當計畫往不好的方向前進時，需要付出的成本遠遠超過成功時獲得的好處。

我們從第五章可以得知，幸福在他人看來是很明顯的，而那些試圖判斷你適合成為伴侶、同盟還是敵人的人，同樣也看得出這些訊號。這樣看來，幸福也是一種很重要的社會情緒。而幸福也是我們身體的重要指標，讓身體知道現在可以把能量用來修復和預防疾病了。

第十章
從演化的使命中尋求幸福

我們已經討論過快樂的目的了，現在可以來討論一下到底是什麼讓我們感到快樂。我們的動機系統是演化塑造出來的，所以演化的使命應該能給我們一些提示，讓我們知道該怎麼做才能過上快樂的生活。

因為我們有特殊的使命，你可能會認為只要從演化方面來探討幸福，一定可以長話短說，或甚至只要一條簡單的等式：

食物＋性＝幸福

這條等式確實沒有錯，然而事實更為複雜。幸福的確與演化使命有關，然而這些演化的使命有時候是互相矛盾的，必須擁有智慧以及自知之明，才能成功與它們共存。這項挑戰看起來很容易，因為我們最主要的兩個目標就是繁衍和生存。雖然一定要同時達成這兩項才能把我們的基因傳給下一代，但是繁衍是演化的推手，而生存固然重要，但是只要活到能夠成功繁衍的程度就好了。

這些挑戰掌控了我們的演化動力，並且因為一些複雜的因素而變得更困難，有些因素是古代的，有些則是現代的。以古代來說，雖然我們的演化使命是全球共通的，但策略卻不是。有些物種只能透過一種方法來獲得成功的人生。如果你是一隻雄性糞金龜，你一定要能夠推動比自己身體重好幾倍的糞球；如果你是一隻公麋鹿，你一定要能夠在頂鹿角的對決中把其他公麋鹿逼退。然而我們人類卻有無數種策略可以採用，除了想像力以外，沒有任何限制。我的頭髮要燙捲、拉直還是剪短？我要去做牙齒美白還是矯正？我放在交友網站Tinder上的照片是要拿著集郵冊還是拳擊獎盃？要瞭解該怎麼做才能獲得幸福，我們必須先瞭解自己有哪些個性、特色以及能力，可以讓自己獲得成功。並不是每條路都會通往幸福，但是不同的道路適合不同人。

以現代來說，科技高度發展，讓我們持續開發新方法來抄近路獲得幸福，崔弗斯將它稱為表現型嗜好。表現型嗜好雖然會帶來愉悅感，但只是我們演化出來的喜好的代替品。酒精和毒品、電視，甚至是洋芋片，這些全都是表現型嗜好。這些行為類似於古代的快樂，卻不像古代的快樂是因為能提高我們的適應力，才會讓我們覺得愉快（想像一下收看《六人行》影集和真正擁有朋友的差別）。

如果你認為「人類有演化使命」這種論調太過於決定論了，那麼你必須要記得，在認知方面，我們人類是地球上最有彈性的物種。就像在第二章提過的，人類必須學習大量的資訊才能生存、茁壯，而且比起其他動物，我們的人生道路中必須自行規劃的部分是最多的。這不代表我們可以在所有行為中找到快樂——大部分的人都做不到——但是我們可以決定「幸福」在生活中的重要程度，這也是追求幸福時最有成效的做法。從演化帶來的使命感去瞭解人類的天性，我們就可以進一步地去瞭解幸福本身。

演化的快樂手冊

演化必須依靠繁衍，這是最重要的。但是這個事實常常讓人產生兩種普遍的誤解。第一種誤解是：認為我們一定要親自生小孩，才能把我們的基因傳下去。事實上，如果我們幫助血緣相近的親戚繁衍成功，也可以達到相同目的。演化的壓力會讓人們成為好父母，同樣也會讓人們成為好叔叔、好阿姨，這兩者的結果是差不多的。幫助姪子或外甥，可以確保自己的基因傳到下一代。

第二種誤解是：大家普遍認為演化讓我們產生繁衍的渴望。演化必須仰賴繁衍，但這不代表人類演化出擁有小孩的渴望。在我們的演化歷史中，一直到最近我們才明白性行為與生小孩的關聯，所以如果演化讓我們產生擁有小孩的渴望，就不會有任何效果了。演化讓我們對性行為產生強烈的渴望，而我們這個物種必須對小孩投注大量的照顧，因此演化又讓我們容易喜愛自己生出來的小孩。我們演化出對性行為的渴望，再加上喜歡養育的傾向，結果就跟我們演化出擁有小孩的渴望，並且知道該怎麼做才能生小孩是一樣的。對性行為的渴望與喜歡養育的傾向在所有哺乳類身上是共通的（至少是所有的雌性哺乳類，畢竟動物之中很少有雙親共同撫養的）。

你可能會想反駁，只有對性的渴望，沒有對擁有小孩的渴望，這樣會很沒效率，事實上就是這樣沒錯。人類（以及其他靈長類）擁有各式各樣「浪費」的、與繁衍無關的性行為。我懷疑當「手」這個構造演化出來，過不了多久就發明出自慰這個行為了，畢竟用蹄是不可能的，用爪子又太危險了。儘管如此，只要我們與繁衍相關的性行為做得夠多，也許就不會浪費太多能量去做那些與繁衍不相關的性行為。

性行為在繁衍之中扮演著很重要的角色，因此頻繁的性行為就是幸福生活的關鍵（尤其是如果能和一個喜歡的對象進行）。然而光有頻繁的性行為，還不足以讓人成功繁衍，也就不足以讓人過上幸福的生活了。人類孩童必須依賴父母的長期照顧，因此父母也是繁衍當中至關重要的因素。事實上小孩非常難照顧，光有父母也只是勉強足夠而已，因此演化發明了祖父母這樣的存在。

就像我在前言提到的，拉哈登貝拉和她的同事發現，我們的祖先如果能獲得祖母的幫助，就能提升孩童的存活率，媽媽也能更快擁有下一個小孩。演化是如何創造出祖母的？在女人的生命還剩下許多時間時，不讓她們親自生下更多小孩，而是讓她們把重點放在照顧孫子和孫女＊。這就是為什麼人類女性演化出更年期。

我們可以在圖表10.1看見，杜克大學的蘇珊．亞伯特（Susan Alberts）和她的同事以人類和其他靈長類做比較，發現人類女性的壽命遠遠超過可受孕的期限，這在靈長類中是很獨特的。圖表上的其他猿猴都是落在那條斜線附近，這表示牠們一輩子都可以受孕。舉例來說，母黑猩猩最晚可以生產的年齡大約是四十歲，牠們的壽命最長也是大約四十歲。人類的範本是來自昆（!Kung）族的狩獵採集者，他們幾乎不具備現代醫學照護，因此比起工業化國家的人們，他們更接近我們祖先的生活。這裡可以看見昆族的女人最晚可以生產的年齡是四十出頭，但是最長的壽命卻是七

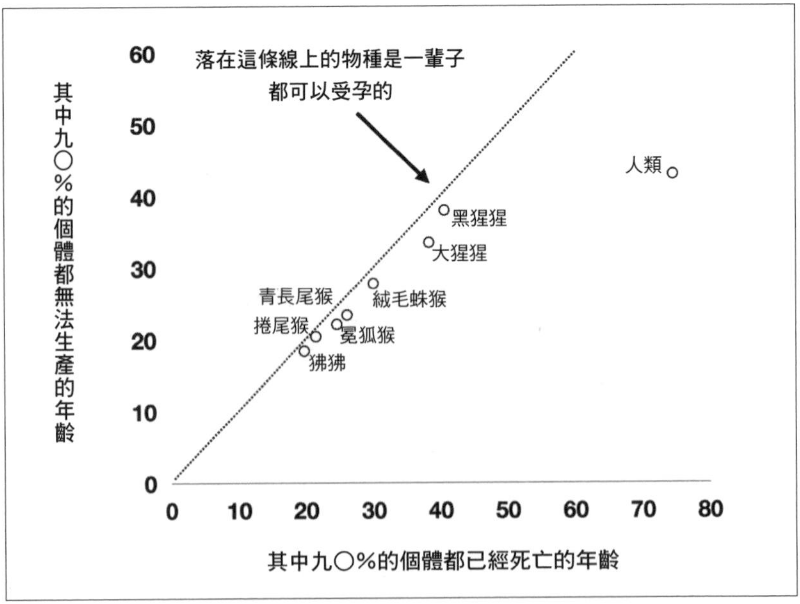

圖表10.1：雌性靈長類的壽命與可受孕年齡。（資料來源：Alberts et al., 2013）

十五歲左右。如果不需要照顧孫子孫女，那麼女人的壽命極限距離可受孕的期限有那麼長一段差距，就會是很不尋常的一種演化結果了（要記得，演化本身根本不在乎生存重不重要）。

因此，養育及教導我們的兒女以及孫子孫女，是一項重要的生活滿意度來源。這不代表我們演化成和他們待在一起的每分每秒都很愉快——在我的孩子很小的時候，我最期待的就是星期一早晨孩子們去上學的時刻——而是代表當我們看見孩子們人生中的成功時刻，就會感到巨大的滿足。只要你在孩子的高中畢業典禮或結婚典禮上待個幾分鐘，就能充分理解這個事實了。

下一個重點可能會聽起來有點性別歧視，但是就像在第四章提過的，女人在生產及養育小孩時必須比男人投入更多生物資源，因此和男性相比，對女性來說養育小孩（以及孫子孫女）會是更重要的生活滿意度來源。話雖如此，無論是男性或女性，讓後代或親戚的後代成功存活都是令人高興的事，為家族的後代做出貢獻可能對所有人來說都是重要的幸福來源。這裡並不是要說照顧小孩時日常生活中的那些瑣碎工作很有趣，因為通常都不有趣，但是知道自己為小孩做了一件正確的事情，是很大的生活滿意度來源。

乍看之下這份幸福的配方——也就是擁有性生活、照顧好你的小孩，是非常理所當然的，然而繁衍是更加複雜的一件事，要藉此提升生活滿意度也非常困難。首先，最複雜的一個面向就是選擇適合的伴侶。挑選長期伴侶時，你必須擁有一種能力，就是預測自己未來的喜好，而

＊要記得，以前女人無法自行決定要不要懷孕。

我們平常光是挑選衣服或髮型就已經夠困難了。每週我都會在果菜市場猶豫很久，猜測哪一串香蕉會在表面變黑之前就熟透，但是比起預測接下來的四、五十年內我會比較喜歡柯特妮還是金，挑選香蕉明顯是個更簡單的工作。

這種預測困難的問題對於我們這樣的物種尤其嚴重，我們會與伴侶建立長期情感連結，因為伴侶是互相挑選出來的。如果我們是佩氏雨濱蛙，那麼所有女人都可以跟最受歡迎的男人交配，因為在交配過程中牠所需要做的就只有讓那些卵受精而已。但是我們必須合作養育後代，所以不可能所有女人都跟最受歡迎的男人交配，反之亦然。有限的人選和相互的選擇迫使我們做出妥協，為了某些我們比較重視的條件，而捨棄其他的條件。當然，挑選伴侶時每個人重視和捨棄的條件都不一樣。你可能比較重視善良；我可能比較重視共同的價值觀；有些人可能比較重視聰明、美貌或經濟能力。

要解決這種問題，最有效的方式就是讓自己變得越受歡迎越好，因為這樣一來，你愛的那個人就更有可能會愛上你了。因此，演化讓我們產生動力來提升自己的魅力，與那個我們想上床及生小孩的對象保持良好關係。也就是說，我們會想辦法讓自己具備異性會喜歡的條件。

異性會喜歡的條件到底是什麼，這可能是人生中最大的謎團之一，然而事實上並沒有這麼困難。男人和女人對於伴侶的要求，其實有許多共通點。善良和慷慨幾乎在所有人的清單上都名列前茅，性感、有趣、聰明也不錯。但是就像在第四章說過的，光是聰明或性感並不夠，你必須比你身邊的人還要更聰明或性感，否則你就會成為最後一名。我們的所有特色都是相對的，這就表示你不需要在每個領域都成為第一名，但你必須在你擅長的領域中表現突出。以我來說，我身高只有五．六英呎（約一七一公分），垂直起跳也只有九吋（約二十三公分），這就代表我沒什麼打籃球的潛能，所以我從來不會努力打籃球。但我比較擅長網球，所以我花了較多的時間在網球場上，進行自我提升（雖然結果也不成功）。

大家必須記得，我從來不是為了贏得女孩的芳心才在網球方面追求良好表現（雖然有一瞬間我的確在意過校隊外套能帶來什麼好處）。我打網球是因為我喜歡這種運動。雖然到了最後，動機是什麼已經不重要了，重要的是我們的行動產生了什麼結果。如果成為一名優秀的網球選手讓我變得非常有魅力，那麼我對這項運動的熱愛就進化了，因為它提升了我繁衍成功的機會。

同樣地，「想要比周遭的人更突出」所帶來的動力也會讓我們擁有自己的專長。擁有專長很重要，因為你獨特的技能會讓你與眾不同，並擁有作為伴侶的吸引力。但是追求專長可能必須付出很大的代價，因為與人比較的社會地位很可能讓我們落入「快樂水車」（hedonic treadmill）的陷阱，達成某件事所獲得的成就感很快就會消散，我們必須非常努力地跟上（應該說是超越）同儕的腳步。和我們的祖先相同，一旦你超越同儕，就會想超越更上層的人。因此一些諸如財富之類的成就，對於幸福的影響不大，除非我們比身邊的人擁有的更多，這就代表我們真正追求的不是金錢而是地位。有兩項研究完美地呈現出這個重點。

地位方面，針對猴子的研究顯示出，當牠們爬到社會階級的頂端，腦中會感受到更多的多巴胺（演化給予我們的快樂毒品）。因為感受到更多的多巴胺，階級頂端的猴子就不會想要古柯鹼了（一種劫持多巴胺系統的毒品）。將古柯鹼和鹽水提供給那些階級頂端的猴子，牠們對兩者表現出的喜好程度是一樣的。相反地，社會階級底層的猴子只感受到較低的多巴胺，因此成了癮君子。這些研究結果證明了這個道理：高等的社會地位帶給我們快樂，低等的社會地位讓我們難過。

金錢方面，一旦人們脫離貧窮，財富與幸福的關聯就沒有你想像的那麼大。更重要的是，如果整個社會的富有程度同時上升，那麼脫離貧窮之後即使財富增加也不會讓幸福感增加，一點也不會。我們可以從過去五十五年來美國的生活滿意度與購買力的對比看出這個現象（圖表10.2）。這

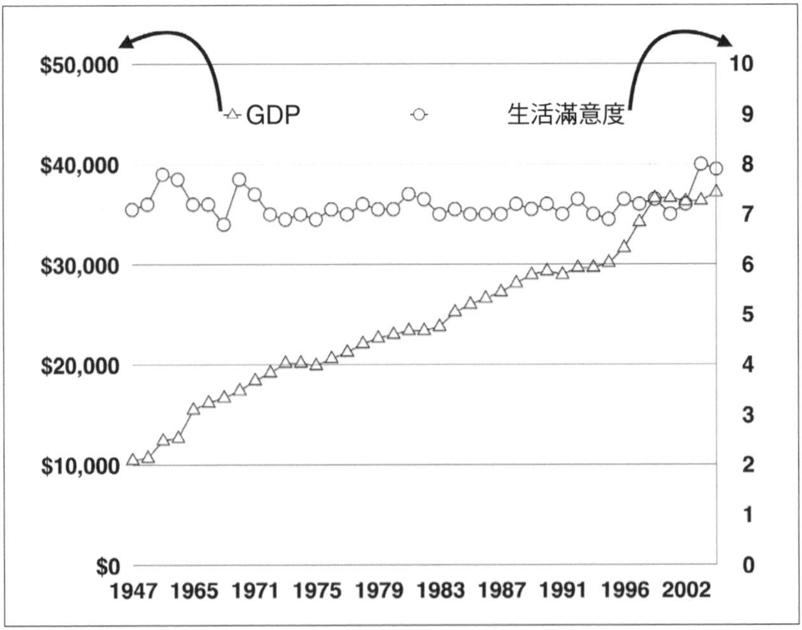

圖表10.2：美國的實質所得（扣除通貨膨脹影響）及生活滿意度。

張圖表顯示出整個社會的實際富有程度（也就是去除通貨膨脹的影響）劇烈提升，並不會讓幸福感有任何提升。

這樣的研究結果表示，我的家庭劇院、花崗岩料理檯面、敞篷車都不會讓我更快樂，除非我有這些東西而其他人都沒有。換句話說，我想要這些東西，只是想讓自己的地位超越他人。而且，無論我有沒有意識到這一點，我想要超越眾人的理由其實也只是因為這樣可以更有機會找到我真正想要的伴侶。電視、料理檯面和豪車其實都是很瑣碎的事物，但因為我不明白這一點，就會花很多時間追求它們，努力工作來購買它們，最終擁有它們，卻不再對它們感興趣了＊。

不幸地，要逃離這種快樂水車的陷阱並不容易。數百萬年的性選擇將這種對地位的擔憂深深地刻劃在人類的心中，所以大多數人不可能停止這樣的行為或忽視這種想法。不過，如果能注意到這樣的問題，也許就會有幫助，尤其是我們也許能把注意力放在生活中其他更可能提供長久幸福的面向。意識到問題的存在也讓我們成為更優秀的父母或朋友。在我們跟老闆聚餐或試圖把網球打得更好時，可能沒有意識到自己是在努力提升地位，但我們天生擁有看穿他人的能力。看見朋友或家人擔心自己該怎麼做才能贏過別人時，我們可以對他們的不安表現出更多

＊我的意思不是說我們強烈地想要在團體中突出，其實不是這樣的，我們反而是很想融入團體，但我們是想要融入團體中的頂層，而不是底層。

同理心，而不是問他們為什麼要那麼在意別人擁有什麼、做了什麼。

我們也許無法忽視這種根深蒂固對於地位的擔憂，但有一項解決方法，就是把錢花在活動上，而不是物品上——花錢去做一些事，而不是花錢買東西。如果你和我一樣，就會認為這個想法違背常理，主要是因為昂貴的體驗讓人感覺很自我放縱。我還記得當我在讀研究所時，住處唯一的一張沙發是從路邊撿來的，即便如此我仍然決定要把存款拿去享受一次滑雪假期。這讓我產生了一陣又一陣的罪惡感，到了出發前往機場時我都還在問自己，購買家具是不是一個更明智的決定？比起到亞斯本旅行，買家具可以使用得更久。然而最後結果卻完全相反：這趟滑雪假期持續得比沙發更久，因為一九八七年的那次滑雪假期至今仍然讓我感到快樂，我和朋友們現在仍然會聊起當時有多麼開心。如果我當時沒有去旅行而是選擇購買沙發，那張沙發一定早就被我太太丟掉了。

利・凡伯文（Leaf Van Boven）和康乃爾大學的湯瑪斯・吉洛維奇（Thomas Gilovich）的研究表示，我不是唯一認同這件事的人。在圖表10.3中可以看到，尤其當人們從購買必需品轉移到購買奢侈品時，體驗型花費會比物質型花費帶來的快樂多很多。即使是購買同一樣物品，為了物質上的理由（我想要擁有一輛豪車）還是體驗上的理由（我想要開著我的全新捷豹、奔馳在蜿蜒的鄉間小路上），也會出現這樣的差別。

下一次你花大錢傷了荷包，別忘記提醒自己，體驗型的購買會比物質型的購買帶來更多快樂。當我們再度拉高了提升地位的目標，物質所帶來的愉悅就會馬上消失，但是我們所經歷過的體驗卻會成為自身的一部分。我們可以跟朋友或家人講述正面的體驗——也就是我們最重要的回憶——然後即使在這份體驗結束後，也會持續不斷地產生滿足感。

幸福和生存

對所有生物來說，生存目標都是最基本的，我們許多的情緒反應都是因為對生存有幫助才演化出來的。我們喜歡吃脂肪、糖和鹽，是因為它們在我們祖先的環境中非常稀有，卻是生存的必需品；我們晚上走在森林裡會覺得焦慮害怕，是因為比起聽覺或嗅覺，我們更加依賴視覺，這也就表示一旦黑夜來臨，我們就會成為獵物，而不是狩獵者；我們害怕被朋友或鄰居拒絕，是因為我們的祖先一旦被團體驅除，就會面臨生存危機；我們在家中覺得舒

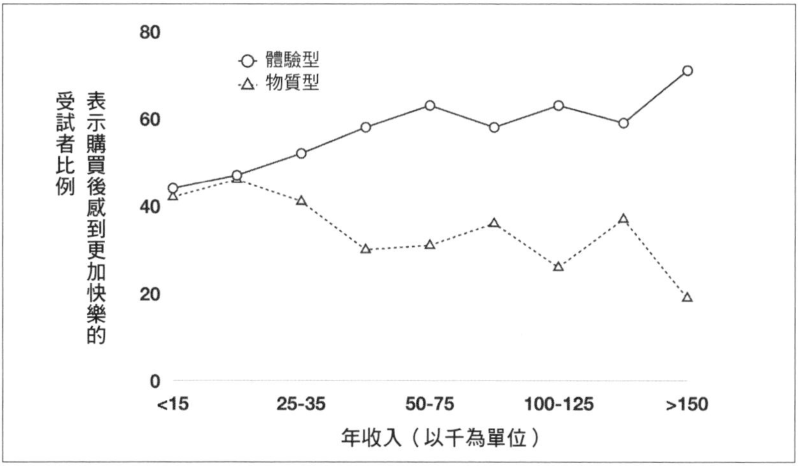

圖表10.3：物質型和體驗型花費所帶來的快樂效果。（資料來源：Van Boven and Gilovich, 2003）

適、有安全感，是因為它保護我們的祖先不受環境或狩獵者的侵害。這些偏好早在我們成為智人以前就已經出現了。

然而，生存目標雖然重要，卻時常和繁衍目標有所衝突。這種取捨最基礎的範例就是變老的過程。我們會老化、死亡，主要是因為我們把重要的生物資源花費在吸引伴侶，與伴侶保持關係並繁衍，而不是用來維護及修復組織。如果我們傳遞基因的方式是透過長生不老，而不是透過繁衍，那麼演化就會讓我們花費足夠的資源來修復組織，讓我們可以活上幾個世紀，而不是數十年。原則上這樣的結果是有可能的，因為較長的生命可以保證較長的繁殖期，也就等於較多的後代，然而狩獵者和寄生蟲導致任何以長壽為主的策略都變得行不通。因為我們的祖先沒什麼機會活到老年才死亡（參考圖表8.1），嘗試要活得很久就是在白費力氣，最好把生物資源都用在當下的繁殖目標上。因此，即使「年輕時就能繁殖」會讓我們老化並死亡，卻成為一種天擇的優勢。

這樣的現象也出現在載脂蛋白E（ApoE）基因的ε4等位基因，它會讓人在老年時期罹患阿茲海默症的機率提高，但很諷刺的是，ε4等位基因同時也會在年輕時讓認知功能運作得更好。它會在你年輕時帶來好處，所以這樣的殺手基因普遍分布在人類之中。演化傾向於犧牲生存，讓演化更加有利，這就表示我們有許多自我毀滅的傾向，也就是心理學方面的ε4等位基因。

心理學方面最有名的ε4等位基因也許就是男性喜愛冒險或容易與人發生衝突，時常被稱為「中了睪固酮的毒」，或單純稱為「男人的愚蠢」。大多數的工業化社會中，最大的人口風險因子就是年輕男性。圖表10.4是根據倫敦帝國學院的生物學家伊恩・歐文（Ian Owens）的研究製作而成，一九九〇年代後期的美國人口死亡數據顯示出一旦男人進入青春期，就會比女人更容易死於與他人的衝突、車禍或各種類型的意外。

大多數人不明白，男人的愚蠢實際上是來自女性的選擇，是因為性選擇才導致男人喜歡冒險、容易發生衝突。這可能會讓人覺得很違背常理，因為通常女人會說自己不會被這種男人的愚蠢給吸引，所以我要解釋一下。

你可以透過你的Y染色體來追蹤你的男性祖先（如果你是女性的話，可以透過父親的Y染色體）；也可以透過你的粒線體DNA來追蹤你的女性祖先，這只會從母親那裡得到，因此可以追蹤你的女性祖先。如果你能夠收集到足夠的樣本來進行分析，就會發現在你的族譜之中，女性的數量比男性更多。剛開始我們會覺得怎麼可能會

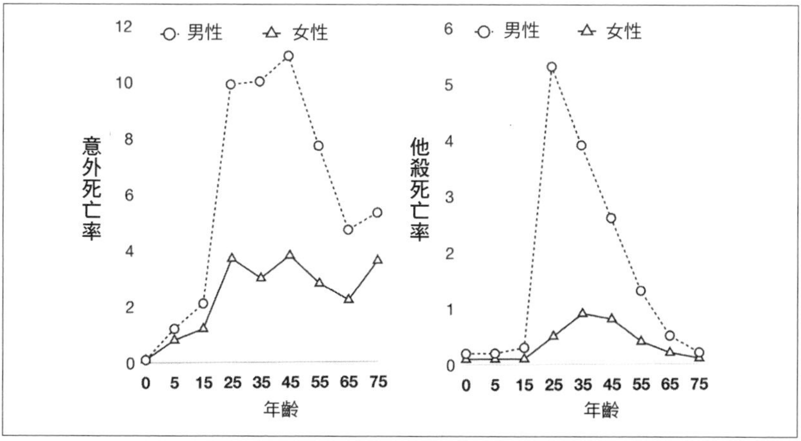

圖表10.4：美國的男性與女性的意外死亡率及他殺死亡率。Y軸顯示出每年每十萬人之中有多少人死亡。（資料來源：Owens, 2002）

有這種不平衡的情況？必須要有一男一女才能生孩子啊。然而某些男人有很多個伴侶，成為很多個小孩的爸爸，某些男人則沒有那麼多。比起女人，男人更有可能擁有很多個孩子，也就更可能會有人在求偶競賽中一個都沒得到了。

喜歡冒險讓一個男人從和尚轉變為花花公子，因此男人演化出喜歡冒險的傾向，因為冒險有可能提升繁衍機會。男人的繁衍差異較大（有些男人完全沒有小孩，有些男人有很多個小孩），他們就比女人更容易去冒險了。相反地，女人如果愛冒險就太不明智了，因為她們無論小心謹慎還是愛冒險，擁有的後代數量都不會改變。

冒險是擇偶條件的真實證明，因此男人的愚蠢又更進一步地被強化了。回想一下第四章的內容，你會發現喜歡冒險是一個可靠的訊息，表示這個人非常強健或非常厲害。如果你成功挺過某種風險，代表你很厲害；如果你失敗了，但仍然存活下來，代表你很強健；如果你失敗了，而且沒有存活下來，那麼結果也很顯而易見。綜合上述理由，女人可以將男人的冒險視為一種條件的象徵，因此男人會演化出喜歡冒險的傾向，這樣有助於吸引女人。這樣的概念在動物王國之中處處可見，但我和我的博士生理查．羅內熱切地想要在人類身上找出一項證據。

我們測試一項新概念時，剛開始都會想要盡量節儉一點，所以我們起初在實驗室中進行的研究是請男人來，在電腦上給一顆氣球打氣。每打一下都會讓他們賺更多錢，但也會增加氣球爆破，導致他們輸掉所有獎金的風險。和預測的結果相同，我們發現男人看了充滿魅力的女性照片之後，會把氣球打得更大。你可能跟我們想的一樣：這是個好的開始，但是並不能完全證明男人愛冒險。

為了下一個實驗，我們在eBay買了一些「電擊球」。這種有趣的玩具是一顆會發電的球，它會隨機發光，並讓拿著它的人觸電。我們決定利用電擊球來創造一個類似電腦氣球的遊戲。男人握著那顆球，多握一秒鐘就可以多賺一點錢，但是如果握太久就會觸電並輸光所有獎金。我們認為男人在有魅力的女性面前會握得更久。這個效果的確出現了，但我們仍然對這個遊戲與風險的關聯感到遲疑，電擊球無法真正顯示出男人的技術好壞或強健程度。

我們遇到的問題是，很難在實驗室中研究嚴重的風險問題，因為刻意讓人們處於可能真正受傷的環境是不道德的。這個問題讓我們困擾了一陣子，直到理查想出一個好方法：為什麼不去研究滑板玩家呢？他們原本就已經在冒險了，我們只需要帶著一個有魅力的女人出現在那裡，看他們的行動會不會有所改變。

所以我們雇用了一位美麗的研究助手，來到滑板公園。實驗的第一階段，男性研究人員會走向一位滑板玩家，詢問可否拍攝他玩滑板的影片，讓他嘗試某個他正在練習但還沒練到完美的技巧，嘗試十次。實驗的第二階段，會由男性研究人員或是我們雇用的那位漂亮女性來詢問同一位滑板玩家，嘗試同樣的技巧十次。在這位滑板玩家完成第二輪的演示後，我們會採取他的唾液樣本來測量睪固酮。

就像我們預測的一樣，見到女性研究人員之後睪固酮確實升高了，而睪固酮濃度越高，滑板玩家就更愛冒險。他們的冒險程度提高了，因此更常摔倒，但也成功落地更多次。這兩項結果都達到滑板玩家期望的目的：成功落地顯示出他們的技術好；而摔倒落地顯示出他們身體強健。這些受試者即使手肘或膝蓋流血也滿不在乎，也拒絕了我們在實驗開始前基於道德而提供的安全帽及護膝。

關於幸福，我們從生存和繁衍的對立之中可以推斷出什麼？第一點就是，年輕男人喜歡冒險，做那些愚蠢的事情既不是因為「病態」，也不是因為他們跟現代社會脫節，也不是社會評論常常給他們貼上的那些標籤。這是我們祖先的一種非常合理的演化策略，在現代仍然在繁衍方面有其意義。

第二點，試圖阻止兒子、兄弟或朋友做一些不必要的冒險行為就是在自討苦吃，最好不要阻止年輕男人加入競爭或冒險，這很可能會導致反效果。數百萬年來年輕男人都必須承受演化的壓力，他們的睪丸發出指示，要他們加入競爭或冒險。因此，最好的做法就是不要完全阻止他們去冒險，而是用較為溫和的競爭或刺激活動來代替真正的危險和衝突。完全不會讓人受傷的運動不太可能滿足這樣的目標，但是不會讓人受傷得太嚴重的運動就很適合用來代替。

合作與競爭

就像我在第一章提過的，優秀的合作能力讓我們的祖先離開雨林後還能適應環境並生存。我們演化成彼此合作的物種，也演化出如何找出偷懶者的方法，以及對偷懶者產生的強烈情緒反應。我們都知道被別人利用時那種憤憤不平的感覺，這種情緒反應解釋了為什麼福利政策時常伴隨著爭議，我們擔心接收幫助的人是一些懶惰的人，讓其他人像傻子一樣提供幫助，或真正處於劣勢需要幫助和同情的人沒有得到應有的幫助。

被他人利用時感到的憤怒讓我們確保群體成員會跟我們合作，但我們的情緒也是由合作目標塑造出來的。我們不會喜歡那些為了回報我們先前曾提供的幫助，或是希望之後能獲得回報才和我們合作的人，我們喜歡的是親切、善良、慷慨的人，這些人是純粹喜歡和他人合作。當然，其他人也會因為同樣的理由喜歡或討厭我們，這讓我們的祖先之中純粹喜歡合作的人獲得了潛在的演化優勢。這就是為什麼我們常常和一些陌生人分享資源，即使他們永遠不可能報答我們。

人們對陌生人做出分享行為，有時會讓經濟學家感到很訝異，這是因為他們誤解了我們的演化歷史。這表面上看起來很像我們讓自己變成吃虧的傻子，但是即使慷慨的人也會被利用，長期下來他們獲得的好處還是比失去的多。比起小氣或愛計較的人，慷慨的人更受歡迎，在全球都是這樣。位於坦尚尼亞的哈札族狩獵採集者要解散陣營並前往不同方向時，許多人都想跟隨慷慨的人，但是小氣的人很可能會被丟下。澳洲西部的馬爾杜（Martu）族人早晨出發去打獵時，慷慨的人即使打獵技術並不是最強的，也時常被選為一起打獵的夥伴，而小氣的人就時常被遺忘。祕魯安地斯山脈的克丘亞（Quechua）牧民，以及所有我們擁有足夠數據的人們*，都出現相同的現象。

因為這些來自演化的壓力，我們會無意中幫助別人、與人合作——我們會不加思考便與人合作，因為有人需要幫忙，這是我們天生的反應。在一項實驗中人們可以選擇要與人合作還是拒絕，這時候多數人都會很快地選擇合作，即使當下選擇拒絕是較為理智的。人們被迫迅速做出決定時也會出現同樣的現象，通常都會選擇合作。

我還記得這份關於無意識幫助別人的研究首度公開時我有多麼開心，因為這可以解釋我以前的愚蠢行為——為了一根四十分錢的捲筒冰淇淋，差點沒救到一個小孩的性命。幾年前我和我太太以及兩個年幼的孩子搭電扶梯下樓，我手上拿著一根麥當勞的捲筒冰淇淋，是剛才買給孩子的。我們開始往下時，一個女人在底下發出尖叫聲。我往她的方向看過去，只見一隻小孩的手從外側伸向內側、抓著電扶梯的扶手，卻看不見小孩的身體，我馬上明白他是在電扶梯的外側被往上拖，現在位置已經太高了，他不敢放手跳下去。這是個大問題，因為電扶梯有兩層樓高，而且途中四分之三處有一根裝飾柱緊鄰著電扶梯，很快就會把小男孩脆弱無力的手給打掉。

我輕鬆地越過扶手跳到另一邊的電扶梯，然後往下跑，在他碰到裝飾柱前抓住了他，他幾乎沒什麼重量，我很輕易地就抓住他的手臂，把他拉起來了。但是愚蠢的地方在這裡：因為我是在不假思索的情況下無意識地提供幫助，所以搞亂了整個程序。

我跑下電扶梯後，沒有選擇把我的冰淇淋丟在地上或電扶梯上，而是把它轉移到我的小指，這樣我越過扶手去抓住那個小男孩的手臂時還可以持續拿著冰淇淋。我非常確定，這個步驟一定有多花一些時間，也一定會讓我更難抓住那個小男孩，因為我同時要避免冰淇淋掉到地上。這冰淇淋也害我差點被揍，因為現在那個小男孩的父親已經聽到他老婆在尖叫，並看到我跑上電扶梯，抱著那個小男孩、同時拿著冰淇淋。

我可以想像他心裡在想什麼，但很幸運地，他選擇不跟我計較，只是跑下電扶梯然後從我手中接過他的小孩。一切的混亂都結束後，我坐下來看著手中的冰淇淋，搞不懂為什麼自己會這麼愚蠢。現在回想起來，我完全是不假思索地出手救那個小男孩，完全沒有使用認知能力去衡量拿著冰淇淋不放會有什麼好處或壞處，我只是無意識地遵守一般的道德準則——不要把食物丟在地上。事實上，人們出手幫忙卻把事情搞砸，這種情況很常發生，許多國家（例如美國）都有「好撒馬利亞人法」，這樣即使出手幫忙的人把事情弄得更糟，也不至於吃上官司†。

這種對於合作的渴望是一種強而有力的推力，而這種演化的壓力造成了一種動機系統，讓我們非常習慣幫助別人。我們希望孫子孫女可以在星期天過來吃午餐，並且會在幫助家人或朋友時感受到真正的滿足。最近一項以將近一百個國家為對象進行的世界價值觀調查（World

---

* 當我回想起這些年來朋友們給予我的幫助，對我來說意義最重大的、讓我最感動的，是他們並非出於心機而對我做出的慷慨舉動。舉例來說，我還記得大學時我去拜訪我的朋友喜德，在回家之前就不小心花光身上所有的錢。我問喜德（他常年都是破產狀態）能不能幫我付錢買一張車票，他把手伸進口袋，把裡面所有的現金掏出來給我，他完全不打算去數那些錢，也不在意到底有多少錢。

† 比如說如果陪審團問我為什麼讓小孩掉下去，而不是放掉手上的冰淇淋，我該怎麼解釋？

Values Survey）顯示出，全世界的人們都認為家庭是人生中最重要的。以演化的角度來看，這項結果十分合理，但我們與他人合作，做出利他的舉動時獲得的滿足感不限於家人、親戚，甚至超越親近的朋友，而是遍布整個社群。

就像在第三章提過的，我們現在的社群已經比以前大了許多，但是社群帶給我們的心理效果幾乎沒變，也就是說，我們從狩獵採集者演化到現在，基本上沒有太大的改變，融入社群是幸福生活的關鍵。不幸地，現在我們變得越來越富有、越來越依賴科技，也減少對彼此的依賴，因此無意間減少了我們和鄰居或大型社群的聯繫。

有些人覺得要融入新的社群非常容易，經常搬家並不會影響到他們的生活滿意度。性格外向的人就是這樣，他們喜歡跟不太熟悉的人相處，並覺得能夠認識新朋友是一種好機會。相反地，性格內向的人覺得認識新的人很困難、很不愉快，所以搬到一個新社區、新城市、新的州，就會嚴重影響他們的生活滿意度。融入屬於自己的社群對每個人的生活滿意度都很重要，但是該如何達成這一點，每個人有不同的做法。對於外向的人來說，即使搬家、跨越整個國家或整個地球，也不會造成什麼影響。對於內向的人來說，經常搬家要付出的代價很大，因此一定要深思熟慮，衡量收穫能否抵銷付出的成本，再決定是否要到新的社群去就學或就業。

一定要記得，「抵銷成本」不只是一時的不快樂。就像我們在上一章提過的，幸福感會對身體做出指示，讓免疫力以最高效率運作，如果時常出現不開心的感覺，會對身體造成長期的傷害。我們可以在圖表10.5中看出融入社群對於健康有什麼影響。資料來自大石繁宏與烏爾里希·什馬克（Ulrich Schimmack）的研究。從這份圖表可看出，童年時期頻繁搬家對性格內向者的健康會造成損害。資料顯示出雖然這些傷害是在童年造成，但它們永遠不會徹底痊癒。童年時期頻繁搬家的性格內向者，老年死亡率較高，但是性格外向者就不會受到童年搬家次數影響。

這些資料顯示出人們與社群切斷聯繫會有什麼後果，不過大多數人都很注重創造並維持這樣的聯繫。融入你的社群，為有需要的社群成員提供幫助，可以讓你獲得生活滿意度，這說明了為什麼有些人非常堅決地反對福利政策，卻很慷慨地對社群中遭遇困難的成員伸出援手。只要能確保這些人是真的有需求，不是要占自己便宜，所有政治立場的人都願意盡力幫助同伴。

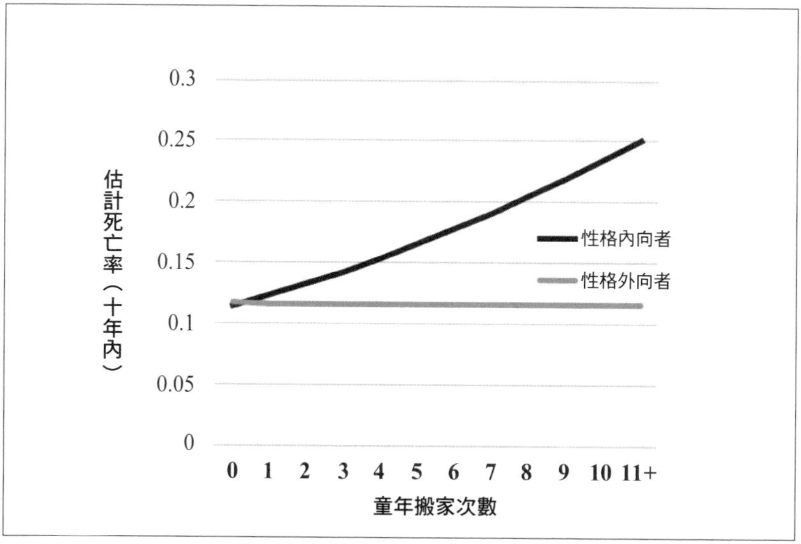

圖表10.5：性格內向者與性格外向者的童年搬家次數與六十至七十歲之間的死亡率。（資料來源：Oishi and Schimmack, 2010）

慈善事業可以為有需要的人提供援助，然而讓你覺得自己對社群做出貢獻的那種成就感更能證明這個現象。我們在社群中必須是有價值的——我們的祖先如果在社群中沒有價值，就有可能會被驅逐、導致死亡——若要為團體提供價值，最簡單的方法就是生產的比消耗的多。我們可能不會意識到這樣的計算，但是它驅使我們為社會做出貢獻。如果有人問你希望死後別人會如何記得你，那麼他真正想問的其實是你對社群做出了哪些貢獻。

快樂與學習

我在這本書中持續提到，人類生存和茁壯所需要的一切知識或技能都是自己主動學習而來的。我們出生時懂得非常少，當時大腦只長好一半而已，如果要等它全部長好再生出來，會變得太大、無法生出來，因此我們需要一段很長的發展時期，才能成為社群中有所貢獻的成員。不像牛羚一生下來就可以奔跑逃離狩獵者，我們出生後超過十年都還很有可能被掠食者吃掉。

這段漫長的發展時期幾乎都用來學習我們的群體所採用的生存方式。我在第二章說過，人類很有適應力，在地球上的任何一個角落都可以生存，但是這樣的適應力也代表我們無法依賴與生俱來的知識或直覺來生存。因此，演化讓「學習」這個行為與我們的動機系統緊密連結，全球的人類都喜歡學習。好奇心是我們的其中一種基本動力，學習、學會做某件新事物時所獲得的滿足感是全球共通的。

大家都知道好奇心對於動力的重要性，但是有兩種重要的學習方式（也就是兩種重要的生活滿意度來源）時常被大家忽略：玩樂和說故事。所有人類都會玩樂，哺乳類也是。玩樂通常發生在動物未成年時，因為可以透過玩樂來學習成人世界的規則及策略。它還能幫助人類或其他動物學習合作，因為小時候與他人的互動都是正向的，而且可以讓他們知道誰會給予回應而誰不會。玩樂讓年輕的雄性動物學習如何競爭，以便追求雌性動物，也可以學習成年後如何在階級社會中提升自己的地位，還能幫助青少年學習如何狩獵，或從狩獵者手中逃脫。小貓最喜歡突然撲過去互相襲擊、假裝打架，而小男生也很喜歡這樣玩。所有小孩都喜歡玩角色扮演遊戲、運動或比賽。人類是很特別的，必須學習無數的知識，所以玩樂的重要性不僅存在於童年，還延伸到成年後的生活。如果缺乏了玩樂，生活就不會那麼有趣了。

對所有哺乳類來說，玩樂都是很重要的（某些鳥類和爬蟲類也是），然而說故事卻是人類特有的行為。人類學習時有一大優勢，就是卓越的溝通能力，可以將他人的學習和成就融入自己對世界的理解。這種學習方式中最古老也最重要的形式，是我們豐富的口傳傳統。所有的人類文化中都有說故事的行為，這肯定是從我們的狩獵採集者祖先開始的，忙碌的一天結束後他們會圍坐在火堆旁，分享自身經歷的故事。在現代狩獵採集者的社會中，圍坐在火堆旁說故事仍然是一項很重要的活動，這段時間人們可以放下眼前的經濟與社交問題，專注於更為廣泛的模式、規則和經驗，讓他們在社群裡更有生產力。

擅長說故事的人可以提升自己在群體中的地位，因為他們提供了娛樂和知識。在現代社會，喜劇演員、脫口秀主持人、電影製作人、政治家、伊瑪目（Imam）、拉比、作家、學者、政治專家就是這樣的角色，他們為受眾提供娛樂、提供知識、傳播社會規範。演化讓每個人都喜歡聽故事，因為當我們傾聽他人經歷過的磨練和苦難，就可以從他們的經驗中學習到困難，甚至是必須付出代價的一課，卻不需要承擔風險。最後，說故事可以讓社群成員產生聯繫，透過共享的情緒體驗，產生共同的現實感，以及看待這個世界的常識。

當我說出我在布魯斯．史普林斯汀的演唱會上不小心尿尿在洗手台的故事，讓聽眾分享我的窘境並哄堂大笑時，我感覺自己得到了認同，而且我和社交群體的連結又變得更緊密了。聽朋友們敘述那些美妙、瘋狂或恐怖的故事，並得知故事的結局，可以讓我在遇到類似的情況時知道該怎麼做。因為上述這些理由，聽故事和說故事成為幸福和生活滿意度的兩大重要來源。

快樂、人格和發展

就像我前面提過的，有許多方法可以成為一個成功的人，因此有許多種途徑可以獲得幸福。如果我長得又高又壯，我可能會透過運動或其他體能競賽來吸引伴侶，但如果我長得很弱小，那麼我最好試著透過幽默感或善良來吸引伴侶。這些體力、腦力和人格方面的差別也讓我們各自適合不同類型的職業。人們通常會從事自己擅長的活動，避免自己不擅長的活動，以此選出最適當的策略。成功的潛力以及被群體重視的程度會影響我們的動機系統，所以不同的活動會讓不同的人感到開心。如果比起體育，我更擅長的是美術，那麼我可能會在畫畫的時候獲得更多滿足感，而不是在踢足球的時候。

這些個人差異也會在生命中的不同時期發生變動。在我們還是兒童的時候，很難對群體做出什麼貢獻，因此兒童大多數的幸福都是來自於與他人互動，以及得到父母或同儕的肯定。因為比起共通之處，與他人不同的特色更容易被注意到，這種對自我的感覺讓他們在團體之中可以正面的突顯自我。

人們從孩童時期就開始注重發展獨特的能力，讓他們成年後可以更有生產力，但是兒童的世界觀時常讓他們偏向奇怪的方向。我還記得以前我女兒在旁邊聽我教她哥哥寫功課，因此學會了閱讀，我就想要讓她在幼稚園老師面前炫耀這件事。我們和她的老師坐在一起，我問她：「你昨天學會了什麼？」她看起來非常疑惑，然後突然想通了似地大聲宣布：「我昨天學會從消防滑桿上滑下來！」這個例子告訴我們，小孩子在「正面的突顯自我」這方面和大人注重的方向不太一樣。

當我們成年後，對社群的貢獻變得很重要，我們開始依靠自身擁有的能力，試圖在階級社會中提升地位，並讓群體中的人重視我們。大多數人在年輕到中年時期，這些能力表現都是很穩定的，然而到了老年就會開始出現明顯的改變，體能開始下降。老年人通常擁有較多知識，好抵銷他們逐漸退化的體能，在過去，這讓他們老年後仍然具有價值。

不幸的是，現代世界無時無刻都在改變，老人所擁有的知識可能已經過時了。然而演化的壓力讓我們必須持續對群體做出貢獻，這並不會因為我們老了就發生改變，許多老年人還是會努力想對社群做出貢獻。對於老年人來說，遺產及照顧他人變得非常重要，因為他們可以藉此和社群維持聯繫、提供幫助。在追求幸福人生時，我們必須記得，坐下來好好休息可能聽起來很不錯，但是如果我們能找到對他人產生貢獻的方法，就可以讓退休生活變得更加滿足。當我們埋首於工作或其他責任，忙得不可開交時，永久的假期聽起來很棒，然而大家不要被那種只推廣娛樂活動的退休手冊給騙了——對大部分的人來說，其實沒有這麼棒。

現代世界的陷阱

「思考如何過幸福的生活」可能是現代特有的消遣，但是我們要達到這個目標，就要遵循那些讓祖先成功的策略。性行為和食物、養育小孩和玩樂、擁有專長和說故事、親朋好友、健康與家庭、社群與貢獻，這些都是我們祖先成功的關鍵，直到今天，這仍然是讓我們獲得幸福的關鍵。然而，現代世界有許多新選擇，我們時常無法確定這些現代版的新選擇有沒有像以前的一樣好。

舉例來說，電影和電視取代了說故事，而且它們也都很有趣，但是說故事不僅僅是敘述一連串的事件。電影和電視無法像彼此對話那樣將人與人聯繫起來（除非我們之後聊起這個話題），某種程度上電影和電視也屬於表現型嗜好（就像洋芋片），所以理所當然地，人們無論有多麼喜歡自己最愛看的電視節目，都不會將電視節目列為生活滿意度的重要來源。軼事類型證據顯示出比起電視，書籍更有可能帶給我們意義重大、持續較久的效果。如果這是事實，那麼說故事的重要之處也許就是在於我們聽到別人敘述一些自己無法直接經歷的體驗時，心裡會出現一種想像與創造的過程。即便如此，我們說過、聽過的故事還是會比書籍要來得更難忘、更重要，因為書籍通常是自己一個人閱讀。

現代世界中還有其他東西可以帶來類似古代重要體驗的效果，但是幫助不大，並不會讓我們滿足。毒品和酒精可能是表現型嗜好中最明顯的例子，因為它們的效果會直接通到大腦中負責快樂的區域，卻沒有產生這種愉悅的生理或體驗活動。除了毒品和酒精，再來就是垃圾食物，因為在古代我們的祖先很難取得糖、鹽、脂肪，然而它們在現代卻非常充足。令人難過的是，我們現在必須努力克制的事情曾經是一項為了健康而必須達到的目標：盡可能地吃很多糖、鹽、脂肪。

當我們擁有太多享受，就必須付出一些代價，這就是在演化的歷史上我想要強調的最後一課。我們的祖先若想要成功生育，擁有長期的性伴侶是最好的方法，因此我們會覺得長期的親密關係特別重要。和適合的人成為伴侶後，我們最有可能獲得長久的幸福。然而演化也讓我們喜歡尋找新伴侶，如果把基因的雞蛋放在不同籃子裡，男人和女人都能獲得繁衍方面的好處。

問題是在我們祖先的環境中，新伴侶很稀少，因為他們一輩子都和一小群人生活在一起。但是在現今社會，新伴侶就像脂肪、鹽和糖一樣源源不絕，不停地誘惑我們，讓我們想捨棄原有的伴侶，嘗試新的、更讓人興奮的。當然，新伴侶很快就會成為舊伴侶，因為新鮮感轉瞬即逝，我們會逐漸感到無法滿足。然而即使這樣的事實擺在眼前，也無法阻止人們不停地換對象，就像它無法阻止我們的祖先走上同一條路。

大多數人比較擅長避免接觸誘惑，而不擅長拒絕誘惑，如果有人能夠成功避免新伴侶的誘惑，通常是讓自己不要與之接觸。比起城市，婚姻在鄉村可以維持得更久；如果你是一個默默無聞的人，你的婚姻也會維持得比著名演員或搖滾明星更久。這些研究又讓我們想起那句德國俗諺：當我們達成目標後，無可避免地會感到失望。來自全世界的崇拜以及名聲是全球人類共通的夢想，然而你只要看看那些名人過著波瀾萬丈，不停重複離婚的一生，就能理解當個默默無聞的人有多麼快樂。

邁向幸福生活的「十個簡單步驟」

如果某個不認識的人告訴你有十個簡單的步驟可以獲得幸福，那麼你一定是被騙了。就像剛才說的，沒有什麼幸福是長久的幸福，而且每個人獲得幸福的方法各有不同。話雖如此，從演化的角度來尋找幸福會比較容易成功，至少有時候會成功，而且還可以幫助我們瞭解什麼是幸福。所以我並不是真的要教你十個簡單的步驟，而是將前兩章的內容整理成十項重點，以達成這些目標。

（一）活在當下。因為我們習慣活在未來，導致我們無法享受現在這一刻，尤其是突然出現無法預期的快樂時。如果你無法在日常生活中找到快樂，進行正念或冥想也許會有幫助。如果你時常擔心未來，學著活在當下也可能會減輕你的壓力。要記得，「活在當下」這句話說得比做得容易多了，這主要是因為你正在努力停止使用演化賦予你的一項重要技能——規劃未來的能力。

（二）尋找開心的時刻。我們幾乎不可能永遠感到快樂，但這不代表我們無法讓生活變得更有趣。達成演化的使命會為我們帶來正面的情緒，程度從滿足感到極大的喜悅都有可能。我們需要做好心理準備，這樣的情緒並不會持續很久，但是大家應該都會選擇持續追求更多快樂的時刻吧？

（三）守護你的幸福，才能保持健康。快樂是身體健康的關鍵。如果你為了某些不太重要的東西而犧牲了快樂，就應該問問自己，這樣的情況持續多久了？未來還可能持續多久？短期的犧牲是可以的，但應該盡量避免長期的犧牲。如果你一定要犧牲你的快樂來達成其他目標，就要訂定一個期限，並嚴謹地遵守，否則也許有一天，你一覺醒來，發現你的短期犧牲已經持續好幾年了，你的快樂和健康也隨之離去了。

（四）累積經驗，而不是物品。你曾經擁有的快樂時光會成為你的一部分，而你曾經擁有的物品會堆積灰塵或變成垃圾。意思是說，如果你對於過去經驗的記憶力像我一樣爛，可能會覺得很難回想起曾經擁有的美好時光，然後發現自己一無所有，只記得一點點回憶。這個問題有一個簡單的解決方法——拍照，或甚至是在旅途中購買那些當地的小玩意兒。將這些小東西擺放在家中或辦公室，讓它們提醒你，你就可以重新回味那些愉快的時光，或對冒險途中發生的意外一笑置之。

（五）以食物、朋友、性關係為優先。這三樣東西是基礎要素，能藉此獲得日常生活中的快樂。要注意，這裡沒有提到金錢或自由。擁有大量的金錢或自主權並不是不好，而是追求的過程中不能因此阻礙到享受食物、擁有性行為或朋友的機會。這三樣東西最有可能成為人生的快樂來源，這些快樂的經驗累積起來就會讓人生變得有意義。

（六）合作。和家人、朋友、同事合作，達到彼此的目標，是生活滿意度的一項重要來源。你的成就不會讓你永遠感到快樂，但是合作行為會為你帶來益處，並成為生活滿意度的基礎。不是只有休閒活動會帶來快樂，工作和效率也會，尤其是當你達成「與人合作」這項演化使命時。我們所做的工作並不是每一件事都有意義，因為生活中總有一些必要的沉悶苦差事，但是和你信任的、欣賞的人合作就能減輕負擔。

（七）融入你的社群。考慮是否要做某件事時，如果必須和現在的環境完全斷開聯繫、前往另一個地方，就一定要小心謹慎地思考再做決定。演化讓我們具有好奇心，所以我們永遠都會被全新的人、全新的地方吸引，但你不需要捨棄原本的朋友，也可以認識新朋友、看看新的地方。即使你有很嚴重的流浪癖，也要試著保持和原本的社群聯繫。

（八）學習新事物。學習是一輩子的快樂來源，而玩樂和說故事是兩項重要的學習資源。我們在人生中的每個階段，從童年到成年、中年、老年，都很享受學習新專長。如果你仔細挑選活動，就能一直享受學習的過程，直到生命的最後一天。

（九）發揮你的強項。有許多方法可以獲得幸福，但其中大多數的方法都是追求某種專長，而專長很容易隨著時間發生改變。幾乎所有人都害怕改變，因為我們必須從已知前進到未知，從可預測前進到不可預測。就因為這樣，許多人在曾經適合自己，但現在早已不適合的工作或興趣上停留太久。你曾經喜歡一件事情，不代表你永遠都喜歡。你的快樂來源改變了，就表示也許你現在再也不適合原本的生活了。

（十）尋找最原始的快樂來源。現代世界讓我們擁有許多快樂來源，它們可能和原始的快樂來源很相似，但無法完全替代。有些快樂來源是很好的（例如電視或電影），有些反而會造成傷害（例如酒精、毒品和垃圾食物），但沒有一樣比得過最原始的快樂。與家人朋友相處的時光在我們的清單中名列第一，也是獲得幸福的最佳方式。

後記

演化並不是一個溫馨的概念。只要能留下後代的人就贏了，為達目的不擇手段。所以，這個過程時常是很殘酷的，這一點也不令人意外。我還記得以前在電視上看過一個動物節目，一群鬣狗將一隻小斑馬的肢體撕扯開來，也不先把牠殺死。我的胃很不舒服，但是對那些鬣狗來說，這只不過是一頓下午茶，而且我相信當牠們吃下最後一口之後，就不再多想了。面對問題時能夠想出解決方案的動物，才能將自己的基因傳下去，也將解決方案傳下去——無論是像鬣狗這種凶猛的殺手，還是像被鬣狗捕食的小斑馬這樣可愛的素食者。事實上，凶猛或可愛、好或壞、道德或不道德，這些都是人類的概念，在大自然之中是不存在的。演化是沒有所謂道德的。

為什麼我要提醒你這件事？因為與生俱來的演化壓力本來很有可能讓我們變得很悲慘。我們的猩猩表親幾乎不會像我們這樣彼此照顧，而我們的遠房表親狒狒也是。如果你閱讀羅伯・薩波斯基（Robert Sapolsky）關於草原狒狒的精彩著作《靈長類回憶錄》（*A Primate's Memoir*），你會發現除非你是那個雄性領導者，否則狒狒的生活並不有趣，大家都不斷地在欺負比自己地位更低的人。我們在面對草原生活的挑戰時，很有可能想出和牠們一樣的解決方案，但非常幸運的是，南方古猿演化出的自我保衛方式是彼此合作。直立人將祖先的緊密合作擴展成勞力分工，而它所帶來的相互依賴讓我們的生活策略不僅很有效率，還很善良。

演化最令人不安的一個面向就是「隨機」所扮演的重要角色。我們這個物種之所以存在，是無數次擲骰子的結果，每一次的結果都造就現在的我們。如果過去發生任何改變，即使是最微小的差異，也會改變現在的一切。如果我的父母在另一個晚上墜入愛河，或是另一隻精子在競爭中獲勝、讓媽媽的卵子受精，我就不會寫出這本書，而你也不會讀到這本書了。我們都出生在這個世界上的可能性是微乎其微地小，但是現在我們確實存在。就像理查・道金斯（Richard Dawkins）在他的美妙著作《解析彩虹》（*Unweaving the Rainbow*）中寫道：「我們都會死，這讓我們很幸運。」

然而我們之所以很幸運，並不光是因為我們活著。許多動物的生活讓我覺得如果是我的話，我很快就會放棄。不是因為牠們死得很慘（就像那隻小斑馬一樣），而是因為他們生存的方式就是不斷地發生衝突。想一想，如果你是一隻海鷗，你一輩子都得為了食物碎屑和其他海鷗打架。我們之所以幸運，是因為我們偶然演化成大多數時間都對彼此很友好。

我們的合作天性也讓我們演化出非常厲害的大腦。社交讓我們每一個人都更加聰明，不過更重要的是，它讓我們和別人的心智彼此連結，這使得我們的知識和計算能力大幅提升。因此，我們很久以前就贏過了在草原上狩獵我們的動物，而現在我們能控制住大部分的病原體，它們所造成的威脅比任何掠食者都還要嚴重。這是史上第一次，不會再有將近半數的孩子在長大以前就死亡。演化是殘酷的，但是有幸住在穩定民主國家的人們已經利用演化賦予我們的工具，創造了前所未有的安全而令人滿意的生活。我們演化出的心理會持續尋求更好的，但是只要稍微想一下就能明白，我們現在已經很難再追求更好的了。

致謝詞

我們在草原上演化出的合作能力不只讓我們來到食物鏈的頂端，還催生出科學。就像地球上的其他人類一樣，我是許多老師、導師、合作者的產物，這本書代表著大量的合作精神。光靠我自己一個人根本不可能寫出這本書，我根本連試都不用試。首先，非常感謝勞倫・夏普（Lauren Sharp），我在Aevitas創作管理公司的經紀人，她收聽了我某一次在《哈佛商業評論》十五分鐘的網路廣播，並因此聯絡我、鼓勵我寫這本書，還幫助我規劃。另外也要感謝我在Harper Wave的編輯們：漢娜・羅賓森（Hannah Robinson），她提供我卓越的編輯建議；珍娜・多倫（Jenna Dolan），她無數次拯救了我的文法和標點符號；莎拉・墨菲（Sarah Murphy），她在轉換新職之前一直參與本書的計畫。最重要的是，感謝Harper Wave的凱倫・里納爾迪（Karen Rinaldi），決定投資我撰寫這本書。

我的經紀人和編輯們都很重要，但我的朋友和家人也很重要，他們必須忍耐著讀我不好意思拿給勞倫及漢娜看的無數份初稿。首先感謝忍受最多的柯特妮（Courtney）（這不是因為如果我不先感謝她的話會有麻煩），她讀了每一章的初稿，指出哪裡無聊或不清楚，尤其是讓我寫得更口語化，不要那麼學術（也就是又生硬又艱澀）。在柯特妮看完後，這些章節會拿給許多朋友和家人看，我欠他們一個大大的感謝：Roy Baumeister、Rob Brooks、Adam Bulley、Steve Fein、Mickey Inzlicht、Pamela Krones、Matt Lieberman、Dave Marshall、Elizabeth Marx、Glen McBride、Amanda Niehaus、Sam Pearson、Tiko Shah、湯瑪斯・薩頓多夫，以及Meris Van de Grift；Arndt、Cathy、Frank、Karin、Marianne、Maya、Paul，以及Ted vH；Henry Wellman、Robbie Wilson、Matti Wilks，以及布蘭登・紀區（Brendan Zietsch）。因為有你們，這本書才能變得更好。

我很幸運能在昆士蘭大學加入一個這麼優秀的學術團隊，尤其是心理學及演化中心。這本書中的想法有許多都是來自在中心的討論、簡報及爭論，我非常感謝過去十年來所有的成員及訪客，尤其是湯瑪斯・薩頓多夫和布蘭登・紀區。最後，我非常感謝那些和我一起參與學術研究的合作者，完成奠定本書基礎的學術研究（參見參考書目中的論文）。要是沒有他們，就不會有這本書的存在。

參考書目

前言

Boesch, C. "Cooperative Hunting in Wild Chimpanzees." *Animal Behaviour* 48 (1994): 653–67.

Copeland, S. R., M. Sponheimer, D. J. de Ruiter, J. A. Lee-Thorp, D. Codron, P. J. le Roux . . . and M. P. Richards. "Strontium Isotope Evidence for Landscape Use by Early Hominins." *Nature* 474 (2011): 76–78.

Hill, K. R., R. S. Walker, M. Božičević, J. Eder, T. Headland, B. Hewlett . . . and B. Wood. "Co-Residence Patterns in Hunter-Gatherer Societies Show Unique Human Social Structure." *Science* 331 (2011): 1286–89.

Kittler, R., M. Kayser, and M. Stoneking. "Molecular Evolution of *Pediculus humanus* and the Origin of Clothing." *Current Biology* 13 (2003): 1414–17.

Lahdenpera, M., V. Lummaa, S. Helle, M. Tremblay, and A. F. Russell. "Fitness Benefits of Prolonged Post-Reproductive Lifespan in Women." *Nature* 428 (2004): 178–81.

Nesse, R. M., and G. C. Williams. *Why We Get Sick: The New Science of Darwinian Medicine*. New York: Vintage, 1995.

Thornton, A., and K. McAuliffe. "Teaching in Wild Meerkats." *Science* 313 (2006): 227–29.

Tomasello, M. *A Natural History of Human Morality*. Cambridge, MA: Harvard University Press, 2016.

von Hippel, W., and D. M. Buss. "Do Ideologically Driven Scientific Agendas Impede the Understanding and Acceptance of Evolutionary Principles in Social Psychology?" In Lee Jussim and Jarret T. Crawford, eds. *The Politics of Social Psychology*. Frontiers in Psychology series. New York: Routledge, 2017.

Yang, F., Y.-J. Choi, A. Misch, X. Yang, and Y. Dunham. "In Defense of the Commons: Young Children Negatively Evaluate and Sanction Free-Riders." *Psychological Science* (July 2018), https://doi.org/10.1177%2F0956797618779061.

第一章

Ashton, B. J., A. R. Ridley, E. K. Edwards, and A. Thornton. "Cognitive Performance Is Linked to Group Size and Affects Fitness in Australian Magpies." *Nature* 554 (2018): 364–67.

Bates, L. A., K. N. Sayialel, N. W. Njiraini, J. H. Poole, C. J. Moss, and R. W. Byrne. "African Elephants Have Expectations About the Locations of Out-of-Sight Family Members." *Biology Letters* 4 (2008): 34–36.

Bingham, P. M. "Human Evolution and Human History: A Complete Theory." *Evolutionary Anthropology* 9

(2000): 248–57.

Boesch, C. "Cooperative Hunting in Wild Chimpanzees." *Animal Behaviour* 48 (1994): 653–67.

———."The Effects of Leopard Predation on Grouping Patterns in Forest Chimpanzees." *Behaviour* 117 (1991): 220–42.

Calvin, W. H. "Did Throwing Stones Shape Hominid Brain Evolution?" *Ethology and Sociobiology* 3 (1982): 115–24.

Coppens, Y. "East Side Story: The Origin of Humankind." *Scientific American* 270 (1994): 88–95.

Crompton, R. H., T. C. Pataky, R. Savage, K. D'Aout, M. R. Bennett, M. H. Day . . . and W. I. Sellers. "Human-Like External Function of the Foot, and Fully Upright Gait, Confirmed in the 3.66 Million Year Old Laetoli Hominin Footprints by Topographic Statistics, Experimental Footprint-Formation and Computer Simulation." *Journal of the Royal Society Interface* 9 (2012): 707–19.

Dart, R. A. "*Australopithecus africanus*: The Man-Ape of South Africa." *Nature* 115 (1925): 195–99.

Dunbar, R. I., and S. Shultz. "Evolution in the Social Brain." *Science* 317 (2007): 1344–47.

Frith, U., and C. Frith. "The Social Brain: Allowing Humans to Boldly Go Where No Other Species Has Been." *Philosophical Transactions of the Royal Society B* 365 (2010): 165–75.

Gilby, I. C. "Meat Sharing Among the Gombe Chimpanzees: Harassment and Reciprocal Exchange." *Animal Behaviour* 71 (2006): 953–63.

Hare, B., and M. Tomasello. "Chimpanzees Are More Skillful in Competitive than in Cooperative Cognitive Tasks." *Animal Behaviour* 68 (2004): 571–81.

Hart, D., and R. W. Sussman. *Man the Hunted: Primates, Predators, and Human Evolution*. Boulder, CO: Westview Press, 2005.

Humphrey, N. "The Social Function of Intellect." In P. P. G. Bateson and R. A. Hinde, eds. *Growing Points in Ethology*. Cambridge, UK: Cambridge University Press, 1976, pp. 303–13.

Isaac, B. "Throwing and Human Evolution." *African Archaeological Review* 5 (1987): 3–17.

Kaiho, K., and N. Oshima. "Site of Asteroid Impact Changed the History of Life on Earth: the Low Probability of Mass Extinction." *Scientific Reports* 7 (2017): 148–55.

Kortlandt, A. *New Perspectives on Ape and Human Evolution*. Amsterdam: Stichting voor Psychobiologie, 1972.

Lieberman, M. D. *Social: Why Our Brains Are Wired to Connect*. New York: Oxford University Press, 2013.

Marzke, M. W. "Joint Functions and Grips of the *Australopithecus afarensis* Hand, with Special Reference to the Region of the Capitate." *Journal of Human Evolution* 12 (1983): 197–211.

Pinker, S. "The Cognitive Niche: Coevolution of Intelligence, Sociality, and Language." *Proceedings of the National Academy of Sciences* 107 (2010): 8993–99.

Powell, L. E., K. Isler, and R. A. Barton. "Re-Evaluating the Link Between Brain Size and Behavioural Ecology in Primates." *Proceedings of the Royal Society B* 284 (2017): 1765.

Pruetz, J. D., and P. Bertolani. "Savanna Chimpanzees, *Pan troglodytes verus*, Hunt with Tools." *Current Biology* 17 (2007): 412–17.

Pruetz, J. D., and S. Lindshield. "Plant-Food and Tool Transfer Among Savanna Chimpanzees at Fongoli, Senegal." *Primates* 53 (2012): 133–45.

Roach, N. T., M. Venkadesan, M. J. Rainbow, and D. E. Lieberman. "Elastic Energy Storage in the Shoulder and the Evolution of High-Speed Throwing in *Homo*." *Nature* 498 (2013): 483–87.

Tomasello, M. *A Natural History of Human Morality*. Cambridge, MA: Harvard University Press, 2016.

Whiten, A., and R. W. Byrne. "Tactical Deception in Primates." *Behavioral and Brain Sciences* 11 (1988): 233–73.

Williams, K. D. *Ostracism: The Power of Silence*. New York: Guilford Press, 2002.

Young, R. W. "Evolution of the Human Hand: The Role of Throwing and Clubbing." *Journal of Anatomy* 202 (2003): 165–74.

第11章

Baumeister, R. F. *The Cultural Animal: Human Nature, Meaning, and Social Life*. New York: Oxford University Press, 2005.

Berna, F., P. Goldberg, L. K. Horwitz, J. Brink, S. Holt, M. Bamford, and M. Chazan. "Microstratigraphic

Evidence of In Situ Fire in the Acheulian Strata of Wonderwerk Cave, Northern Cape Province, South Africa." *Proceedings of the National Academy of Sciences* 109 (2012): E1215–E1220.

Boesch, C. "Teaching Among Wild Chimpanzees." *Animal Behaviour* 41 (1991): 530–32.

Boyd, R., and P. J. Richerson. "Culture and the Evolution of the Human Social Instincts." In S. Levinson and N. Enfield, eds. *Roots of Human Sociality*. Oxford, England: Berg, 2006, pp. 453–77.

Diez-Martin, F., P. S. Yustos, D. Uribelarrea, E. Baquedano, D. F. Mark, A. Mabulla, and J. Yravedra. "The Origin of the Acheulean: The 1.7 Million-Year-Old Site of FLK West, Olduvai Gorge (Tanzania)." *Scientific Reports* 5 (2015): 17839.

Ding, X. P., H. M. Wellman, Y. Wang, G. Fu, and K. Lee. "Theory-of-Mind Training Causes Honest Young Children to Lie." *Psychological Science* 26 (2015): 1812–21.

Dominguez-Rodrigo, M. "Hunting and Scavenging by Early Humans: The State of the Debate." *Journal of World Prehistory* 16 (2002): 1–54.

Fiddes, I. T., G. A. Lodewijk, M. Mooring, S. R. Salama, F. M. J. Jacobs, and D. Haussler. "Human-Specific NOTCH2NL Genes Affect Notch Signaling and Cortical Neurogenesis." *Cell* 173 (2018): 1356–69.

Gallotti, R., and M. Mussi. "The Unknown Oldowan: ~1.7-Million-Year-Old Standardized Obsidian Small Tools from Garba IV, Melka Kunture, Ethiopia." *PLoS One* 10, no. 12 (2015): e0145101. https://doi.org/10.1371/journal .pone.0145101.

Gibbons, A. "Why Humans Are the High-Energy Apes." *Science* 352 (2016): 639.

Goren-Inbar, N., A. Lister, E. Werker, and M. Chech. "A Butchered Elephant Skull and Associated Artifacts from the Acheulian Site of Gesher Benot Ya'aqov, Israel." *Paleorient* (1994): 99–112.

Harcourt, A. H. "Human Phylogeography and Diversity." *Proceedings of the National Academy of Sciences* 113 (2016): 8072–78.

Harmand, S., J. E. Lewis, C. S. Feibel, C. J. Lepre, S. Prat, A. Lenoble . . . and H. Roche. "3.3-million-year-old Stone Tools from Lomekwi 3, West Turkana, Kenya." *Nature* 521 (2015): 310–15.

Henrich, J. *The Secret of Our Success: How Culture Is Driving Human Evolution, Domesticating Our Species, and Making Us Smarter*. Princeton, NJ: Princeton University Press, 2015.

Horner, V., and A. Whiten. "Causal Knowledge and Imitation/Emulation Switching in Chimpanzees (*Pan troglodytes*) and Children (*Homo sapiens*)." *Animal Cognition* 8 (2005): 164–81.

Krupenye, C., F. Kano, S. Hirata, J. Call, and M. Tomasello. "Great Apes Anticipate That Other Individuals Will Act According to False Beliefs." *Science* 354 (2016): 110–14.

Nadel, D., A. Danin, R. C. Power, A. M. Rosen, F. Bocquentin, A. Tsatskin . . . and O. Barzilai. "Earliest Floral Grave Lining from 13,700–11,700-y-old Natufian Burials at Raqefet Cave, Mt. Carmel, Israel." *Proceedings of the National Academy of Sciences* 110 (2013): 11774–78.

Pinker, S. *The Better Angels of Our Nature: The Decline of Violence in History and Its Causes*. London: Penguin

UK, 2011.

Roberts, W. A. "Are Animals Stuck in Time?" *Psychological Bulletin* 128 (2002): 473–89.

Roche, H., A. Delagnes, J. P. Brugal, C. Feibel, M. Kibunjia, V. Mourre, and P. J. Texier. "Early Hominid Stone Tool Production and Technical Skill 2.34 MYR Ago in West Turkana, Kenya." *Nature* 399 (1999): 57–60.

Shipton, C., and M. Nielsen. "Before Cumulative Culture." *Human Nature* 26 (2015): 331–45.

Stout, D., E. Hecht, N. Khreisheh, B. Bradley, and T. Chaminade. "Cognitive Demands of Lower Paleolithic Toolmaking." *PLoS One* 10, no. 4 (2015): e0121804.

Suddendorf, T. *The Gap: The Science of What Separates Us from Other Animals*. New York: Basic Books, 2013.

Suddendorf, T., and M. C. Corballis. "The Evolution of Foresight: What Is Mental Time Travel, and Is It Unique to Humans?" *Behavioral and Brain Sciences* 30 (2007): 299–313.

Suzuki, I., D. Gacquer, R. Van Heurck, D. Kumar, M. Wojno, A. Bilheu, A. Herpoel, et al. "Human-Specific NOTCH2NL Genes Expand Cortical Neurogenesis Through Delta/Notch Regulation." *Cell* 173 (2018): 1370–84.

Sznycer, D., J. Tooby, L. Cosmides, R. Porat, S. Shalvi, and E. Halperin. "Shame Closely Tracks the Threat of Devaluation by Others, Even Across Cultures." *Proceedings of the National Academy of Sciences* (2015): 14699.

Trivers, R. L. "The Evolution of Reciprocal Altruism." *Quarterly Review of Biology* 46 (1971): 35–57.

Wheeler, B. C. "Monkeys Crying Wolf? Tufted Capuchin Monkeys Use Anti-Predator Calls to Usurp Resources from Conspecifics." *Proceedings of the Royal Society of London B: Biological Sciences* 276 (2009): 3013–18.

Wiessner, P. W. "Embers of Society: Firelight Talk Among the Ju/'Hoansi Bushmen." *Proceedings of the National Academy of Sciences* 111 (2014): 14027–35.

Wrangham, R. *Catching Fire: How Cooking Made Us Human*. New York: Basic Books, 2009.

Wrangham, R., and R. Carmody. "Human Adaptation to the Control of Fire." *Evolutionary Anthropology: Issues, News, and Reviews* 19 (2010): 187–99.

If you are interested in further reading, chapters 1 and 2 are based on the following academic paper:

von Hippel, W., F. A. von Hippel, and T. Suddendorf. "Evolutionary Foundations of Social Psychology." In P. Van Lange, E. T. Higgins, and A. Kruglanski, eds. *Social Psychology: The Handbook of Basic Principles* (in press).

第三章

Acemoglu, D., and J. A. Robinson. *Why Nations Fail: The Origins of Power, Prosperity, and Poverty*. New

York: Crown Business, 2013.

Alesina, A., P. Giuliano, and N. Nunn. "On the Origins of Gender Roles: Women and the Plough." *Quarterly Journal of Economics* 128 (2013): 469–530.

Ambady, N., F. J. Bernieri, and J. A. Richeson. "Toward a Histology of Social Behavior: Judgmental Accuracy from Thin Slices of the Behavioral Stream." *Advances in Experimental Social Psychology* 32 (2000): 201–71.

Boehm, C. *Hierarchy in the Forest: The Evolution of Egalitarian Behavior*. Cambridge, MA: Harvard University Press, 2009.

Bollongino, R., O. Nehlich, M. P. Richards, J. Orschiedt, M. G. Thomas, C. Sell . . . and J. Burger. "2000 Years of Parallel Societies in Stone Age Central Europe." *Science* 342 (2013): 479–81.

Gibbons, A. "How Sweet It Is: Genes Show How Bacteria Colonized Human Teeth." *Science* 339 (2013): 896–97.

Lawler, A. "Uncovering Civilization's Roots." *Science* 335 (2012): 790–93.

Lippi, M. M., B. Foggi, B. Aranguren, A. Ronchitelli, and A. Revedin. "Multistep Food Plant Processing at Grotta Paglicci (Southern Italy) Around 32,600 cal BP." *Proceedings of the National Academy of Sciences* 112 (2015): 12075–80.

Liu, L., S. Bestel, J. Shi, Y. Song, and X. Chen. "Paleolithic Human Exploitation of Plant Foods During the

Last Glacial Maximum in North China." *Proceedings of the National Academy of Sciences* 110 (2013): 5380–85.

Martins, Y., G. Preti, C. R. Crabtree, T. Runyan, A. A. Vainius, and C. J. Wysocki. "Preference for Human Body Odors Is Influenced by Gender and Sexual Orientation." *Psychological Science* 16 (2005): 694–701.

Mattison, S. M., E. A. Smith, M. K. Shenk, and E. E. Cochrane. "The Evolution of Inequality." *Evolutionary Anthropology: Issues, News, and Reviews* 25 (2016): 184–99.

Nisbett, R. E., and D. Cohen. *Culture of Honor: The Psychology of Violence in the South*. Boulder, CO: Westview Press, 1996.

Pringle, H. "The Ancient Roots of the 1%." *Science* 344 (2014): 822–25.

Starmans, C., M. Sheskin, and P. Bloom. "Why People Prefer Unequal Societies." *Nature Human Behaviour* 1 (2017): 1–7.

Willcox, G. "The Roots of Cultivation in Southwestern Asia." *Science* 341 (2013): 39–40.

Winterhalder, B. "Work, Resources and Population in Foraging Societies." *Man* (1993): 321–40.

Zerjal, T., Y. Xue, G. Bertorelle, R. S. Wells, W. Bao, S. Zhu . . . and P. Li. "The Genetic Legacy of the Mongols." *American Journal of Human Genetics* 72 (2003): 717–21.

第四章

Brauer, J., and D. Hanus. "Fairness in Non-human Primates?" *Social Justice Research* 25 (2012): 256–76.

Brosnan, S. F., and F. B. De Waal. "Monkeys Reject Unequal Pay." *Nature* 425 (2003): 297–99.

Brown, C., M. P. Garwood, and J. E. Williamson. "It Pays to Cheat: Tactical Deception in a Cephalopod Social Signaling System." *Biology Letters* (2012): rsbl20120435.

Buss, D. M., and D. P. Schmitt. "Sexual Strategies Theory: An Evolutionary Perspective on Human Mating." *Psychological Review* 100 (1993): 204.

Darwin, C. *The Descent of Man, and Selection in Relation to Sex*. 2nd ed. London: John Murray, 1874.

Engelmann, J. M., J. B. Clift, E. Herrmann, and M. Tomasello. "Social Disappointment Explains Chimpanzees Behaviour in the Inequity Aversion Task." *Proceedings of the Royal Society B* 284 (2017): 20171502.

Galperin, A., M. G. Haselton, D. A. Frederick, J. Poore, W. von Hippel, D. M. Buss, and G. C. Gonzaga. "Sexual Regret: Evidence for Evolved Sex Differences." *Archives of Sexual Behavior* 42 (2013): 1145–61.

Kuziemko, I., R. W. Buell, T. Reich, and M. I. Norton. " 'Last-Place Aversion': Evidence and Redistributive Implications." *Quarterly Journal of Economics* 129 (2014): 105–49.

Leimgruber, K. L., A. G. Rosati, and L. R. Santos. "Capuchin Monkeys Punish Those Who Have More." *Evolution and Human Behavior* 37 (2016): 236–44.

Tesser, A. "Toward a Self-Evaluation Maintenance Model of Social Behavior." *Advances in Experimental Social*

Psychology 21 (1988): 181–27.

Trivers, R. "Parental Investment and Sexual Selection." In B. Campbell, ed. *Sexual Selection and the Descent of Man*. New York: Aldine de Gruyter, 1972.

von Rueden, C., M. Gurven, and H. Kaplan. "Why Do Men Seek Status? Fitness Payoffs to Dominance and Prestige." *Proceedings of the Royal Society of London B: Biological Sciences* 278 (2010): 2223–32.

Zahavi, A. "Mate Selection: A Selection for a Handicap." *Journal of Theoretical Biology* 53 (1975): 205–14.

第五章

Anderson, C., S. Brion, D. A. Moore, and J. A. Kennedy. "A Status-Enhancement Account of Overconfidence." *Journal of Personality and Social Psychology* 103 (2012): 718–35.

Boehm, C. *Moral Origins: The Evolution of Virtue, Altruism, and Shame*. New York: Soft Skull Press, 2012.

Boysen, S. T., and G. G. Berntson. "Responses to Quantity: Perceptual Versus Cognitive Mechanisms in Chimpanzees (*Pan troglodytes*)." *Journal of Experimental Psychology: Animal Behavior Processes* 21 (1995): 82.

Brady, W. J., J. A. Wills, J. T. Jost, J. A. Tucker, and J. J. Van Bavel. "Emotion Shapes the Diffusion of Moralized Content in Social Networks." *Proceedings of the National Academy of Sciences* 114 (2017): 7313–18.

Ditto, P. H., and D. F. Lopez. "Motivated Skepticism: Use of Differential Decision Criteria for Preferred and

Nonpreferred Conclusions." *Journal of Personality and Social Psychology* 63 (1992): 568–84.

Epley, N., and E. Whitchurch. "Mirror, Mirror on the Wall: Enhancement in Self-Recognition." *Personality and Social Psychology Bulletin* 34 (2008): 1159–70.

Guess, A., B. Nyhan, and J. Reifler. "Selective Exposure to Misinformation: Evidence from the Consumption of Fake News During the 2016 U.S. Presidential Campaign." Unpublished manuscript, Dartmouth College, 2018.

Hall, J. R., E. M. Bernat, and C. J. Patrick. "Externalizing Psychopathology and the Error-Related Negativity." *Psychological Science* 18 (2007): 326–33.

Hardin, C. D., and E. T. Higgins. "Shared Reality: How Social Verification Makes the Subjective Objective." In Richard M. Sorrentino and E. Tory Higgins, eds. *Handbook of Motivation and Cognition, Vol. 3: The Interpersonal Context*. New York: Guilford Press, 1996, pp. 28–84.

Heath, C., C. Bell, and E. Sternberg. "Emotional Selection in Memes: The Case of Urban Legends." *Journal of Personality and Social Psychology* 81 (2001): 1028.

Lieberman, M. D., and N. I. Eisenberger. "The Dorsal Anterior Cingulate Cortex Is Selective for Pain: Results from Large-Scale Reverse Inference." *Proceedings of the National Academy of Sciences* 112 (2015): 15250–55.

Mercier, H., and D. Sperber. "Why Do Humans Reason? Arguments for an Argumentative Theory." *Behavioral and Brain Sciences* 34 (2011): 57–74.

Mischel, W., Y. Shoda, and M. L. Rodriguez. "Delay of Gratification in Children." *Science* 244 (1989): 933.

Moss, F. A., T. Hunt, K. T. Omwake, and M. M. Ronning. *George Washington University Social Intelligence Test*. Washington, DC: Center for Psychological Service, 1925.

Murphy, S. C., F. K. Barlow, and W. von Hippel. "A Longitudinal Test of Three Theories of Overconfidence." *Social Psychological and Personality Science* 9, no. 3 (2017): 353–63.

Murphy, S. C., W. von Hippel, S. L. Dubbs, M. J. Angilletta Jr., R. S. Wilson, R. Trivers, and F. K. Barlow. "The Role of Overconfidence in Romantic Desirability and Competition." *Personality and Social Psychology Bulletin* 41 (2015): 1036–52.

Schlam, T. R., N. L. Wilson, Y. Shoda, W. Mischel, and O. Ayduk. "Preschoolers' Delay of Gratification Predicts Their Body Mass 30 Years Later." *Journal of Pediatrics* 162 (2013): 90–93.

Smith, M. K., R. Trivers, and W. von Hippel. "Self-Deception Facilitates Interpersonal Persuasion." *Journal of Economic Psychology* 63 (2017): 93–101.

Strang, R. "An Analysis of Errors Made in a Test of Social Intelligence." *Journal of Educational Sociology* 5 (1932): 291–99.

Suddendorf, T. *The Gap: The Science of What Separates Us from Other Animals*. New York: Basic Books, 2013.

Tomasello, M., M. Carpenter, J. Call, T. Behne, and H. Moll. "Understanding and Sharing Intentions: The

Origins of Cultural Cognition." *Behavioral and Brain Sciences* 28 (2005): 675–91.

von Hippel, W., and K. Gonsalkorale. " 'That Is Bloody Revolting!' Inhibitory Control of Thoughts Better Left Unsaid." *Psychological Science* 16 (2005): 497–500.

von Hippel, W., R. Ronay, E. Baker, K. Kjelsaas, and S. C. Murphy. "Quick Thinkers Are Smooth Talkers: Mental Speed Facilitates Charisma." *Psychological Science* 27 (2016): 119–22.

von Hippel, W., and R. Trivers. "The Evolution and Psychology of Self-Deception." *Behavioral and Brain Sciences* 34 (2011): 1–16.

Wojcik, S. P., A. Hovasapian, J. Graham, M. Motyl, and P. H. Ditto. "Conservatives Report, but Liberals Display, Greater Happiness." *Science* 347 (2015): 1243–46.

第六章

Baron-Cohen, S. "Autism and the Technical Mind." *Scientific American* 307 (2012): 72–75.

Baron-Cohen, S., P. Bolton, S. Wheelwright, L. Short, G. Mead, A. Smith, and V. Scahill. "Does Autism Occur More Often in Families of Physicists, Engineers, and Mathematicians?" *Autism* 2 (1998): 296–301.

Baron-Cohen, S., S. Wheelwright, R. Skinner, J. Martin, and E. Clubley. "The Autism-Spectrum Quotient (AQ): Evidence from Asperger Syndrome/ High-Functioning Autism, Males and Females, Scientists and Mathematicians." *Journal of Autism and Developmental Disorders* 31 (2001): 5–17.

Boehm, C. *Hierarchy in the Forest: The Evolution of Egalitarian Behavior*. Cambridge, MA: Harvard University Press, 2009.

Cacioppo, J. T., S. Cacioppo, G. C. Gonzaga, E. L. Ogburn, and T. J. VanderWeele. "Marital Satisfaction and Break-ups Differ Across On-line and Off-line Meeting Venues." *Proceedings of the National Academy of Sciences* 110 (2013): 10135–40.

Gest, S. D., S. A. Graham-Bermann, and W. W. Hartup. "Peer Experience: Common and Unique Features of Number of Friendships, Social Network Centrality, and Sociometric Status." *Social Development* 10 (2001): 23–40.

Giuri, P., M. Mariani, S. Brusoni, G. Crespi, D. Francoz, A. Gambardella . . . and B. Verspagen. "Inventors and Invention Processes in Europe: Results from the PatVal-EU Survey." *Research Policy* 36 (2007): 1107–27.

Gluckman, M., and S. P. Johnson. "Attentional Capture by Social Stimuli in Young Infants." *Frontiers in Psychology* 4 (2013): 527.

Goodall, J. *The Chimpanzees of Gombe: Patterns of Behavior*. Cambridge, MA: Harvard University Press, 1986.

Harari, Y. N. *Sapiens: A Brief History of Humankind*. New York: HarperCollins, 2015.

Hassett, J. M., E. R. Siebert, and K. Wallen. "Sex Differences in Rhesus Monkey Toy Preferences Parallel Those of Children." *Hormones and Behavior* 54 (2008): 359–64.

Lieberman, M. D. *Social: Why Our Brains Are Wired to Connect*. New York: Oxford University Press, 2013.

Lubinski, D., C. P. Benbow, and H. J. Kell. "Life Paths and Accomplishments of Mathematically Precocious Males and Females Four Decades Later." *Psychological Science* 25 (2014): 2217–32.

Lutchmaya, S., and S. Baron-Cohen. "Human Sex Differences in Social and Non-Social Looking Preferences, at 12 Months of Age." *Infant Behavior and Development* 25 (2002): 319–25.

McClure, E. B. "A Meta-analytic Review of Sex Differences in Facial Expression Processing and Their Development in Infants, Children, and Adolescents." *Psychological Bulletin* 126 (2000): 424.

Moss-Racusin, C. A., J. F. Dovidio, V. L. Brescoll, M. J. Graham, and J. Handelsman. "Science Faculty's Subtle Gender Biases Favor Male Students." *Proceedings of the National Academy of Sciences* 109 (2012): 16474–79.

Roelfsema, M. T., R. A. Hoekstra, C. Allison, S. Wheelwright, C. Brayne, F. E. Matthews, and S. Baron-Cohen. "Are Autism Spectrum Conditions More Prevalent in an Information-Technology Region? A School-Based Study of Three Regions in the Netherlands." *Journal of Autism and Developmental Disorders* 42 (2012): 734–39.

Stoet, G., and D. C. Geary. "The Gender-Equality Paradox in Science, Technology, Engineering, and Mathematics Education." *Psychological Science* 29 (2018): 581–93.

Su, R., J. Rounds, and P. I. Armstrong. "Men and Things, Women and People: A Meta-Analysis of Sex Differences in Interests." *Psychological Bulletin* 135 (2009): 859–84.

Suddendorf, T. *The Gap: The Science of What Separates Us from Other Animals*. New York: Basic Books, 2013.

Van Meter, K. C., L. E. Christiansen, L. D. Delwiche, R. Azari, T. E. Carpenter, and I. Hertz-Picciotto. "Geographic Distribution of Autism in California: A Retrospective Birth Cohort Analysis." *Autism Research* 3 (2010): 19–29.

von Hippel, E., J. P. De Jong, and S. Flowers. "Comparing Business and Household Sector Innovation in Consumer Products: Findings from a Representative Study in the United Kingdom." *Management Science* 58 (2012): 1669–81.

Wang, M. T., J. S. Eccles, and S. Kenny. "Not Lack of Ability but More Choice: Individual and Gender Differences in Choice of Careers in Science, Technology, Engineering, and Mathematics." *Psychological Science* 24 (2013): 770–75.

Williams, W. M., and S. J. Ceci. "National Hiring Experiments Reveal 2:1 Faculty Preference for Women on STEM Tenure Track." *Proceedings of the National Academy of Sciences* 112 (2013): 5360–65.

If you are interested in further reading, chapter 6 is based on the following academic paper:

von Hippel, W., and T. Suddendorf. "Did Humans Evolve to Innovate with a Social Rather than Technical

Orientation?" *New Ideas in Psychology* 51 (2018): 34–39.

第七章

Acemoglu, D., and J. A. Robinson. *Why Nations Fail: The Origins of Power, Prosperity, and Poverty*. New York: Crown Business, 2013.

Archie, E. A., T. A. Morrison, C. A. H. Foley, C. J. Moss, and S. C. Alberts. "Dominance Rank Relationships Among Wild Female African Elephants, *Loxodonta africana*." *Animal Behaviour* 71 (2006): 117–27.

Betzig, L. L. "Despotism and Differential Reproduction: A Cross-Cultural Correlation of Conflict Asymmetry, Hierarchy, and Degree of Polygyny." *Ethology and Sociobiology* 3 (1982): 209–21.

Bidwell, M. "Paying More to Get Less: Specific Skills, Matching, and the Effects of External Hiring Versus Internal Promotion." *Administrative Science Quarterly* 56 (2011): 369–407.

Case, C. R., and J. K. Maner. "Divide and Conquer: When and Why Leaders Undermine the Cohesive Fabric of Their Group." *Journal of Personality and Social Psychology* 107 (2014): 1033–50.

Chagnon, N. A. *Noble Savages: My Life Among Two Dangerous Tribes—the Yanomamo and the Anthropologists*. New York: Simon and Schuster, 2013.

Cowlishaw, G., and R. I. M. Dunbar. "Dominance Rank and Mating Success in Male Primates." *Animal Behavior* 41 (1991): 1045–56.

Inglehart, R., C. Haerpfer, A. Moreno, C. Welzel, K. Kizilova, J. Diez-Medrano, M. Lagos, P. Norris, E. Ponarin, and B. Puranen, et al., eds. "World Values Survey: Wave 6 (2010–2014)." Madrid: JD Systems Institute, 2014. http:// www.worldvaluessurvey.org/WVSDocumentationWV6.jsp.

Lawson, D. W., S. James, E. Ngadaya, B. Ngowi, S. G. Mfinanga, and M. B. Mulder. "No Evidence That Polygynous Marriage Is a Harmful Cultural Practice in Northern Tanzania." *Proceedings of the National Academy of Sciences* 112 (2015): 13827–32.

Loughnan, S., P. Kuppens, J. Allik, K. Balazs, S. de Lemus, K. Dumont, R. Gargurevich, I. Hidegkuti, B. Leidner, L. Matos, J. Park., A. Realo, J. Shi, V. Sojo, Y.-Y. Tong, J. Vaes, P. Verduyn, V. Yeung, and N. Haslam. "Economic Inequality Is Linked to Biased Self-Perception." *Psychological Science* 22 (2011): 1254–58.

Maner, J. K., and N. L. Mead. "The Essential Tension Between Leadership and Power: When Leaders Sacrifice Group Goals for the Sake of Self-Interest." *Journal of Personality and Social Psychology* 99 (2010): 482–97.

Marlowe, F. *The Hadza: Hunter-Gatherers of Tanzania*. Berkeley: University of California Press, 2010.

McComb, K., C. Moss, S. M. Durant, L. Baker, and S. Sayialel. "Matriarchs as Repositories of Social Knowledge in African Elephants." *Science* 292 (2001): 491–94.

McComb, K., G. Shannon, S. M. Durant, K. Sayialel, R. Slotow, J. Poole, and C. Moss. "Leadership in Elephants: The Adaptive Value of Age." *Proceedings of the Royal Society B: Biological Sciences* 278 (2001): 3270–76.

Ronay, R., J. K. Oostrom, N. Lehmann-Willenbrock, and M. Van Vugt. "Pride Before the Fall: (Over) Confidence Predicts Escalation of Public Commitment." *Journal of Experimental Social Psychology* 69 (2017): 13–22.

Sapolsky, R. *A Primate's Memoir: A Neuroscientist's Unconventional Life Among the Baboons*. New York: Simon and Schuster, 2007.

Wright, R. *The Moral Animal: Why We Are the Way We Are: The New Science of Evolutionary Psychology*. New York: Pantheon, 1994.

If you are interested in further reading, chapter 7 is based on the following academic paper:

Ronay, R., W. W. Maddux, and W. von Hippel. "Inequality Rules: Resource Distribution and the Evolution of Dominance-and Prestige-Based Leadership." *Leadership Quarterly* (in press).

第八章

Brewer, M. B. "The Psychology of Prejudice: Ingroup Love and Outgroup Hate?" *Journal of Social Issues* 55

(1999): 429–44.

Case, T. I., B. M. Repacholi, and R. J. Stevenson. "My Baby Doesn't Smell as Bad as Yours: The Plasticity of Disgust." *Evolution and Human Behavior* 27 (2006): 357–65.

Chagnon, N. A. "Life Histories, Blood Revenge, and Warfare in a Tribal Population." *Science* 239 (1988): 985.

Cosmides, L., H. C. Barrett, and J. Tooby. "Adaptive Specializations, Social Exchange, and the Evolution of Human Intelligence." *Proceedings of the National Academy of Sciences* 107 (2010): 9007–14.

Fincher, C. L., and R. Thornhill. "Assortative Sociality, Limited Dispersal, Infectious Disease and the Genesis of the Global Pattern of Religion Diversity." *Proceedings of the Royal Society of London B: Biological Sciences* 275 (2008): 2587–94.

———."A Parasite-Driven Wedge: Infectious Diseases May Explain Language and Other Biodiversity." *Oikos* 117 (2008): 1289–97.

Glowacki, L., and R. Wrangham. "Warfare and Reproductive Success in a Tribal Population." *Proceedings of the National Academy of Sciences* 112 (2015): 348–53.

Keeley, L. H. *War Before Civilization: The Myth of the Peaceful Savage*. New York: Oxford University Press, 1997.

Mathew, S., and R. Boyd. "Punishment Sustains Large-Scale Cooperation in Prestate Warfare." *Proceedings of the National Academy of Sciences* 108 (2011): 11375–80.

Pinker, S. *The Better Angels of Our Nature: The Decline of Violence in History and Its Causes*. London: Penguin UK, 2011.

———. *Enlightenment Now: The Case for Reason, Science, Humanism, and Progress*. New York: Penguin, 2018.

Schaller, M. "The Behavioural Immune System and the Psychology of Human Sociality." *Philosophical Transactions of the Royal Society B: Biological Sciences*, 366 (2011): 3418–26.

Schaller, M., and S. L. Neuberg. "Danger, Disease, and the Nature of Prejudice(s)." *Advances in Experimental Social Psychology* 46 (2012): 1.

Thornhill, R., C. L. Fincher, D. R. Murray, and M. Schaller. "Zoonotic and Non-Zoonotic Diseases in Relation to Human Personality and Societal Values: Support for the Parasite-Stress Model." *Evolutionary Psychology* 8 (2010): 147470491000800201.

Valdesolo, P., and D. DeSteno. "The Duality of Virtue: Deconstructing the Moral Hypocrite." *Journal of Experimental Social Psychology* 44 (2008): 1334–38.

———. "Moral Hypocrisy." *Psychological Science* 18 (2007): 689–90.

Wilson, M. L., and R. W. Wrangham. "Intergroup Relations in Chimpanzees." *Annual Review of Anthropology* 32 (2003): 363–92.

Wilson, R. S., M. J. Angilletta Jr., R. S. James, C. Navas, and F. Seebacher. "Dishonest Signals of Strength in Male Slender Crayfish (*Cherax dispar*) During Agonistic Encounters." *The American Naturalist* 170 (2007): 284–91.

Wood, B. M., D. P. Watts, J. C. Mitani, and K. E. Langergraber. "Favorable Ecological Circumstances Promote Life Expectancy in Chimpanzees Similar to That of Human Hunter-Gatherers." *Journal of Human Evolution* 105 (2017): 41–56.

Wrangham, R. W., and L. Glowacki. "Intergroup Aggression in Chimpanzees and War in Nomadic Hunter-Gatherers." *Human Nature* 23 (2012): 5–29.

Zhang, H., and F. N. von Hippel. "Using Commercial Imaging Satellites to Detect the Operation of Plutonium-Production Reactors and Gaseous-Diffusion Plants." *Science and Global Security* 8 (2000): 261–313.

If you are interested in further reading, chapter 8 is based on the following academic paper:

von Hippel, W. "Evolutionary Psychology and Global Security." *Science and Global Security* 25 (2007): 28–41.

第九章

Baumeister, R. F., E. Bratslavsky, C. Finkenauer, and K. D. Vohs. "Bad Is Stronger than Good." *Review of General Psychology* 5 (2001): 323–70.

Danner, D. D., D. A. Snowdon, and W. V. Friesen. "Positive Emotions in Early Life and Longevity: Findings from the Nun Study." *Journal of Personality and* Social Psychology 80 (2001): 804–13.

Darley, J. M., and C. D. Batson. " 'From Jerusalem to Jericho': A Study of Situational and Dispositional Variables in Helping Behavior." *Journal of Personality and Social Psychology* 27 (1973): 100.

Gilbert, D. T., and T. D. Wilson. "Prospection: Experiencing the Future." *Science* 317 (2007): 1351–54.

Kalokerinos, E. K., W. von Hippel, J. D. Henry, and R. Trivers. "The Aging Positivity Effect and Immune Functioning: Positivity in Recall Predicts Higher CD4 Counts and Lower CD4 Activation." *Psychology and Aging* 29 (2014): 636–41.

Kiecolt-Glaser, J. K., T. J. Loving, J. R. Stowell, W. B. Malarkey, S. Lemeshow, S. L. Dickinson, and R. Glaser. "Hostile Marital Interactions, Proinflammatory Cytokine Production, and Wound Healing." *Archives of General Psychiatry* 62 (2005): 1377–84.

Oishi, S., E. Diener, and R. E. Lucas. "The Optimum Level of Well-Being: Can People Be Too Happy?" *Perspectives on Psychological Science* 2 (2007): 346–60.

第十章

Alberts, S. C., J. Altmann, D. K. Brockman, M. Cords, L. M. Fedigan, A. Pusey . . . and A. M. Bronikowski. "Reproductive Aging Patterns in Primates Reveal That Humans Are Distinct." *Proceedings of the National*

Academy of Sciences 110 (2013): 13440–45.

Apicella, C. L., F. W. Marlowe, J. H. Fowler, and N. A. Christakis. "Social Networks and Cooperation in Hunter-Gatherers." *Nature* 481 (2012): 497–501.

Bird, R. B., and E. A. Power. "Prosocial Signaling and Cooperation Among Martu Hunters." *Evolution and Human Behavior* 36 (2015): 389–97.

Buss, D. M. "The Evolution of Happiness." *American Psychologist* 55 (2000): 15–23.

———."Sex Differences in Human Mate Preferences: Evolutionary Hypotheses Tested in 37 Cultures." *Behavioral and Brain Sciences* 12 (1989): 1–14.

Corder, E. H., A. M. Saunders, W. J. Strittmatter, D. E. Schmechel, P. C. Gaskell, G. W. Small, A. D. Roses, J. L. Haines, and M. A. Pericak-Vance. "Gene Dose of Apolipoprotein E Type 4 Allele and the Risk of Alzheimer's Disease in Late Onset Families." *Science* 261 (1993): 921–23.

Easterlin, R. "Will Raising the Incomes of All Increase the Happiness of All?" *Journal of Economic Behaviour and Organization* 27 (1994): 35–47.

Hoffman, M., E. Yoeli, and M. A. Nowak. "Cooperate Without Looking: Why We Care What People Think and Not Just What They Do." *Proceedings of the National Academy of Sciences* 112 (2015): 1727–32.

Hunt, J., R. Brooks, M. D. Jennions, M. J. Smith, C. L. Bentsen, and L. F. Bussiere. "High-Quality Male Field Crickets Invest Heavily in Sexual Display but Die Young." *Nature* 432 (2004): 1024–27.

Inglehart, R., C. Haerpfer, A. Moreno, C. Welzel, K. Kizilova, J. Diez-Medrano, M. Lagos, P. Norris, E. Ponarin, and B. Puranen, et al., eds. "World Values Survey: Wave 6 (2010–2014)." Madrid: JD Systems Institute, 2014. http:// www.worldvaluessurvey.org/WVSDocumentationWV6.jsp.

Morgan, D., K. A. Grant, H. D. Gage, R. H. Mach, J. R. Kaplan, O. Prioleau, S. H. Nader, N. Buchheimer, R. L. Ehrenkaufer, and M. A. Nader. "Social Dominance in Monkeys: Dopamine D2 Receptors and Cocaine Self-Administration." *Nature Neuroscience* 5 (2002): 169–74.

Oishi, S., and U. Schimmack. "Residential Mobility, Well-Being, and Mortality." *Journal of Personality and Social Psychology* 98 (2010), 980–94.

Owens, I. P. "Sex Differences in Mortality Rate." *Science* 297 (2002): 2008–9.

Pellegrini, A. D., and P. K. Smith, eds. *The Nature of Play: Great Apes and Humans*. New York: Guilford Press, 2005.

Rand, D. G., J. D. Greene, and M. A. Nowak. "Spontaneous Giving and Calculated Greed." *Nature* 489 (2012): 427–30.

Ronay, R., and W. von Hippel. "The Presence of an Attractive Woman Elevates Testosterone and Physical Risk-Taking in Young Men." *Social Psychological and Personality Science* 1 (2010): 57–64.

van Boven, L., and T. Gilovich. "To Do or to Have? That Is the Question." *Journal of Personality and Social Psychology* 85 (2003): 1193–302.

Wilder, J. A., Z. Mobasher, and M. F. Hammer. "Genetic Evidence for Unequal Effective Population Sizes of Human Females and Males." *Molecular Biology and Evolution* 21 (2004): 2047–57.

If you are interested in further reading, chapters 9 and 10 are based on the following academic paper:

von Hippel, W., and K. Gonsalkorale. "Evolutionary Imperatives and the Good Life." In J. P. Forgas and R. Baumeister, eds. *The Social Psychology of Living Well.* New York: Psychology Press, 2018.

後記

Dawkins, R. *Unweaving the Rainbow: Science, Delusion, and the Appetite for Wonder*. New York: Houghton Mifflin Harcourt, 2000.

Sapolsky, R. *A Primate's Memoir: A Neuroscientist's Unconventional Life Among the Baboons*. New York: Simon and Schuster, 2007.

Tomasello, M. *A Natural History of Human Morality*. Cambridge, MA: HarvardUniversity Press, 2016.

知識叢書 1081

社會大躍進：人類為何愛吹牛、會說謊、喜歡聊八卦？從演化心理了解我們是誰，什麼會讓我們感到幸福快樂

The Social Leap

作　者—威廉・馮・希伯（William von Hippel）
譯　者—蕭美惠
編　者—楊惠琪（特約）、張啟淵
封面設計—兒　日
編輯總監—蘇清霖
董 事 長—趙政岷
出 版 者—時報文化出版企業股份有限公司
10803台北市和平西路三段二四〇號四樓
發行專線—（〇二）二三〇六—六八四二
讀者服務專線—〇八〇〇—二三一—七〇五
（〇二）二三〇四—七一〇三
讀者服務傳真—（〇二）二三〇四—六八五八
郵撥—一九三四四七二四時報文化出版公司
信箱—10899台北華江橋郵局第九九信箱
時報悅讀網—http://www.readingtimes.com.tw
法律顧問—理律法律事務所　陳長文律師、李念祖律師
印　刷—勁達印刷有限公司
初版一刷—二〇二〇年二月二十一日
定　價—新台幣四五〇元
（缺頁或破損的書，請寄回更換）

社會大躍進：人類為何愛吹牛、會說謊、喜歡聊八卦？從演化心理了解我們是誰，什麼會讓我們感到幸福快樂 /威廉・馮・希伯（William von Hippel）作；蕭美惠譯. -- 初版. -- 臺北市：時報文化, 2020.02
面；　公分. --（知識叢書；1081）
譯自：The social leap : the new evolutionary science of who we are, where we come from, and what makes us happy
ISBN 978-957-13-8074-2（平裝）
1.社會演化　2.社會心理學

541.4　　　　108023351

ISBN 978-957-13-8074-2
Printed in Taiwan